OEUVRES

DE

PHILARÈTE CHASLES

LA

PSYCHOLOGIE SOCIALE

DES NOUVEAUX PEUPLES

ŒUVRE POSTHUME

PARIS

CHARPENTIER ET Cⁱᵉ, LIBRAIRES-ÉDITEURS

13, RUE DE GRENELLE-SAINT-GERMAIN

1875

LA

PSYCHOLOGIE SOCIALE

DES NOUVEAUX PEUPLES

PARIS. — IMP. SIMON RAÇON ET COMP., RUE D'ERFURTH, 1.

OEUVRES

DE

PHILARÈTE CHASLES

LA

PSYCHOLOGIE SOCIALE

DES NOUVEAUX PEUPLES

— ŒUVRE POSTHUME —

PARIS

CHARPENTIER ET Cᴵᴱ, LIBRAIRES-ÉDITEURS

13, RUE DE GRENELLE-SAINT-GERMAIN, 15

1875

A

M. GEORGES CHARPENTIER

ÉDITEUR

Monsieur,

Vous me demandez une préface pour ce livre qui
n'a été achevé que vingt-quatre heures avant la
mort de M. Philarète Chasles. Nous étions à Venise
alors. Mon oncle me fit réveiller de meilleure
heure. Je devais écrire sous sa dictée. La chaleur
avait été accablante pendant la nuit; et, un peu
inquiète sur la santé du vieillard, j'entrais dans sa
chambre. M. Chasles était debout devant la fenêtre
ouverte; il attendait l'apparition du soleil, sortant
des ondes glauques des Lagunes.

a

« Approchez, enfant, et regardez ce spectacle sublime. C'est la lumière qui va se faire, et je m'arrête ici sur une des parois des cercles du Dante,
assis et regardant le ciel, la mer et ce grand astre
rouge qui va paraître, sans regarder au fond du
gouffre, qui est le doute. Enfant, ma misanthropie
croit en vous ; je suis d'une tristesse digne de mon
âge. Je vous ai fait demander pour que vous me
promettiez encore de protéger mes œuvres et mes
Mémoires. J'ai trop cherché les sommets ; j'aurais
dû être habile comme mon ami, Sainte-Beuve, qui
se mettait dans les vallées d'abord pour bondir sur
les sommets ensuite ! Nous allons terminer ce matin le volume de *la Psychologie sociale*. Depuis
dix ans que vous avez travaillé avec moi, ma vie
vous a été ouverte, connue jusque dans les moindres détails ; je sens la fin de mes jours proche, je
ne puis pas demander l'infini à la vie finie. Je ne
réclame pas le parfait dans un monde imparfait.
Mais le devoir du philosophe m'oblige à exiger de
vous la promesse solennelle de ne rien négliger
pour que mes œuvres, mes Mémoires soient complets, qu'ils soient bien conservés, non falsifiés et
religieusement consacrés à l'œuvre honnête que je

veux achever pour les honnêtes gens, ainsi qu'à
l'œuvre personnelle dont mon cœur blessé a
besoin. Prenez garde que la calomnie ne vienne
pas ternir mes œuvres. Évitez surtout les éditeurs
braconniers, et fuyez les librairies surannées;
elles ont beau se repeindre les portes d'entrée et
se dorer les banquettes, leurs publications les plus
récentes mêmes portent l'empreinte d'un vieux
stock de magasin ! »

Puis M. Chasles travailla pendant trois heures
sans relâche. Il termina le livre avant neuf heures!
« Cessons, me dit-il, je me sens un peu las! » Le
lendemain, à la même heure, il était assis dans le
même fauteuil, foudroyé par le choléra asiatique!
Après l'avoir couché, ce grand génie polyglotte,
dans le cimetière des Lagunes, où il avait désiré
être enterré, je suis revenue à Paris pour exécuter
ses dernières volontés. Des éditeurs sont venus
alors me faire des offres; vous aussi, monsieur,
vous vous êtes présenté chez moi, mais non pas
comme un libraire, bien moins encore comme un
marchand à la ligne. Vous vous êtes associé à mes
efforts, et je ne puis que vous remercier (au lieu
de vous faire une préface) pour la manière exquise,

pour l'activité énergique avec laquelle vous m'avez aidé à protéger les œuvres posthumes de Philarète Chasles, qui était un homme et un caractère; en un mot, il était un vrai Français!!

CLOTILDE SCHULTZ.

Meudon, tour Philarète, décembre 1874.

LA
PSYCHOLOGIE SOCIALE
DES NOUVEAUX PEUPLES

— 1873 —

PLAN DE CE LIVRE

I

Je veux étudier à fond, dans leurs variétés et leurs essences, je veux aussi comparer entre eux, les divers modes de vie actuelle et les degrés de culture, intellectuelle, physique, morale des peuples de l'Europe civilisée et de l'Amérique, fille de l'Europe. Je trouve les éléments de cette étude dans la producton littéraire universelle de nos derniers temps: C'est un sujet nouveau pour la France, qui s'est toujours trop occupée ou du passé pour l'adorer ou le maudire, ou du présent pour s'y contempler, ou enfin de l'avenir pour s'y égarer. Le pédantisme, la vanité et l'utopie valent très-peu.

Analyser les faits, se connaître, se critiquer soi-même, chercher le vrai dans le possible, j'aime mieux cela. Ce sont mes manières d'être Français, les plus utiles et les

1

plus saines de toutes. J'estime que Montaigne, Pascal,
Molière, Montesquieu sont les vrais Français. Trissotin,
le Père Garasse et le Père Duchêne ont trop longtemps
imposé à nos esprits et prêté une dangereuse autorité
au pédantisme frivole, à la rhétorique vide et à l'a-
mour-propre ridicule.

Je veux servir aussi mon pays, dont ces vices, ceux de
Garasse le fanatique, du Père Duchêne l'insensé et de
Trissotin, le favori des salons, n'encouragent que trop
l'ignorance et amèneront le suicide, si quelques coura-
geuses âmes ne se dévouent pas dans l'espoir de les guérir. Il y a du courage à le faire. On s'expose à être maltraité ou négligé; la tradition et la passion militent
contre vous.

La passion moderne, c'est le gain. La tradition du
passé, c'est l'imitation. Ici encore proposons-nous les
grands modèles, et suivons les braves, non les lâches ;
les Vauvenargues et les Montesquieu dans le dernier
siècle ; les la Bruyère et les Molière dans l'avant-der-
nier, les Michel Montaigne et les Estienne Pasquier dans
le seizième siècle. — Admirables guides, héros de
l'esprit, nos amis encore, qui au lieu de vider les cou-
pes à la cour des Valois ou de visiter madame de Pompadour à sa toilette, n'ont pas voulu se coucher dans la
tombe sans être utiles, ajoutant au savoir et aux idées
de leurs contemporains tout ce qu'ils avaient pu acquérir, et joyeux de cette libéralité, fruit du labeur de leur
vie.

J'apporte et je réunis dans ce livre, à leur exemple
et ne me comparant nullement à eux, ce que j'ai pu
recueillir de connaissances nouvelles, de résultats et de
faits importants quant à la culture moderne des âmes et
des esprits.

II

C'est volontairement et de parti pris que je n'emploie pas le mot *civilisation*. Ce mot, dont on se servira encore longtemps, ainsi que du mot *démocratie*, n'est plus d'une exactitude sévère. La *civitas* païenne et antique' en est la source ; le *civis*, « citoyen » est le membre de ce groupe originel, de cette communauté primitive, de ce premier noyau solide qui a fondé en effet, par l'érection des maisons et des temples, des sénats et des forums, des marchés et des théâtres, toute la civilisation des vieux peuples. Là devait régner le Peuple ; il régnait même sous la forme inférieure de *Plebs* dans la cité, la *Polis* antique ; il avait besoin d'esclaves ; et ces esclaves, pour lui, cultivaient le sol de la campagne, portaient de l'eau et des provisions, étaient ouvriers, servaient le *maître*, l'homme de la *cité*, le citoyen. C'est la seconde phase des races. Quel aristocrate, l'homme des républiques d'autrefois ! Ne les vantez pas tant, vous qui désirez que le sort de tous s'améliore et que la vie même de l'homme de labeur soit douce, fructueuse, heureuse, exquise. Ne parlez plus de *civiliser* les races, à moins que vous ne vouliez indiquer les sauvages aborigènes de l'Australie et de la Nouvelle-Zélande. Là, on civilise ces demi-brutes quand la civilisation ne les tue pas. Quelquefois pour ces races nouvelles le phénomène magnifique de la *civitas* antique se reproduit. Le mystère sublime de la métamorphose de l'être humain s'annonce alors faiblement. Autour d'une hutte obscure, se font quelques constructions moins grossières, qui déjà sont

la cité. Le *citoyen*, le *civis* existe. Il y a des esclaves
comme autrefois ; ou s'il est encore esclave, il attend
qu'on l'émancipe. Telle est la civilisation des iles Fidji
et de l'Australie. L'esprit humain n'éclate pas encore ;
mais il étincelle, et un petit rayon perce l'ombre. L'idée
du juste, qui est l'idée de Dieu, se fait place. Dès lors,
la civilisation est assurée ; ou du moins elle est probable, et si les circonstances sont heureuses, si le milieu
est favorable, un grand peuple peut naitre.

Souvent encore l'expérience ne réussit pas. Dans ce
creuset de transformation des millions d'êtres humains
périssent. Ce qui arrive aux *Peaux-Rouges*. Des fractions
de l'humanité disparaissent.

Je n'appelle donc *civilisation* que ce défrichement primitif. Dans les anciens temps, il s'opérait avec une extrême lenteur ; dans les temps modernes, il s'achève
d'un bond, avec une rapidité foudroyante. De nos jours
toute l'Europe et l'Amérique, l'Asie même, si l'on ex-
cepte les régions retombées dans la barbarie féroce,
n'appartiennent plus à la civilisation d'autrefois. Elles
l'ont dépassée. Plus ou moins elles sont livrées à une
culture incessante de l'intelligence, de l'âme et des
arts. C'est celle-là que j'étudie.

Oui, c'est une étude nouvelle, et ce n'est que dans les
livres publiés récemment chez les différents peuples
cultivés qu'on peut la faire. Les comparer entre eux est
indispensable. En quoi l'Anglais Lecky, l'auteur d'une
Histoire de la Morale, diffère-t-il de M. Guizot, qui, avant
de gouverner l'État, a composé son *Histoire de la Civilisation européenne*? L'Allemand Drosbisch, l'Italien Rosmini, sous des titres divers, ont effleuré et côtoyé les
mêmes idées et essayé des expériences, sinon identiques,
du moins analogues. Cette comparaison est curieuse.

Mais ce n'est pas tout. Il y a mieux à faire. Où sont ar-
rivés les peuples, quels succès dans la guerre et dans
les arts ont obtenus les races qui ont enfanté, ou protégé ou adopté telle ou telle doctrine ? Les unes déchues,
les autres en croissance : les unes ont vécu mentalement,
comme nous l'avons fait récemment, comme les Espagnols entre 1550 et 1650, de l'indifférence ironique des
Quevedo et de l'extravagance des Gongora ; les autres
ont produit Descartes et ri avec Molière. C'est bien différent.

Je ne puis me contenter de la critique littéraire. Je
veux connaître les autres actions, les autres facultés des
hommes.

Il n'y a pas au monde que les auteurs. Pendant
que certains penseurs écrivent et publient, les vais-
seaux fuient sur les mers, emportés par la vapeur ;
les armées s'entre-choquent dans les vallées ; les villes
s'élèvent ou s'abiment, les colonies se forment ou périssent, les empires deviennent républiques, les républiques monarchies ; l'homme même change ; la
beauté ou la difformité s'altère ou se modifie. Le mouvement du monde continue ; la *branloire pérénne*, l'é-
ternelle oscillation de Montaigne ! Le Slave devient Ta-
tare, le Gaulois, Romain. Telle pâle figure, aux longs
cheveux blonds, se bronze et s'endurcit, recevant à la
fois l'influence de la vigueur teutonique et de la vivacité
française ; telle cantatrice, née aux bords du Niémen ou
du Volga, se change en fille du soleil, élève accompli
de Cimarosa et de Pergolèse. Dans cette immense variabilité des choses, les races croisent leurs qualités et
leurs vices ; les unes prennent la force, saisissent la fortune, s'éclairent de rayons qui sont la gloire, aspirent
la liberté, qui est le bain de la vie ; — les autres sen-

1.

tent diminuer leur séve, ces biens s'affaiblir, cette chaleur baisser. C'est un spectacle merveilleux. Ici, la chute; là, l'éclosion. L'ascension et l'affaiblissement, le développement et la destruction simultanés, inégaux, — ici, là, — concourent au grand travail, la culture humaine, et coïncident avec les industries qui cultivent le globe matériel, l'assainissent et l'embellissent.

Tout se transforme et tout avance. Les pays qui déclinent servent à la progression; dès qu'une race a noblement vécu, elle est impérissable. Les Romains vivent par leurs œuvres; et nous-mêmes, Gaulois, nous portons notre originalité dans notre idiome, nous la conservons vivante dans nos mœurs; certaines races orientales ou asiatiques, devenues ignobles, et qui n'ont plus ni littérature, ni arts, sont le fumier définitif et le détritus où recommence à verdir une végétation nouvelle.

N'avoir plus de littérature, c'est la mort pour un peuple; en posséder une mauvaise, ou frénétique, ou dépravée, ou de plagiat perpétuel, ou de radotage sénile, c'est le signe hippocratique annonçant l'agonie prochaine. La querelle entre les faux romantiques et les faux classiques se dessine alors. Effrénés contre idiots.

L'originalité fait-elle défaut; une régularité mécanique passe-t-elle son niveau sur le style; devient-il élégamment pâle, savamment nul, uniforme de teinte; le lieu commun s'établit-il comme une convenance et une nécessité? C'est l'atonie byzantine. La servilité crée ce style, appui des méchants maîtres et soutien de leurs trônes. Alors la production intellectuelle s'énerve. La littérature est blafarde. La pierre du tombeau s'appesantit, polie, uniforme et glacée. Personne ne songe à la soulever. Qui de nous ouvre les Byzantins? Ensevelis dans d'admirables éditions, d'où pas une étincelle ne se fait jour, ils y demeurent à jamais.

J'étudie et les effrénés et les idiots. Il y a, comme le dit Gœthe, une littérature de la *santé morale*. Je l'étudie aussi.

I

L'ÉQUILIBRE EUROPÉEN

L'avenir de chaque peuple est donc dans sa propre littérature. Elle seule exprime ce que désire, sent ou perçoit une race. Elle en est le *Verbe*. Elle en est la lueur et la voix. Les canons, les parcs d'artillerie et les monnayages d'argent et d'or semblent aux esprits vulgaires constituer toute la puissance des peuples. Cela n'est point vrai. Le cerveau humain, qui contient l'instrument matériel de la pensée, est l'atelier d'où sort toute prospérité; tout déchoit si la pensée s'affaiblit.

Au-dessous et au fond de chaque race de peuple, réside une force encore plus vive et plus essentielle. L'esprit ne suffit pas. Il faut la vie de l'âme.

L'humanité et l'histoire ont des époques pendant lesquelles la lumière de l'esprit n'est pas encore morte et abolie. Elle vacille; elle se couvre de vapeurs et d'obscurités; elle devient folle ou lugubre; le foyer va manquer. Ce sont des époques de crépuscule, curieuses, intéressantes, mélancoliques, variées; celle par exemple de Tacite, Sénèque et Martial; de Plutarque, Lucien et

Flavius Josèphe. Alors ceux qui voudraient ranimer la flamme divine ou la rallumer désespèrent ; on sent que leur génie et leur courage font effort. Tels sont Tacite et Juvénal. Honneur à ces âmes héroïques qui, la pensée venant à languir, essayent de la faire revivre par le *sens moral !* Malgré eux, il arrive dans chaque race un moment où elle disparaît. La vérité meurt avec le sens du vrai. L'expression littéraire devient insensée et fausse. Elle court çà et là, furibonde. Les paroles officielles sont menteuses ; Justinien appelle divine dans ses proclamations sa femme, qu'il méprise ; les sénateurs de Phocas prennent des façons graves en prêchant la vertu, en se drapant dans leurs franges d'or ; alors tout est fini ; les deux forces vont mourir, les forces vitales y sont condamnées. La vie intellectuelle s'évanouit la dernière ; elle survit un peu, semblable au soleil qui, descendu sous l'horizon, envoie encore ses derniers baisers au monde prêt à s'endormir ; vie morale et vie intellectuelle. Ces deux flambeaux une fois éteints, tout rentre dans l'ombre. Byzance esclave dort et croit vivre.

Mais l'univers est grand et l'humanité féconde. Ailleurs, quelque nouvelle culture va faire sortir de terre un nouveau génie, une végétation de peuple inconnu ; et les forces vives, l'intelligence et le sens moral, vont reparaître d'un autre côté pour éclairer l'histoire.

Il y a deux erreurs : l'une de croire que l'intelligence peut se passer de sens moral et de vérité ; l'autre, de croire que les puissances matérielles d'un peuple peuvent se passer d'intelligence et de sens moral.

On en voit la preuve dans le dernier bouleversement de l'Europe ; et dès aujourd'hui, tant les mouvements modernes de la vie sociale agissent rapidement, nous avons

assez de documents et de mémoires, d'histoires et de plaidoyers, pour juger les faits, remonter aux sources, approfondir les causes, analyser les détails, arbitrer les
litiges. Je ne parle pas des hommes et ne m'occupe pas
d'eux. Ce n'est ni mon droit, ni mon agrément. Le pri-
vilége du philosophe est d'échapper aux nécessités qui
font de l'avocat un panégyriste sans crédit et un calomniateur innocent. Le philosophe écoute la foule qui
hurle : « A bas Socrate! Socrate, à la mort! » et il passe,
sachant que la foule émue, c'est la passion et l'orage.
Si le Français crie qu'il est *trahi*, le philosophe ne se
hâte pas de croire à la trahison. Il sait que les nations
frappées par le sort sont injustes. Il a, cet homme de
raison et de bonté, autant de sévérité contre la fourberie et l'inhumain, qu'il a d'indulgence pour les hommes,
surtout politiques. Un homme politique est un machi-
niste exposé à tous les périls sur la machine de feu et
d'acier qu'il conduit. Je voudrais voir à sa place les critiques qui le condamnent. Le philosophe sait que le Richelieu de Louis XIII et le Mazarin d'Anne d'Autriche,
comme le Pombal et le Henri IV, ont des problèmes âpres
à résoudre, plus difficiles que ceux d'Euclide, et dont les
inconnues à dégager sont nombreuses et pleines de ténèbres, pleines de douleurs, pleines de désastres.

Ce ne sont donc pas les hommes, les acteurs principaux ou secondaires qu'il faut blâmer ou louer, attaquer
ou défendre. Le philosophe cherche les faits. Il veut
trouver les lois. Il les fixe. Il demande la vérité ; il a
besoin de la certitude. C'est à lui de chasser le sophisme
et de faire apparaître du sein des querelles humaines,
du conflit des opinions, un peu de lumière. Son devoir
est de montrer l'aiguille de la boussole. A lui d'indiquer
la direction et le point juste. Pendant que les uns sont

intéressés à la cacher et à la couvrir, les autres à la faire
dévier, le philosophe reconnaît où il en est. Il peut er-
rer, il peut mal voir; mais il ne ment pas. — Ce serait
la folie d'un peintre qui se ferait aveugle, d'un musi-
sien qui se rendrait sourd.

Je consulte sur les derniers et terribles événements
M. Michelet, le concitoyen, le contemporain, l'éloquence et la poésie mêmes; — M. Agénor de Gasparin,
si complétement étranger aux vues de M. Michelet; —
M. Otway, diplomate qui, sous le nom de *Scrutator*,
a éclairci à la mode anglaise, par des chiffres, quelques
curieux et mystérieux stratagèmes diplomatiques; —
M. Strauss, le correspondant et le rival de notre historien théologique, M. Renan; — M. Schmidt, défenseur
des droits prétendus que l'Allemagne fait valoir sur l'Alsace; — M. Tourgueneff, l'un des Slaves et des Russes
les plus éclairés de notre époque, le frère du célèbre
romancier dont les deux maisons à Paris et à Bougi-
val viennent d'être détruites, l'une de fond en comble,
l'autre à moitié; — enfin le professeur émérite, Francis
William Newman, professeur devenu libre penseur,
libre penseur devenu catholique, l'intelligence la plus
délicatement nuancée et peut-être la plus subtile dans
ses demi-teintes et ses finesses, que l'Europe ait possédée depuis saint Augustin.

Ceux que je viens de nommer sont les juges et les
méditatifs. La trame des faits sur laquelle ils travaillent
se trouve partout, dans les journaux, les factums et les
circulaires.

Il y a un résultat incontestable et incontesté de cette
lecture. De quelque manière que l'on interprète les faits,
tout est changé en Europe. L'équilibre est rompu. Rien
de ce que Louis XIV, Louis XV, Pitt, Napoléon Ier, Louis=

Philippe même ont vu n'existe plus. Les vieux politiques
reconnaissaient une certaine situation pondérée qui ba-
lançait les parties intégrantes de notre civilisation l'une
par l'autre, opposant l'Autriche à la Prusse, la France
à l'Angleterre, l'Espagne et Rome aux pays conquis par
Luther à l'idée protestante. Il y avait alors une Russie
presque sauvage, dont on ne redoutait rien, et une Prusse
enfermée, emprisonnée dans les limites du Brandebourg,
heureuse de voir ses manufactures et ses universités
peuplées de Français qui les perfectionnaient et les faisaient fleurir. C'était aussi *quelque chose* de très-puissant
que l'Autriche. Cette grande et forte Autriche nous donnait des princesses et des reines dont la dernière est
morte sous la hache de nos misères morales et de nos
troubles politiques. L'Autriche était catholique comme
nous; et nous tendions volontiers la main à cette Allemagne méridionale, mère de Mozart et nourrice de
Gluck, dont les Tchèques, les Magyars et les Dalmates su-
bissaient la loi. Au commencement du siècle, M. de Met-
ternich, avec un sourire, une épigramme et des armées,
bravait Napoléon; trente ans auparavant, Marie-Thérèse,
qui venait de perdre la Silésie, osait résister à Frédéric
le Grand de Prusse et à la France.

_ Qu'est devenu tout cela? Le temps a détruit l'édifice.
Les tenons et les mortaises qui maintenaient la charpente ont disparu. L'Angleterre, notre vieille antagoniste, semble un vaisseau à l'ancre qui flotte sans avancer. Elle est isolée. Notre France saignante et mutilée
l'est aussi. L'Angleterre, qui fut la tête et le guide
des races du Nord, où est-elle? Elle a perdu ou pa-
rait devoir perdre sa place. Nous, — triste, mille fois
triste pensée, — nous sommes, jusqu'au moment où la
force morale et la force intellectuelle nous relèveront,

non-seulement un débris, mais un débris isolé, une ruine dans un désert. Et voici deux énormes monarchies et une troisième agrégation souveraine, tendant à la toute-puissance sous forme libre, l'Amérique du Nord, penchant elle-même aujourd'hui vers la réglementation unitaire; — les voilà, trois colosses qui se sont élevés sur les restes épars de l'équilibre antique, équilibre mort, réduit en mille morceaux et aboli. C'est la monarchie militaire de la Prusse, la monarchie asiatique de la Russie, et cet ensemble hétérogène et extraordinaire de forces que Franklin et Washington ont baptisé République et qui s'appelle les États-Unis américains. Je vois ces trois géants prêts à se partager le monde. Ils ont la vigueur, l'espérance, la fortune, la fraîcheur et quelques-uns d'entre eux, du moins, peu de scrupules. Déjà ils contractent des alliances. Les républicains de Chicago et de l'Alabama ont des arcs de triomphe, des couronnes et des fêtes pour les fils ou les neveux du czar. Les Moscovites ont des grâces tendres pour les Mormons; et le roi Guillaume, vainqueur, s'est hâté de porter, au milieu de ses triomphes, la santé de l'empereur Alexandre. De ces côtés est aujourd'hui le succès. Là est le triomphe. Une gravitation générale s'opère vers les grands centres; les petites forces sont annulées ou amoindries; la puissance individuelle, c'est-à-dire la liberté, paraît ou condamnée ou diminuée. Enfin, on dirait la cause du libéralisme perdue, et qu'il faille se résigner à marcher désormais en troupeaux de nations, masses innombrables et innomées, comme les Égyptiens d'autrefois sous la grande houlette des rois pasteurs.

Certes, cela ne sera pas. L'éclipse est passagère; tout est passager. La liberté humaine, quand elle abuse d'elle-

même, est justement punie. Elle se mutile par son excès.
Il faut que les Marat se taisent pour que les Turgot
soient écoutés. Il faudrait qu'Anytus ne mît pas à mort
Socrate, pour que la Grèce ne fût pas soumise, d'abord
à Philippe de Macédoine, ensuite aux Romains. Elle sera
châtiée, ayant été injuste; telle est la loi. La grande Némésis fait toujours son métier vengeur. Qu'on la laisse
agir. La liberté reviendra. Les géants vainqueurs auront
leurs excès et les payeront plus tard. Ils seront amenés
par la victoire même à une situation et à des fautes qui
profiteront à nous-mêmes, à nous, aujourd'hui châtiés;
car nous leur avons livré la place et fait un piédestal de
notre faiblesse intime, de l'éclipse momentanée de notre
sens moral, de notre intelligence et de notre liberté.

La justice nous ordonnait de défendre en 1866 le Danemark, dont le démembrement a été un crime imposé
à l'Autriche, non librement consenti. Pourquoi ce second acte du démembrement de la Pologne n'a-t-il pas
trouvé d'adversaires? Le devoir moral de la France était
de s'y opposer de toute son énergie. Je me fais un honneur de l'avoir dit alors dans la chaire du Collège de
France; et l'ambassadeur anglais, sir Alexandre Mallet,
prouve dans ses dernières *Notes diplomatiques* que l'Angleterre, l'Italie et l'Autriche auraient marché avec
nous. Nous n'avons pas été justes. Nous avons été fourbes, ou nous avons donné le champ libre aux fourbes.
Le jeune géant, qui était sorti de son berceau stérile et
qui grandissait depuis Frédéric, croissait; il nous tendit
des piéges et ceux qui nous gouvernaient y tombèrent.

Voici, grâce à nos fautes, grâce au succès qui a couronné sa dextérité sans scrupules et sa farouche obstination dans le travail, — voici où en est la Prusse, le
jeune géant. La France l'a laissé faire en 1866, quand il

étouffait le faible Danemark, nous promettant de partager avec nous les dépouilles. Aussitôt il donna la main à la Russie. Tous deux sont maitres. Le monde européen dépendra de cette union ; il le sait et il agit en conséquence. La Russie et la Prusse peuvent mettre en ligne deux millions et demi de combattants. Personne ne l'ignore. Que fera la France? Que fera l'Angleterre? Ici entre en scène la diplomatie.

La longue et curieuse histoire des transactions diplomatiques de ces six dernières années se trouve dans les dépêches de lord Granville, du comte Benedetti, de M. de Bernstorff et de M. de Bismarck. La subtilité n'y manque pas. On peut se demander : où est la probité?

Je néglige , et de propos délibéré , les portraits des hommes; ils appartiennent trop à la vie présente pour que je me permette de les détailler ou seulement de les effleurer. Je néglige même, ne croyant pas avoir le droit d'y toucher, cette terrible, sinistre et railleuse figure du Richelieu de la Baltique, athlète de l'aristocratie du Nord. La partie d'échecs m'occupe, je laisse de côté les joueurs. Si la France n'est pas échec et mat, ce que j'espère, elle en est bien près ; et si l'Angleterre, obligée de se replier sur elle-même, reconnaît tristement que ses forces sont amoindries et ses ressources diminuées, le philosophe a le droit de demander *pourquoi*. Le voici. C'est que l'idée du juste, si peu respectée dans l'histoire, l'a été moins que jamais de notre temps ; c'est que l'Angleterre a laissé prendre par la Prusse ce qui n'appartenait pas à la Prusse; c'est que la France a espéré profiter de l'iniquité. Quand je dis, France et Prusse, je ne suis point correct ni exact. *Les races seulement sont forcées de répondre pour leurs chefs.* Des souterrains diplomatiques,

avant 1866, ont été creusés des deux parts, et des mines
nombreuses pratiquées dans toutes les directions, s'en-
tre-croisant, se contrariant, passant de Germanie en
Gaule et de France en Allemagne, traversant le Luxem-
bourg, aboutissant au Schleswig, revenant sur leurs
traces ; compliquées à faire peur, établies par les ingénieurs de la politique. Cela a duré longtemps. Personne
n'avouait son but. Des deux côtés on voulait le bien des
autres. Du côté de la Prusse on désirait s'étendre aux
dépens des faibles, du Danemark, et s'élargir vers la
Baltique pour dominer l'Allemagne. Du côté de la
France, on espérait échapper aux étreintes d'une oppo-
sition libérale, ennemie de la dynastie, et acheter la po-
pularité par la conquête des bords du Rhin. Mille sophismes, mille arguments, mille fraudes étaient semés
pour déguiser les vrais desseins. M. de Bismarck affi-
chait l'amour de la liberté de l'Allemagne, composée
dans son unité ; c'était le plus libéral des hommes ; —
oui, un Washington presque républicain ; il constituait
le *Staats-Bund* et préparait à la Franklin une fédération
germanique. Son *adversaire*, non moins voilé que lui,
mais dans une situation bien moins facile, n'était pas
moins Washington. Également il professait le libéralisme. L'Empire n'était-ce pas la paix ? Et le masque sur
le front, dans les sapes, les deux adversaires marchaient.

« C'est là que l'histoire va les trouver ; cette terrible
histoire, la vengeresse et armée de flambeaux. Elle venait lentement autrefois. Aujourd'hui, à peine les faits
sont-ils consommés, la lumière éclate. Dès à présent, on
sait ce que voulait le ténébreux M. de Bismarck. On sait
ce que voulait l'Allemagne. Que l'Allemagne, depuis un
demi-siècle, désirât l'unité de son territoire, la fédéra-

tion sympathique de ses parties constitutives, on ne peut
plus en douter. Il faut lire pour s'en convaincre toute
la correspondance si ingénieuse et si éloquente de Frédéric de Gentz, les ouvrages de Mœser, et les poésies
de Arndt. M. de Bismarck, libérateur de l'Allemagne,
ne *mentait donc pas.* Non-seulement il lui apportait la libération par l'unité, mais la richesse par la conquête.
L'Allemagne, vaste machine lourde et puissante, avait
longtemps manqué d'eau : ses roues ne marchaient pas.
Le mouvement et l'eau lui sont venus. C'était l'œuvre de
la Prusse, œuvre intéressée. Mais avions-nous le droit
de nous y opposer? Cette unité de l'Allemagne, en quoi
nous gênait-elle?

Faute de sens moral, on avait creusé des sapes contre
l'Allemagne ; elle avait répondu en établissant des contre-sapes, plus criminelles de sa part, puisqu'elle prétend à plus d'ingénuité et d'innocence. L'explosion devait avoir lieu ou sous son territoire ou sous le nôtre ;
et longtemps, les finesses des ingénieurs se sont épuisées
à diriger les corridors secrets et les sentiers souterrains, de manière à ce que le tort ou le crime fussent
rejetés sur l'ennemi. C'est qu'en France et en Allemagne, on redoutait le jugement de l'Europe. Voici donc
une nouvelle phase historique, bonne à remarquer. On
a aujourd'hui peur de l'Europe. Elle est devenue juge
moral, elle peut devenir arbitre légal. La vieille hypothèse de l'abbé de Saint-Pierre, l'érection d'un tribunal
amphictyonique assemblé pour arbitrer les différends
politiques et suspendre les guerres ou les prévenir, vient
de reparaître non comme un rêve, mais comme une nécessité, que l'Américain Noyes et l'Allemand Scheel ont
sérieusement fait valoir. Mill l'Anglais l'a déjà préconi-
sée ; et les théologiens romains de la *Civiltà cattolica* la

2.

détourneraient volontiers en faveur de l'infaillibilité papale. Que de réflexions inspirent l'abbé de Saint-Pierre et son utopie! Ce pauvre Socrate au petit collet, l'abbé de Saint-Pierre, que ses confrères ont chassé, que le cardinal-ministre a privé de sa pension, que tous les *Gracieux* de salon ont raillé, dont la vieillesse a dépéri dans l'abandon, et qui avait pour seul crime d'avoir désiré la « Paix universelle », d'avoir mal parlé des armées permanentes, d'avoir inventé les assemblées ou congrès politiques pour y juger les rois et les princes, d'avoir employé, pour dire tout cela, un style effroyablement diffus et confus. Pauvre héros sans style, non sans âme! Qui donc écrira une bonne histoire de sa vie, et résumera ses meilleures pages sous une forme moins brute et moins épaisse?

Ce qu'on baffouait comme un rêve va se réaliser certainement. S'il l'avait exprimé en bon style, avec éloquence et grâce, il aurait été emprisonné ou pendu. On l'a raillé, ce qui l'a sauvé.

L'unité de l'Allemagne — c'est-à-dire la constitution nouvelle de la Germanie solidifiée et la cohésion de ses parties intégrantes — ne nous gênait en rien, et ne nous gêne pas aujourd'hui. Elle nous servait, si nous l'avions secondée. Ce qui nous gêne, c'est la suprématie actuelle de la Prusse. Et qui l'a faite? Nous-mêmes l'avons faite. Aidée par la France libérale et par l'Angleterre, la Germanie était libérale, c'est-à-dire vouée au régime de la discussion libre. Elle était à nous. Cette unité finement obtenue par M. de Bismarck par le résultat des sapes et des contre-sapes dont nous avons été dupes, donna l'Allemagne à la Prusse. Nous avions ainsi, par l'empire, par nos défaites serviles, découragé la liberté allemande, créé l'empire du roi Guillaume, découronné les idées

d'honnête indépendance à travers le monde, suscité la
Commune, encouragé les théoristes du partage des biens
entre tous les hommes et fortifié les partisans des grands
centres et des énormes pouvoirs. Je ne sais combien de
jours ou d'années ou de siècles — mais aujourd'hui on
ne procède plus par siècles — je ne sais combien durera
cette éclipse. Toutefois elle commence à se déclarer ; et
la lumière sainte des peuples ayant conscience d'eux-
mêmes, le vrai soleil, le sens moral et la nette intelligence ont déjà pâli sous nos yeux.

L'Allemagne souffre elle-même de cette éclipse. La
pensée a faibli chez elle. Si, dans les documents historiques que la dernière guerre a fournis, la France se montre plus emphatique, plus crédule, plus légère qu'il ne
faudrait, ces défauts sont bien balancés par le flot d'i-
déologie abstraite, de raisons esthétiques et d'arguments sentimentaux des controversistes allemands. Ils
ont prouvé par les faits les plus inouïs que le teuto-
nisme (qui depuis Marius n'a pas cessé de porter la hache
et la cuirasse) est pacifique. Ils ont tout prouvé avec une
persistance qui ne leur fait pas honneur ; — que vers
l'an 1000, le royaume de France n'existant pas encore,
certaines provinces naguère françaises n'appartenaient
pas au royaume de France. Logique bizarre et conséquence curieuse ! Vingt-sept fois, ont-ils dit, nous avons
envahi l'Allemagne. Et celle-ci doit prévenir les inva-
sions futures. Vingt-sept fois ? Voyons un peu ce que
vaut cette rhétorique si touchante, d'une philanthropie
si onctueuse.

Il est absurde de confondre les époques féodales, où
chaque petit suzerain faisait la guerre pour son compte,
avec l'ère monarchique qui ne commence qu'au quatorzième siècle et qui a découpé l'Europe en nouveaux

royaumes distincts. Après Charlemagne, on se disputa
de droite et de gauche l'héritage de Lothaire II. Les vassaux changeant de suzerains, les suzerains changeant
de vassaux, Henri l'Oiseleur et les Othons faisant irruption en France, Philippe-Auguste et Louis-le-Gros, épou-
vantés de ces attaques et se défendant de leur mieux,
voilà l'histoire ; elle n'est ni germanique, ni italienne,
encore moins française. Elle est féodale. Tout le monde
se bat et l'Allemand plus que personne. Toutes les fois
qu'il voit une proie, il s'y jette, ce qui ne témoigne pas
de la pacifique disposition des Germains. Un beau jour,
ils estiment que l'Italie est une belle proie et ils s'y jet-
tent. Plus tard, devenue espagnole, l'Allemagne est
encore plus guerroyante ; et l'empire de Charles-Quint,
assis sur les deux mondes, touche des deux bouts de sa
lance sanglante le Mexique d'une part et de l'autre les
sables de la Baltique. Certes, la monarchie française, à
qui les autres monarchies avaient laissé le temps de se
constituer, aurait eu le droit de se plaindre. Elle se
défendit et fit aussi la guerre. Pas toujours avec succès.
Deux fois nos villes sont envahies ; notre roi est fait pri-
sonnier, nos forteresses sont démolies. On nous rançonne,
on nous pille, on nous écrase, et nos voisins les Anglais,
qui se mettent de la partie, prennent Tournai et Boulogne,
comme part du butin. Cette France pillarde, envahissante
et batailleuse, que M. de Bismark accuse d'avoir vingt-
sept fois franchi le Rhin, pour voler, la voilà elle-même
pillée, foulée aux pieds et saignée à blanc par ces maîtres
du monde, les Germains-Espagnols. C'est alors qu'apparaît dans l'histoire le grand Henri IV, plus grand que
personne ne l'a encore dit, et dont la route politique devrait être suivie aujourd'hui pour nous sauver ; — une
voie de libre et saine volonté.

La vraie grandeur de notre pays date de Henri IV. Elle
s'est accentuée dès son règne et déterminée puissamment sous Mazarin. Elle a toujours monté jusqu'à l'époque
où Louis XIV, changeant de route, a essayé l'autocratie
espagnole et chassé de France ceux qui ne pensaient pas
comme lui, ceux qu'il n'aimait pas, ceux qu'il redoutait, les protestants, ses ennemis politiques, encore plus
que religieux. L'homme de la tolérance et des vues
larges avait été Henri IV ; l'homme des choses nouvelles
et modernes, c'était encore lui. Au lieu de favoriser les
grosses masses et les agglomérations gigantesques de
forces, Henri IV aimait les distinctes spécialités et les
vraies affaires. Il pratiquait la bourgeoisie et ne la trouvait point vulgaire. Les universalités, les toutes-puis-
sances représentées alors par l'Espagne et Philippe II
lui répugnaient. Henri IV était simple personnellement,
naturel ; il était fractionnaire, réel et observateur. S'il
estimait qu'un royaume *vaut bien une messe*, c'est qu'il
voulait admettre toutes les communions, les plus petites, dans la sphère élevée de la politique. S'il parlait
de la *poule dans le pot du paysan*, c'est que son humanité répugnait à la divinité mythique et aux prétentions
du symbole. Il savait que le paysan a faim. Les réalités
préparées de sa main ont alimenté la France jusqu'en
1688. Sans ces réalités bienfaisantes, la France n'aurait
pas joui du vrai siècle de Louis XIV, qui commence en
1610 et ne va pas au delà de 1670. La fiction, reparais-
sant plus tard avec la fausse piété catholique, a rem-
placé de 1670 à 1750 la pratique bienfaisante, la finesse
naïve et l'humaine puissance de Henri IV par un trône
symbolique, dardant ses rayons, soleil sublime, apol-
lonien, qui a ruiné la France et l'a dévorée. Mazarin
et Richelieu s'étaient maintenus dans les limites du pos-

sible; bien que cardinaux, ils avaient combattu, dans la personne des rois et ministres espagnols, ce principe pernicieux d'une toute-puissance universelle, immense, illimitée, divine, que Louis XIV, à demi-espagnol, à demi-romain, mari de Castillane, fils d'Espagnole, élevé par les Révérends Pères Jésuites, voulut réaliser à son profit. Il voulut se faire grand. Il réussit pour quelques années qui laissèrent la France amoindrie. Henri IV avait fait la France grande en restant homme simple.

C'est avec l'Allemagne et ses chefs libéraux que ce grand politique Gascon s'est allié pour combattre la terrible monarchie orientale de l'Espagne. Il eût fallu en 1870 faire comme lui, deviner et comprendre l'avenir. Le développement normal du peuple germain, dont l'éclosion est récente, commençait à s'opérer sous Henri IV. Il l'aida et nous servit. Une politique sans avenir n'existe pas ; et l'homme politique n'est qu'un préparateur. En admirant l'Espagne antique, il fallait laisser Philippe III, Philippe II, Charles-Quint même, Isabelle la Catholique, demi-africains, demi-asiatiques, dans leur passé. Ils n'étaient plus du monde nouveau. De ce même admirable règne de Henri IV datent la déchéance de l'Espagne, de Charles-Quint et l'ascendant de la France. Entre 1598 et 1610 les fondements de notre influence furent jetés de sa main ; un Allemand qui voulait écrire récemment l'histoire des rois d'Espagne, M. Philippson, trouva Henri IV sur sa route, s'arrêta et, frappé de la beauté de cette partie de notre histoire, il l'a écrite. Pendant que l'Anglais Froude feuilletait, pour éclairer la même époque, les archives de Londres, Philippson et un autre Allemand fouillaient les archives de Simancas, Albéric et Rawdon Brown publiaient les notes secrètes des observateurs vénitiens.

Il n'est pas vrai que ces lumières sortant des tombeaux
changent l'histoire. Elles la complètent. Ici, par exemple,
vous voyez ce qu'il faut entendre par l'équilibre européen : une forme changeante, une suprématie passagère ;
d'abord, la féodalité triomphante jusqu'en 1450 ; puis le
catholicisme espagnol écrasant tout jusqu'en 1600 ; monarchie française se couronnant elle-même et s'élevant
radieuse avec et après Henri IV pour descendre et s'abî-
mer sous l'horizon obscur après l'édit de Nantes révoqué,
c'est-à-dire l'œuvre de Henri IV abolie. Trois équilibres !
Maintenir un équilibre signifie *en changer*, ce qui est
burlesque.

Comment la France est-elle devenue si forte depuis
1600 jusqu'en 1670 ? Elle n'a pas été seulement éclatante, elle a été toute-puissante. Ce que Rome, et avant
Rome, la Grèce, et après Rome payenne, ce catholicisme de l'Italie pontificale, et après l'Italie, l'Espagne,
avaient successivement, dans des phases diverses, été
pour le monde, la France l'a, à son heure, été sous une
forme qui lui appartient, plus sociale, vive et réglée,
plus élégante, plus délicate et d'une couleur plus trans-
parente et fine. Si les peuples et les races subissent une
éducation mutuelle et incessante, ce qui est vrai et ce
que les Anglais Buckle et Lecky après Herder, n'ont
pas oublié — la Grèce a enseigné au monde l'esthétique,
les arts et la sublime beauté, la religion d'Uranie la Divine ; Rome, la discipline et la guerre ; Byzance, l'administration théorique ; l'Italie moderne, le suprême renouvellement des arts voluptueux ; et la France a été le
précepteur adoré longtemps de toute la vie sociale et de
l'acquis dans le goût. Pas de nation qui ne l'ait imitée.
Kaunitz s'en plaignait ; M. Sugenstein avant la guerre,
c'est-à-dire avant nos désastres — châtiment effroyable

et mérité —. a fait un gros volume sur les imitations
européennes de la France. Peu d'années avant cet horri-
ble et stupide conflit, la presse allemande donnait en
foule des ouvrages consacrés au même sujet. Lisez la
Vie de Voltaire par Strauss, celle de Diderot par Ro-
senkrantz, la *Littérature Française* par Ardnt qui copie des chapitres de M. Nisard, d'autres de Sainte-Beuve,
d'autres même de moi ; qui ne nomme aucun des auteurs
pillés et de ce pillage fait un livre allemand. Tous imi-
tent encore la France. Une sorte de manie française avait
même pris possession de beaucoup d'esprits germaniques. Avec Danton et Robespierre, on avait fait un
drame singulier, où Robespierre devenu mystique, apparaît dans un bois magique, entouré de sorcières. La
presse prussienne seule, dirigée par d'habiles gens, en-
tretenait la vieille rancune, rappelait Iéna et la reine de
Prusse outragée par Napoléon 1er, remettait à vif les an-
ciennes blessures, et par son excitation allemande à la
guerre coïncidait avec les belliqueuses ardeurs françaises dont les Bismarck de France chauffaient à blanc
le cabinet impérial. Les politiques agissaient seuls, non
les nations. On ne peut trop le redire, pour l'amélioration de l'humanité et de ses destinées futures. L'individu n'a été pour rien, les hommes d'État, commandant
aux masses, ont été pour tout dans ce qui s'est passé.
Un jour les hommes d'État s'amoindriront ; l'individu,
au lieu de se livrer à de tels guides, défendra ses droits,
sa morale et son honneur avec ses enfants et son bien.
Moins de chaumières brûleront, moins de villes seront
détruites, saccagées ou encombrées de corps morts ;
moins de veuves pleureront, moins de mères seront privées de leurs fils. Si l'on n'atteint pas la paix perpétuelle
rêvée par l'abbé de Saint-Pierre, désirée par Henri IV,

annoncée par Kant, prêchée par Schiller, et Fénelon, on s'en éloignera moins. L'éducation des masses se continue déjà. La Suisse, l'Angleterre, le Danemarck, la Hollande, la Belgique, où la culture personnelle de l'homme est assez avancée pour que chaque citoyen répugne à de telles guerres, donnent l'exemple et ouvrent la voie. D'autres peuples suivront, et l'*individu* naîtra ; non révolté comme l'esclave qui rompt sa cruelle chaîne, mais sans vindicte, sans haine comme il convient à un homme. Il ne brûlera pas sa capitale. Il ne laissera pas brûler sa maison. Il ne fera pas de Commune. Il ne prêtera pas son argent pour faire un empire dans les tropiques et y ensevelir la fleur de ses jeunes gens. Ce sont les masses qui font ces choses. L'individu ne les fait jamais.

Figure très-individuelle, très-spéciale, que celle de notre grand fondateur, Henri IV. Originale figure. Elle vit dans les nouveaux livres plus haute que jamais, et ce n'est pas un médiocre honneur pour Voltaire de l'avoir un peu indiquée dans ses hexamètres. Avec son tempérament sanguin et les défauts de sa nature, Henri IV en a les qualités, que le malheur et sa rude école ont encore perfectionnées, polies et aiguisées. Ses lettres que M. Berger de Xivrey a recueillies ; ses dépêches semées dans les recueils de Bergenroth et de Meyer ; ses conversations que les contemporains ont conservées, le montrent brusque en apparence, attentif en réalité, sensuel comme un soldat et tirant parti de son vice pour amuser les hommes, moins attiré par les vertus que par les faiblesses, ayant l'air d'abuser de son droit et prodiguant la satire pour cacher sa raison — un vrai français du Midi, sachant boire et jamais ivre, sachant se battre, être battu aussi pour prendre sa revanche ; *vert-galant,* mais aussi galant de sa rapière que de sa personne ; pa-

3

tient avec l'air étourdi; 'prévoyant et de très-loin; bon
ménager des circonstances et des hommes, ne jouant la
comédie royale que juste autant qu'il le fallait; ayant
l'à-propos, le tact, l'actualité, la vivacité quant au présent; ferme quant à l'avenir; obstiné, indomptable, ardent et froid; comptant les obstacles, jamais embarrassé
d'eux ni effrayé; le modèle des politiques. Il a inauguré
la tolérance. Il a eu l'air de rire, et il défaisait joyeuse-
ment, lentement et pour toujours la trame immense de
la monarchie de Charles-Quint. Il semble céder à la Ligue et ne change pas un iota de sa politique. L'Angleterre, la Hollande, l'Allemagne réformée, ennemies de
Rome et de Madrid, deviennent ses alliées. Il ne combat
point par un sentiment d'envie, de despotisme et de folle
ambition les jeunes géants qui grandissent et veulent
être libres. Il sait que Dieu le veut. La végétation des
races est celle même des forêts. Elles poussent, elles
verdoient et rien ne les en empêchera. Les alliances
avec les jeunes et les forts sont excellentes, il le sait
aussi. Tout roi qu'il soit et roi catholique, il n'a pas de
penchant pour ceux qui tranchent la tête des libres Flamands, qui brûlent les hérétiques et qui établissent ou
veulent conserver le système espagnol.

Une foi, une loi, un roi, un gibet.

Le duc de Lerme, qui a laissé mourir de faim *Cervantès*,
soutient cette dernière opinion et ce genre de monarchie.
Entre ses mains, l'Espagne diminue, faiblit et va périr.
Henri IV épie le moment, voit le vieux colosse faire des
fautes, l'isole, l'investit, le brave en riant, donne à la
France des manufactures, de bonnes finances, des amis,
s'attache les nouveaux peuples et leurs chefs, les se-

conde, les secourt, les aide à vivre et laisse les enfants
de l'inquisition dépérir par l'iniquité. Voici enfin la
France, avec la Hollande et l'Angleterre, qui se lèvent,
qui s'allient en face de l'Autriche et de l'Espagne.
Celle-ci fait encore de grandes choses; mais la base
lui manque. Ce n'est plus sur l'autorité orientale
que le monde politique s'appuiera. Il faut céder. Il
faudra disparaître. Le novateur et le fondateur, c'est
Henri IV. Le guide et le modèle des nations sera la
France, tant que pour elle la tolérance sera la loi, tant
que l'humanité individuelle sera respectée, la volonté
royale contenue, le développement de toutes les forces
favorisé.

Oui, Henri IV a fait la guerre; tout le monde la
faisait; mais il était assailli, non assaillant. Il a
combattu le principe dangereux, il a servi le principe désormais utile et nécessaire. L'ami de Montaigne et de Malherbe a combattu les ennemis de la
science. Il a fait la guerre à l'Allemagne, mais à l'Allemagne espagnole. Allié de l'Allemagne du Nord, il
défendait les intérêts des princes et des peuples sep-
tentrionaux contre la maison espagnole d'Autriche.
Est-ce là ce que les esthéticiens germaniques appellent
une invasion française? Pour prix de son intervention,
la France a reçu très-légitimement une part de la frontière disputée. Le traité de Munster ne menaçait pas les
libertés de l'Allemagne. La France de Henri IV, étant le
plus jeune des vieux peuples latins et le plus antique des
jeunes peuples germains, possédait une situation unique. Elle pourrait en user encore. Jusqu'en 1690 ou à
peu près, elle recueillit les fruits de ce beau règne, terminé par le coup de poignard de Ravaillac. L'idiot prê-
tait son bras à la fureur impuissante — la société anti-

que, exaspérée, voulut étouffer l'œuvre de Henri IV. Elle
tua l'homme et l'œuvre resta.

Ce fut Louis XIV qui nous compromit en voulant in-
carner dans sa personne royale l'héritage monarchique
espagnol que Henri IV avait détruit. Il s'empara de la
Franche-Comté, passa le Rhin et provoqua aussitôt la
Ligue d'Augsbourg. Il ne fallait pas imiter l'Espagne
après l'avoir diminuée ou détruite.

La politique de Henri IV eût amené, de toute nécessité,
non l'Éden sur la terre, la paix perpétuelle — une utopie impossible — mais une réalité possible, l'alliance
pacifique et libre d'États libres.

C'est le but auquel tous les grands philosophes ont
tendu. C'était le vœu de Fénélon, de Kant, de Herder,
de Montesquieu, comme de Henri IV. Les hommes de
pensée et de cœur n'ont eu, même en Allemagne, qu'une
pensée et un cœur à cet égard, et si notre France en ces
dernières tristes époques a été vaincue, c'est qu'en ad-
mettant des concessions fatales et en désespérant d'elle-
même, en méprisant la pensée pour la matière et la conscience pour les jouissances, elle a laissé dépérir sa
vie morale. Les Kant, les Fichte, les Schiller, les Gœthe,
les Herder avaient préparé la Germanie actuelle. Ils
avaient uni l'Allemagne de la génération précédente par
la pensée, comme nos Montesquieu, nos la Bruyère, nos
Vauvenargues, nos Voltaire, avaient pétri la France intellectuelle. On attribue aux hommes politiques d'action trop d'influence ; on les voit en scène. Ils parlent,
ils combattent, ils agissent. Ils sont des soldats, et leur
génie éclate à tous les yeux dans la mêlée, dans les périls. Mais leurs armes avaient été forgées par d'autres ;
Napoléon fait mouvoir les hommes dévoués et hardis de
la révolution française. Louis XIV emploie d'abord, puis

dissipe l'héritage de Henri IV. Où Pascal, la Bruyère et
Molière ont-ils puisé? Dans Montaigne, Rabelais et la
Satyre Ménippée, ces grandes sources puissantes et gigantesques ! A quels hommes Louis XIV a-t-il dû sa plus
vive splendeur? A ces mêmes Molière, la Bruyère, Bossuet, Pascal qui ont réglé et épuré sans doute les éléments placés sous leurs doigts habiles, mais qui doivent
presque tout au siècle précédent, quant au fond. La
forme seule, celle-là très-belle et digne de l'antiquité,
appartient en propre à l'élégante époque, cadencée et
harmonieuse, soumise à Louis XIV.

Si la France eût, comme Henri IV, écouté ses philosophes, non les rêveurs, elle eût compris, en 1870, que
l'unité allemande, aidée par elle-même, n'aurait favorisé
que la justice; qu'elle aurait seulement préparé cette
alliance libre et pacifique d'États libres dont parle Kant;
elle eût compris que le Schleswig et le Danemark, pro-
tégés libéralement par nous dès 1866, n'auraient point
permis au jeune géant prussien de grandir encore, de se
dire l'athlète unique et le chevalier teutonique du monde
du Nord, afin de constituer l'unité allemande à son profit
monarchique et militaire. Il est vrai que l'idée que l'on
appelle libérale y eût gagné. Pourquoi la France a-t-elle
souffert, a-t-elle toléré que l'idée de l'avenir, celle du
bien-être des peuples fût attaquée? C'est qu'elle a commis la redoutable erreur de confondre le bien-être matériel avec la vie morale. Dans quel état de marasme
fétide était tombée la littérature! De quel discrédit
étaient frappés les penseurs! Quel anathème poursuivait
la philosophie désintéressée? Ce sera dans l'histoire la
honte de la dernière époque. L'éducation même du peuple, classique ou autre, recevait à peine du trésor public
l'aumône de quelques écus, tandis que la guerre, qui a

3.

été si mal faite, coûtait des milliards, payant des fusils qui n'existaient pas, des cartouches vides, des habillements absents et pour nos malheureux soldats des souliers sans semelles. La dégénération morale de l'Allemagne était grande à la fin du dix-huitième siècle. Pauvre de ressources et de finances, elle ne l'était pas moins de vertus civiques. Comment la vie lui est-elle revenue? comment le corps paralysé a-t-il pu marcher? quel souffle nouveau l'a ranimé? Ce ne sont pas les de Moltke et les Bismarck qui ont fait cela, — hommes puissants, de génie actif et habile, je l'avoue, mais hommes redoutables, que l'histoire marquera de leur vrai signe. Ce ne sont pas les politiques et les guerriers qui ont ressuscité l'Allemagne. Les Gœthe, les Schiller, les Kant, les Schleiermacher lui ont dit : *Lève-toi;* elle a écouté la parole des désintéressés, et elle s'est levée. Une fois debout par le souffle de l'âme, le *pneuma* sans lequel les races sont des spectres, les hommes de la politique se sont jetés au combat. C'était à nous de les prévenir. C'était à nous de l'aider, la *Ressuscitée,* et de lui dire : *Marche avec nous.* Marchons ensemble à la lumière, à la liberté, à la vraie vie; et non à la fange sanglante où les peuples périssent menés par les paisibles diplomates.

En effet, l'Allemagne sortait d'un grand abîme, de toutes les détresses où l'avaient laissée pantelante et saignante les nombreuses guerres que ses maîtres lui avaient imposées; guerre de Sept-Ans, guerre de Trente-Ans; nos troupes appelées par Frédéric pour l'aider à prendre la Silésie; Marie-Thérèse nous appelant ensuite pour la défendre contre le roi de Prusse; partout l'imitation ignoble des fautes et des prétentions de Louis XIV; les poëtes emprisonnés quand ils osaient médire d'un évêque ou

déplaire à une altesse avec son armée de cent hallebar-
diers ; point de commerce, aucune liberté, l'idiome même
ou négligé ou méprisé ; Frédéric II de Prusse déclarant
qu'il ne veut pas parler cette langue sauvage, « *edle, aber
sehr verwilderte Sprache,* » dit Leibnitz ; les femmes trai-
tées avec une cruauté inique et brutale ; Sophie-Dorothée
mourant en prison ; le margrave de Schwedt incarcérant
pendant trente années sa femme qui lui déplaît ; toutes
les infamies grossières dans un pays désolé, ravagé, ap-
pauvri. Les monographies récentes racontent toutes ces
aventures. Il y en a plus de soixante. Vehse, Freytag,
compulsant les archives de toutes ces petites principautés, les ont montrées dans la nudité de leurs vices, dans
l'horreur de leur servile ignorance. Bonaparte n'a pas
trouvé cette Germanie en meilleure situation ; la moitié
ou le tiers du pays ont cédé lâchement au triomphateur.
Nombre d'âmes ont plié ; beaucoup de bourgeois et de
petits chefs se sont attelés au char impérial. Iéna est
venu achever l'œuvre, et tout semblait mort dans ce
malheureux pays.

Mais, non, non. Voici Kant. Voici, après Lessing, toute
la cohorte des penseurs. Il y a des femmes dans la noble
armée de ces porte-flambeaux : Caroline von Schlegel,
inspiratrice de madame de Staël, la juive Rachel Varnhagen von Ense. Caroline la libérale a passé plus de deux
années de sa vie dans les prisons allemandes. Au lieu
d'encourager la lâcheté d'âme et le faux luxe, ces femmes
ont encouragé, aimé et animé de leur souffle les Schelling et les Gœthe. Le règne de l'idée va clore le règne
du sabre ; c'est à la voix de ces femmes enthousiastes et
intellectuelles, sous les ordres de Schelling, de Kant et
de Fichte, que va se faire la grande réaction de 1813 :
guerre contre guerre, réaction contre le despotisme mi-

litaire de Napoléon Ier. Tous les grands penseurs sont
unanimes à cet égard. Dès 1815, dès 1810, comme Benjamin Constant, comme Royer-Collard, comme Brougham,
ils veulent la liberté et la fédération. Ils n'acceptent la
guerre que contre la guerre. La conscription et les armées permanentes leur sont odieuses. Que dit Kant? *Il*
a pour idéal l'alliance pacifique et libre d'États libres. Il
conçoit l'État comme nécessairement libre. Il fonde la
fédération des peuples sur leur indépendance. Il ne re-
jette pas la forme républicaine; mais il estime qu'une
nation se développe moins librement encore sous une
présidence temporaire que sous une monarchie héréditaire. Il dit en propres mots que « le consentement du
citoyen est nécessaire à la paix ou à la guerre. Sans cela, de
quel droit lui ferait-on supporter toutes les misères qui
résultent de l'état de guerre? Pourquoi le forcer à porter
les armes, à payer de ses écus les frais de campagne, à
réparer les désastres; et (chose plus cruelle encore) à
soutenir le poids de dettes énormes, toujours renouvelées par le renouvellement des combats, si bien que la
paix elle-même devient après la guerre une amère douleur? Avant d'entreprendre un jeu si misérable, le citoyen réfléchira; mais le chef de l'État n'étant pas citoyen, étant seulement propriétaire, n'a pas à s'embar-
rasser des conséquences; il fait la guerre à l'étourdi,
comme une partie de plaisir, sans rien perdre de son
luxe, de ses fêtes et de ses chasses. Là diplomatie est
là, toujours prête, qui se chargera d'expliquer et de jus-
tifier les choses. »

Le sage de Kœnigsberg n'est pas un démocrate violent. Il n'est pas un partisan furieux de la monarchie.
Il est un sage. Cette politique pacifique, aujourd'hui
même soutenue par les penseurs allemands les plus

éclairés, les plus notables, repose sur un fait encore pro
blématique et contesté, la nature même de l'*homme*
Est-il bon? Est-il méchant? L'idée de la fédération n'est
conciliable qu'avec l'idée de liberté; celle-ci ne peut être
laissée à l'homme que s'il n'est pas essentiellement mauvais. Les théologiens veulent qu'il soit mauvais. Jean-
Jacques veut qu'il soit né bon.

II

GUSTAVE FREYTAG LE SILÉSIEN

De Maistre, louant la guerre et le bourreau, est conséquent avec lui-même. Ce catholique-calviniste veut que
l'homme expie dans le sang et les larmes son péché originel. Diderot, dont Rosenkranz vient de publier une
bonne vie, n'est pas moins logique. Il ne tolère ni les
rois, ni les lois, ni la guerre, ni la contrainte, parce que,
prétend-il, l'homme est essentiellement parfait, et que,
pour le rendre heureux, une seule chose est à faire, —
le délivrer.

Les deux doctrines ont porté leurs fruits ; et elles sont
jugées. Il n'y a qu'un résultat vrai et un corollaire absolu de toute l'histoire humaine. Depuis les Aryens et
les Égyptiens, depuis les premières leçons que nous
donne l'enseignement de l'histoire, je vois l'homme éminemment perfectible, capable de tout, vicieux, vertueux,
dévoué, criminel, avare, avide, sanguinaire, idéal, sensuel ; l'homme de Montaigne ; variable, mais se per-
fectionnant par la culture ; considéré comme un atome
humain, comme partie intégrante de la masse, il est

misérable. Comme humanité et la représentant, il est
sublime.

Les deux doctrines sont aussi fausses que vraies, aussi
vraies que fausses. Ce qui est certain, c'est qu'au temps
d'Hérodote les humains qui vivaient en brutes, à la façon
des demi-singes de l'Afrique, étaient aux gens qui pensaient et agissaient noblement comme le nombre cent
mille est au nombre *un ;* et que dans le moment même
où j'écris la proportion est renversée. L'ignorance, la
dépravation et le cannibalisme existent sur une portion
du globe assez restreinte ; et malgré les misères présentes de l'Europe, malgré l'infamie perverse et sanglante que la guerre traîne après elle, malgré nos maisons ruinées, nos mères égorgées et nos trésors pillés,
le tigre à figure humaine, le criminel absolu et incon-
scient est rare. Mais le quart de l'Afrique et les déserts
de l'Australie sont pleins de Troppmann ; le Cimmérien
est le barbare d'aujourd'hui.

Je bénis un écrivain comme Hérodote, un philosophe
comme Kant, un analyste comme Aristote, un historien
comme Tacite, qui tâtent pour ainsi dire le pouls du
grand malade, du grand enfant, du grand vivant qu'on
appelle l'humanité et qui nous disent où en sont les pulsations, où en est la vie. A chaque stage, nous sommes
avertis par ces curateurs, par ces médecins de l'humanité. On est fier de les suivre et de ne point prendre
part à ces orgies de bassesses, à ces curées de pouvoir,
à ces combats d'intrigues serviles, qui prétendent
être la civilisation et qui voilent la barbarie sous la
splendeur.

Les philosophes dont je parle ne désespérèrent jamais
de l'humanité. Jamais aussi leur espoir vain ne plonge
dans l'impossible, et l'impossible est l'absolu. Ils cô=

toyent cet infini qui n'est pas à nous. Ils aperçoivent ce soleil divin d'une perfection qui ne nous est pas permise. Kant ne dit pas que l'on puisse éviter toutes les guerres, pas plus que toutes les maladies et tous les crimes. Il dit que l'homme a besoin de commerce; que les échanges lui sont indispensables; que, physiquement, il ne peut longtemps verser son sang pour tuer son semblable, et que cet antagonisme rétablit inévitablement l'équilibre; non cet équilibre européen, vaine chimère, mais l'équilibre entre les facultés, les races, les besoins, les désirs, les esprits, les efforts de l'humanité.

Je lisais récemment, au milieu du fatras de fureurs contre la pauvre France, mon pays adoré, au milieu des insultes, des injures, et des ignobles joies dont la tourbe des mauvais écrivains allemands nous honore, nous vaincus, ces mots de Gustave Freytag : « Nous n'avons plus qu'une politique à suivre, une politique pacifique. Nous ne sommes plus divisés, faibles et sans énergie de peuple. Le but est atteint. » Il fallait donc, nous Français, ne pas nous poser en obstacle, ne pas marcher contre la liberté, et aider le développement naturel, en profiter nous-mêmes, protester dès 1866 contre l'envahissement despotique du Schleswig, ne prendre l'épée que sous le bouclier de la justice, et nous ranger du côté des peuples maltraités, des faibles attaqués, des philosophes méconnus, de Kant, de Fénelon, de Socrate, qui sont quelquefois empoisonnés par le populaire ou même brûlés et pendus dans le présent, mais qui ont toujours raison dans l'avenir.

Un des hommes les plus sensés et les plus honnêtes de l'Allemagne moderne est Gustave Freytag. « Manger

du Français » est chose qui lui déplaît. Il a toujours
parlé comme Kant et professé la tolérance. Leibnitz pensait de même ; Fénelon, Catinat, Vauban, de même. On
sait aujourd'hui que penser des gens qui sous Louis XIV
mangeaient du protestant. Ce cannibalisme moral est
odieux. Hélas ! il existe encore, et je connais des humains fort respectables dans leur vie privée qui « man-
geraient » volontiers du *libre penseur ;* d'autres, du *pa-
piste ;* d'autres, du *socialiste ;* d'autres, de l'*orléaniste*
ou du *démocrate*. Chacun a son goût. Je n'en ai aucun
de ce genre. Je me sentirais peut-être féroce contre
l'intolérance.

Né en Silésie, vers le commencement de ce siècle,
aujourd'hui le premier écrivain de son pays, Gustave
Freytag semble un des contemporains de Michel Montaigne, d'Henri Estienne, d'Alde Manuce et d'Ulrich de
Hutten, que le sort aurait égaré dans le dix-neuvième
siècle. Les influences slaves ont entouré son berceau. Il
est né le 13 juillet 1816 dans le petit village de Kreuzburg,
village jeté comme une oasis dans une région slave, où
beaucoup de catholiques polonais et d'israélites mêlés
à quelques Allemands protestants, composent une sorte
de colonie spéciale. Ses grands yeux bleus, son vaste
front, sa physionomie dont l'expression est vive et gaie,
s'accordent moins avec la solidité massive du germanisme pur qu'avec les mœurs et les caractères du milieu
où il a été élevé. Ce n'est point prussien, mais silésien.
Il y a là souplesse, facilité, flexibilité, grâce, légèreté
même, et une certaine fraîcheur naïve de sentiments
bien propre à corriger la morgue et la raideur berli-
noises. C'est une loi d'équilibre, que les éléments contraires se fondent en se corrigeant. On s'explique pourquoi Freytag, dans un style excellent, fluide et lucide,

4

souple et ferme, élégant comme celui de Bernardin de
Saint-Pierre et quelquefois précis comme celui de Mérimée, a osé réprimander ses compatriotes, leur montrer
leurs défauts et les critiquer sans honte et sans scru-
pule. C'est l'œuvre la meilleure que puisse accomplir
un homme de cœur.

LA HAINE ENTRE LES FRANÇAIS ET LES ALLEMANDS

Les enfants des nobles devenus camarades de guerre des blouses et la fusion s'opérant ainsi de la manière la plus irrésistible et la plus inévitable entre gens dont le sang coule ensemble et qui partagent les mêmes périls pour atteindre le même but honorable et glorieux, sauver le pays, voilà ce qui frappe vivement notre ennemi Gustave Freytag, et lui fait espérer pour la France. J'espère aussi ; je crois que l'humanité est perfectible, et je n'adopte ni la doctrine de ce péché originel calviniste ou catholique excessif, qui condamne l'homme au nom de sa déchéance primitive, ni la théorie de l'impeccable humanité.

Mais l'amélioration de la politique en France est difficile à réaliser. On se hait trop. Depuis le neuvième siècle, on s'est trop haï. Ce ne sont pas les étrangers mêmes qui nourrissent contre nous le plus d'envie et d'animosité ; ce ne sont pas ceux-là qu'il faut craindre, ce sont nos propres dissensions, nos propres ambitions et ce besoin de prépondérance absolue que chaque parti, chaque caste, chaque subdivision de la masse sociale font valoir. L'esprit de despotisme depuis Jules César nous a saisis. Les concessions ne se font pas encore. Si le vinicole de Bordeaux ne veut rien céder au pêcheur et au marin de la Bretagne, si le rural n'a que du mépris pour le Parisien, si l'enfant des faubourgs lyonnais se détourne à la vue de l'agriculteur Beauceron, que deviendra le pays ?

Nous nous vantons d'avoir assimilé et réuni sous la même loi une vingtaine de races différentes Elles sont en effet statistiquement homogènes. L'identité du Français septentrional, du Provençal, du Languedocien et de l'homme du centre existe sur le papier. Un observateur anglais, très-ami de la France, Nassan Senior et un Américain, Nathaniel Hawthorne ont entendu le mot « *Franchiman* » prononcé comme injure contre les hommes du Nord, à Toulouse ; « *Franquillon* » à Marseille ; et dans tout le Nord, le *Gascon* poursuivi de cette épithète devenue flétrissante. Dans des cadres systématiquement très-bien faits vous placez des éléments qui se heurtent, s'enflamment et se font la guerre. Vous me donnez de belles tables synoptiques alignées chez les préfets, et là une homogénéité apparente. Donnez-moi donc une vraie assimilation des âmes, un adoucissement des esprits, un affaiblissement de ces rudesses, de ces aspérités, de ces envies, de ces malices, de ces haines qui sont inhérentes à l'humanité! Donnez-moi ce changement et je dirai que notre pays a beaucoup gagné. Hommes politiques, vous oubliez trop le pays moral. Votre tâche, il est vrai, est difficile : Où sont vos points de repère? Où sont nos centres? A quel point fixe vous rattachez-vous? Les uns ont tourné le dos à leur histoire et ne veulent pas même entendre parler de Henri IV; les autres ne rêvent que le plus ténébreux passé et s'y plongent. Il est sorti récemment de nos faubourgs une masse de haines contre la bourgeoisie. Un auteur américain qui a vécu à Paris durant la Commune et qui étant républicain est fort digne de foi, s'étonne de trouver si peu de cohésion, d'entente, d'amitié, d'indulgence dans tous les partis. « De quel droit, demande-t-il, Paris veut-il faire la loi à toute la France? Comment se fait-il que le reste du pays se laisse appeler *la Province*, ce qui indique une infériorité marquée, et que cette province, d'une part, condamnée à un rôle subalterne, l'accepte patiemment, d'une autre se révolte et s'irrite, quand on use du droit qu'elle donne? Les millions de Français qui ne s'occupent pas en réalité de politique, mais qui, en contact journalier avec le sol, n'ont pas d'autre idéal que de le cultiver, de moissonner et de gagner de l'argent, peuvent-ils se plaindre, si les hommes des villes, les ouvriers, les avocats, les journalistes, se proposant un autre but, font des efforts dans cette direction? « Haines, voies diverses, buts opposés, éducations non-seulement différentes, mais contraires; » l'Américain a bien vu. Les constitutions sont inutiles. Reconstituez la sympathie en France. La bravoure, l'esprit, les théories ne serviront à rien, si *l'amour*, le lien général et intime, fait défaut.

Les choses seraient autrement si le Tiers-État avait fait la révolution de 1789. Mais elle est sortie des mains aristocratiques de Mirabeau, de la plume ecclé-siastique de Raynal et de Siéyès, des théories idéales de Jean-Jacques Rousseau, des fines ironies de Voltaire. Le tort de la Révolution est de n'avoir pas été populaire: elle ne l'est même pas encore. Les mémoires contemporains de 1789 le prouvent assez. Tous ceux que l'on pu-

blic en Angleterre et qui chaque jour sortent de l'obscu-
rité le confirment. Le berceau de la Terreur, c'est le
boudoir des nobles entre 1780 et 1789. C'est là que le
nourrisson a reçu les soins des duchesses et les caresses
des membres mêmes de la famille royale. George Sand
raconte que sa mère, la célèbre Rose Dupin, possédait
toute une bibliothèque de chansons manuscrites faites
par des gentilshommes et les premiers de la cour contre
Marie-Antoinette, ses mœurs et sa personne. Lord Brougham, récemment mort sur les bords de la Méditerranée
et dont l'autobiographie assez diffuse vient de paraître,
a entendu les mêmes discours tenus par les émigrés
qu'il a rencontrés à Londres. Lorsqu'en 1789, cette in-
fortunée Autrichienne, d'un cœur très-haut et très-
grand, d'une intelligence assez naïve et même étourdie,
que le désespoir de la situation a élevée et affermie,
lorsque Marie-Antoinette a voulu donner un grand bal
à Versailles, madame Vigée-Lebrun, femme peintre,
dont les curieux souvenirs ont été réimprimés il y a
peu d'années, raconte que la noblesse lui était si hostile, qu'elle ne trouva pas un danseur qui voulût mener
le bal avec elle. C'étaient les plus grands seigneurs de
France. « Tous, dit madame Vigée, lui tournèrent le
dos. La reine, les larmes aux yeux, se rassit, et moi-
même je pleurai. » C'était l'époque où Edmond Burke,
l'homme le plus éloquent de son temps, appelait au
secours de « cette incomparable reine, » — ce sont ses
paroles — toute la chevalerie de France. Où était-elle,
cette chevalerie? Lisez le chef-d'œuvre de M. de Tocqueville, La monarchie avant la Révolution. Les chevaliers,
les défenseurs nés du Trône, soupaient avec Raynal,
qui avait écrit que tous les rois étaient bons à étran-
gler, encourageaient Robespierre et même Marat, mé-

decin des Gardes du comte d'Artois, lisaient *Anacharsis*, faisaient une pension à Mably, écrivaient comme Chastellux sur la prospérité universelle, se déguisaient en Athéniens chez madame de Tessé, en Romains dans l'atelier du jeune David. Ces premiers révolutionnaires, les moteurs, étaient les La Rochefoucauld, le duc d'Ayen, les Chastellux, les Pontmorin. Dans l'atelier, dans la forge, dans la cabane, en poussant la charrue, en maniant la scie ou la bêche, on ne pensait à rien de tel.

Ainsi la Révolution, légitime dans sa base, excellente quant à l'idée, digne par la pensée des Turgot, des Necker, des Mirabeau père et des Franklin, a été, dans sa réalisation, impopulaire, factice, artificielle, théorique, métaphysique, lyrique. Les hommes aux bras nus auxquels on l'a donnée et apportée ne l'ont comprise que par les mauvais côtés. L'éducation morale leur manquait. Les améliorations ne s'imposent pas; elles se développent. Pourquoi cette grande faute, n'avoir pas préparé le peuple par l'éducation? C'est que l'on errait quant à la doctrine. On supposait l'excellence absolue de l'humanité. Le cultivateur, le charron, le petit propriétaire, à qui la Révolution apportait des droits, de la terre et souvent la richesse, ne les avaient pas même espérés. Ils ne les avaient achetés par aucun effort. Ils étaient délivrés, non sauvés. Si eux-mêmes, entre 1750 et 1800 avaient pris l'initiative, marché au combat, libéré leurs âmes, obtenu le perfectionnement du pays et l'amélioration de leur sort, la Révolution par eux eût été réelle. Elle fût devenue leur chose. Ils l'eussent consacrée et religieusement, fièrement défendue.

Le contraire est arrivé. Quel est aujourd'hui le vigneron de la ville de Beaune ou le canut lyonnais qui s'intéresse à nos héros de la Révolution? M. Michelet, dans son histoire républicaine de cette époque et M. Louis Blanc, dans son ouvrage d'une couleur encore plus démocratique, ne se le cachent pas à eux-mêmes et ne le cachent pas au lecteur. Sans doute un menuisier, un tailleur, un charpentier de nos grandes villes, si vous leur parlez des Girondins Buzot et Condorcet, sauront ce que vous voulez dire ; mais aucun villageois n'en sait rien. Mirabeau ne lui est pas même connu. La Révolution réelle dans les faits, n'a pas été réelle dans les âmes. Le vent de la tempête a tout bouleversé, ruiné des villes, élevé d'autres centres, fécondé le terrain, éveillé l'Europe, étonné l'univers. Quant aux idées, quant au monde immatériel, les masses françaises n'ont pas changé. Faute d'éducation et de préparatif, elles sont les mêmes; parlez-leur Mirabeau, elles vous répondront Napoléon. Parlez-leur Liberté, elles vous répondront *Terreur*. Parlez-leur commerce, elles vous répondront *Assignats de 93*. Le rural, comme on le nommait naguère, est à mille lieues de l'artisan, qui naguère aussi était orateur des clubs ; et celui-ci n'est pas moins éloigné du prêtre de Bretagne et du gentilhomme enfermé dans son château des bords de la mer.

Qui ressusciterait l'électricité morale d'un mutuel amour, je ne dis pas d'un accord factice, entre les Français, serait, je le répète, le grand sauveur. On parle d'aimer la patrie ; celle-ci n'est pas le sol. On aime sa patrie quand on aime ceux qui l'habitent. Où sont nos vues communes, nos admirations communes, nos sentiments identiques ? L'idéal, qui pour celui-ci est Napoléon Ier, pour celui-là est la destruction ridicule de la colonne napoléonienne de la place Vendôme. Dans un assez mauvais livre de M. D....., mauvais surtout parce qu'il avive la haine dans un pays qui n'en

a que trop, on lit que M. Vatel, auteur de très-belles
recherches sur Charlotte Corday et d'un tempérament
fort différent, — car il aime ce que j'aime, l'apaisement,
l'adoucissement, la conciliation, la concession, —
questionna récemment un vieux villageois de Saint-
Émilion et interrogea ses souvenirs sur les Girondins,
sur Salle, sur Pétion, sur Barbaroux, sur Guadet. Ce
sont des noms bien connus de tous ceux qui ont étudié
les annales de la dernière époque. Ils ont consacré le
nom même du grand fleuve fertile qui traverse cette
partie de la France. M. de Lamartine, dans l'ouvrage
en prose qui a presque fait la Révolution de 1848, les
a rendus aussi dramatiques que possible. L'un, philosophe, est mort dans un champ de sa propre main.
Guadet était éloquent, spirituel et honnête. Barbaroux,
un Antinoüs, était sans crainte devant la mort. Buzot
était aimé de la femme la plus hardie de pensée, et l'une
des plus intelligentes de son temps, madame Roland.
Voilà, certes, des révolutionnaires dignes d'un souvenir.
La grotte où trois d'entre eux se sont réfugiés, le champ
où le malheureux philosophe est mort, ont été visités
par M. Vatel. Non-seulement ces Girondins, un peu
trop rhétoriques peut-être, mais cachant sous leurs pé-
riodes des *Conciones* classiques tant de dévouement et
d'honneur, n'ont fait aucun mal à leur pays, mais c'est
la province qu'ils ont voulu défendre ; et c'est la Commune de Paris qui les a tués. Eh bien ! les paysans de
Saint-Émilion pour lesquels, après tout, ils ont péri,
n'ont gardé d'eux qu'un souvenir funeste. La visite
même de M. Vatel les a fort étonnés. Peut-on, se deman-
daient-ils, se déranger pour si peu de chose ? M. Vatel
leur semblait un envoyé des nouveaux Girondins. Cette
Révolution, qui était venue surprendre leurs pères, ils

n'en parlaient que comme de la *grande épouvante*. Ingrats, sans doute, mais cette Révolution, s'ils l'avaient faite eux-mêmes, conquise et non subie, désirée, non acceptée, ils l'auraient rendue réelle et effective ; et ils la béniraient.

Maintenant, ils la maudissent. Voici donc des gens qui étaient esclaves en 1789, qui sont affranchis; qui vivaient misérablement et qui vivent bien ; qui, autrefois regardés comme le rebut de la race humaine, théologiquement condamnée, usent en 1872 et abusent du suffrage universel, corollaire de la croyance insensée à l'infaillible et à l'immaculée conception de l'humanité! Et ces gens détestent ou dédaignent leur propre délivrance. C'est qu'ils ne l'ont pas faite. Ils ont joui des bienfaits de la Révolution et ils l'ont méprisée, comme font ces courtisanes à qui un sot jette des trésors. La spontanéité leur manque. Ceux qui sont les ouvriers de leur fortune, qui la font eux-mêmes par le travail, lentement, la gardent. Les joueurs, les gitons et les gens de mauvaise vie ont bientôt dissipé leur bien, mal acquis. L'amour même émane de la spontanéité ; tout esclave est haïsseur.

C'est cette coutume de haïr, née de la servitude, qui nous perd. Nous serions aussi capables que d'autres d'aimer et de nous secourir mutuellement. Mais la race, ou plutôt les races françaises, si sociables, si vives, si gracieuses, si variées, si sympathiques, si naturellement aimables, ont été soumises à des épreuves dont aucun peuple ne serait sorti avec tant d'honneur. Déjà, du temps de Sidonius Apollinaris, tout vrai Gaulois avait en réserve une vaste animosité contre les maîtres et contre tous les esclaves, tous les affranchis des diverses races. Plus on était placé bas dans la hiérarchie, plus on avait

à porter de haines. Les nouveaux travaux de Daniel en
Allemagne, d'Augustin Thierry en France, l'excellente
édition de Grégoire de Tours avec traduction nouvelle
par un élève de l'École des chartes, sont assez instruc-
tifs sur ces matières. La société française, se constituant
au cœur de l'Europe, formée de morceaux hétérogènes
que la féodalité a classés, n'a été dès l'origine qu'un
amas de haines. Lisez l'évêque Grégoire. Ici un Germain
attache un Romain à un arbre et l'écorche vif. Là, un
Romain, amant de Frid-gund ou Frédégonde, lui fournit
le poison, les subtilités, la rhétorique et les glaives. Les
affranchis, presque toujours spirituels et sans scrupules,
jouent un rôle énorme dans cette société incohérente,
formée de Teutons et de Latins, de Celtes et de Goths,
d'esclaves et de maîtres, de laïques et de prêtres exer-
çant tous une portion de tyrannie; une société étouffée,
comprimée, misérable et vengeresse, au front de laquelle se joue un rayon de christianisme et qui a les
pieds dans le sang, le cœur dans les intrigues. Peu à
peu on se groupe en petits partis, comme les sauvages
des îles Fidji; il y a des bannières partout, du sang partout; Armagnacs tuant les Bourguignons, et ceux-ci
tuant les Armagnacs. Le Parlement, quand il est réuni,
se prend aux cheveux. On constitue dans les salons, par
la politesse et le mensonge, une petite coterie exclusive
qui s'appelle *le monde*, le beau monde, le grand monde,
sphère étroite et qui est aux autres Français comme un
est à mille. Le reste est exclus. Les mariages d'une caste
à une autre caste passent pour mésalliances. Toujours
en querelle, les descendants des serfs féodaux ne peuvent pas plus apprendre à délibérer sans se battre que
les Slaves polonais à tirer l'épée et à se massacrer
dans leurs diètes. Voilà l'histoire vraie. Lisez les mé-

moires français, très-nombreux, leurs récits, leurs com-
mérages, leurs souvenirs, pleins de ces combats. Mar-
montel raconte ses griefs; Voltaire ses fureurs ; madame
de Staël, la spirituelle femme de chambre, les stratagèmes
hostiles de la duchesse du Maine ; madame de Motteville,
les caquets envenimés et les manœuvres de la cour de
Louis XIII. En 1789, les gens d'Église ne veulent pas siéger à côté des manants du Tiers-État, comme, en 1871,
monseigneur Dupanloup ne veut pas siéger à côté d'un
académicien dont la doctrine le blesse. On s'exclut
quand on ne peut pas s'égorger l'un l'autre ; on médit
avec la langue quand on ne peut pas frapper du glaive.
On calomnie le plus possible, ce qui est tuer socialement. J'ai vu Louis-Philippe et Napoléon Ier, ainsi que
Charles X, l'un après l'autre, tomber déchus sous ces
mitrailleuses sociales, caricature haineuse, chanson-
nette dénigrante, calembours et bruits populaires. On
abime celui-ci, c'est le mot de l'argot moderne ; on con-
sacre celui-là pour l'*abimer* demain. Il y a de temps à
autre des exilés sociaux, des parias, — brebis galeuses,
— comme Descartes au dix-septième siècle, comme l'abbé
de Saint-Pierre plus tard ; comme Jean-Baptiste Rousseau. Voltaire aurait subi cet ostracisme, si, s'exilant
lui-même et sautant de branche en branche, ainsi qu'on
le voit dans les récentes publications de Pfleiderer,
d'Arneth et de Desnoiresterres, ce singe de génie n'avait
nargué ses ennemis en leur faisant des grimaces, les
flattant quelquefois, les amusant toujours, cueillant les
meilleurs fruits qu'il pouvait attraper et se mettant sans
cesse hors de leur portée. Il leur échappe. Il les raille.
Il les sert. Il sert même l'humanité. Il se garde bien d'af-
fecter la domination dans un monde où chaque individu
veut être tout. Au contraire, il est faible, souffreteux.

Il est malade, il va mourir; il passe sa vie à mourir. Il est pauvre; il reçoit l'aumône du roi de Prusse. Il est aux genoux de madame de Pompadour. Il baise les mains des maréchaux de France. Il se moque d'eux. Puis il fait une gambade. Il se relève; il est riche, il est grand seigneur, il bâtit une église et se met en règle avec le bon Dieu comme avec le pape. Au milieu de cet infatigable exercice de saltimbanque, il jette de l'or aux pauvres, donne des maris aux orphelines, fait mourir ou transir de peur Nonotte et Akakia, Patouillet et Fréron; plus inique, plus injurieux, plus bienfaisant, plus mordant, plus obscène que personne, il résume toutes les haines, toutes les intrigues, toutes les lueurs, toutes les charités de cette société étrange et factice, délicate et féroce, née du vieil esclavage universel et de l'universelle vengeance; société que le tempérament gaulois a raffinée, corrigée et adoucie. Cette existence de Voltaire, aujourd'hui éclairée de tous les côtés, finit par atteindre sa couronne sociale. Il meurt presque centenaire, et son cadavre triomphal parcourt les rues de Paris, comme Scipion l'Africain vivant triomphait à Rome. Il n'y a jamais eu au monde que les Gaulois et les Parisiens pour honorer ainsi le maître des railleurs, le porte-flambeau des esprits, l'aiguiseur des flèches ardentes et le roi des haines.

C'est que là où chacun veut tout dominer, tout le monde hait. L'abbé méridional Siéyès, roturier, écrivant au commencement de la Révolution en faveur du Tiers-État, ne réclamait pas l'égalité des droits pour les trois ordres. Il voulait la toute-puissance. Que doit être le Tiers-État? *Il doit être tout.* Voilà le titre du pamphlet. Les deux autres ordres en disaient autant. Avec de telles dispositions, arrivez, si vous le pouvez, à des délibéra-

tions paisibles; réglez les affaires, si vous pouvez, à
coups d'épée ou à coups de poing. Cela ne s'est vu que
chez les Lapithes et les magnats de Pologne; cette habitude'les a ruinés. Le Génevois Mallet-Dupan, témoin des
premiers vertiges de nos assemblées, s'écrie, désolé :
*Une Chambre délibérante, en France, ne sera-t-elle donc
jamais qu'une pétaudière ou un brûlot?*

La monarchie fit un grand bien à la France, puisque
sous sa pression renouvelée et diverse, à travers notre
féodalité qu'étouffa Louis XI, nos mœurs embellies, ita-
lianisées et corrompues par François Ier, enfin la Fronde
écrasée par Mazarin et Louis XIV, notre pays fut con-
traint à rester paisible. Il fallut que chacun dît à ses
haines particulières : « Taisez-vous! » Ce n'était néanmoins qu'un palliatif. L'éducation morale des hommes
populaires ne se faisait pas. Ils étaient comprimés, as-
sourdis, abasourdis, aveuglés et paralysés, voilà tout.

M. de Carné, dans un très-bon livre, a exprimé et démontré l'heureux et utile développement de l'institution
monarchique depuis le quatorzième siècle en France.
Mais, d'un autre côté, pour lui répondre, M. Michelet,
dont les livres sibyllins brillent, malgré leurs nuages,
de vives, mais parfois fausses lueurs, et M. Quinet,
républicain, ont courageusement démontré l'iniquité
fondamentale de notre monarchie française, l'esprit de
tyrannie régnant chez tous. Avant La Bruyère, Montesquieu, Vauban, Sully, Turgot, Molière, madame de Sévigné, Michel Montaigne, sont des témoins qui ne laissent aucun doute sur le vice radical de l'institution
monarchique unitaire, telle qu'elle a été comprise en
France. L'étouffement des haines a été acheté par l'ex-

tinction des facultés. Un petit monde exclusif a compté
pour tout le reste. Il s'est tout arrogé. Il a tout pris,
même la liberté, qu'il a transformée à son usage. Le beau
monde factice a créé les choses les plus factices, — un
cardinal de Rohan vicieux, considéré, thaumaturge,
courtisan ridicule, calomniateur de Marie-Antoinette ;
un évêque non moins étrange, M. de Talleyrand, sensuel, convenable au dernier point, aimable homme
qui a fait le plongeon tant de fois et sous le poing
menaçant de Napoléon, qui lui jetait régulièrement
tous les huit jours son encrier à la tête, et sous l'é-
ventail courroucé de madame de Staël. Il a tout es-
quivé, même l'échafaud, même la honte. Je le cite
comme la dernière incarnation de l'esprit de cour, parce
que les livres de Von Sybel, de sir Henry Bulwer, de
lord Lowaine et de sir Henry Holland le font mieux
connaître. Ce libéral despotique, cet ambassadeur merveilleux, ce diplomate par le silence, ce membre de
l'Institut qui n'écrivait que des billets de trois lignes,
ce séducteur sans beauté, cet homme charmant sans
bonté, ce monarchiste sans foi, ce boiteux qui arrivait à
tout par l'esprit, est la dernière expression de ce monde
factice. Les adorables réponses qu'on lui prête ou qu'il
a dites ne signifient rien et triomphent de tout. La vieille
madame de Staël, avec son génie naturel et fougueux,
s'est trouvée devant lui, son amie d'abord, son ennemie
ensuite ; ils ont lutté ; la fourberie contre l'élan ; l'esprit contre le génie ; la générosité contre la subtilité ; la
lionne contre le serpent ; le serpent l'a emporté. Madame
de Staël, dans un roman, s'était représentée elle-même
sous le nom de *Delphine*, et elle y avait peint M. de Talleyrand sous les traits d'une femelle intrigante. Tout
Paris s'en était amusé. « Eh bien ! demande brusquement

madame de Staël à Talleyrand, qu'elle rencontre dans un de leurs salons communs, avez-vous lu mon roman? — Oui, madame, répliqua l'ancien évêque, avec ce doux sourire et cet accent hautain et traînant qui simulaient la grâce et parodiaient l'indifférence; vous nous y avez introduits tous deux *déguisés en femmes.* »

Ce sublime du délicat et du factice avait conquis non-seulement madame de Staël, mais toute l'Europe. Pendant que les villageois, observés par le voyageur anglais Arthur Young et par les Allemands Forster et Thummel, ne savaient pas lire, la quintessence de la malice et de l'esprit, subtilisée jusqu'à la vaporisation la plus délicate, s'exhalait de la cour de France et pénétrait toutes les cours. Joseph II et Frédéric de Prusse, dont les correspondances inédites viennent d'être publiées, ne sont que des imitateurs plus ou moins heureux des Voltaire, des Crébillon fils, des Maurepas et des Talleyrand. Dans les lettres de Marie-Thérèse, de Joseph II, de Kaunitz et de Cobentzl, dont la collection grossit tous les jours, il y a mille plaisanteries à la Voltaire, saupoudrées de hardiesses à la Diderot. « Envoyez-moi un zèbre, dit Joseph II; c'est un âne bariolé de cordons, comme mon premier ministre! » — Il écrit tout cela en français, quel que soit ce pauvre français. Catherine de Russie dit que *le poêle de son cœur est fermé,* ce qui signifie que le feu de ses passions s'amortit (elles ne se sont jamais amorties). Frédéric fait rimer *sauce* avec *roses,* ce qui amuse Voltaire; et Joseph II dit à son ami Cobentzl : « *Je vous sonde si vous avez envie de venir,* » voulant exprimer qu'il désire savoir si Cobentzl désire se rendre à la cour. Ne pas écrire en français, bon ou mauvais, serait malséant.

Ce développement de l'esprit français et son expansion

dans le Nord ont agi sur la culture de l'Europe supérieure depuis Henri IV, exactement comme la Grèce avait coloré et modifié Rome entre le monde de Jules César et les derniers empereurs, comme l'Italie avait changé l'Espagne et le Nord entre le Dante et Léon X, comme l'Espagne elle-même avait pétri la France de Corneille entre les Valois et Mazarin. Mais le cultivateur, l'ouvrier, l'artisan, l'homme aux bras nus et aux pieds sans souliers, que devenaient-ils ? Ils ignoraient ce qui se passait plus haut. Ils ne savaient rien. Il y avait un Olympe au-dessus de leurs têtes ; et ils ne prétendaient pas y entrer. Ils ne s'en souciaient même pas. Seulement ils se révoltaient dès qu'ils le pouvaient, et on les pendait. Le gouverneur de Bretagne, le duc de Chaulnes, ami de madame de Sévigné, à qui les manants jetaient des pierres, armait ses arquebusiers et faisait tirer dans la masse, dans le tas — après quoi, tout se taisait.

Pulveris exigui jactu compressa quiescunt.

Quelques pays, comme la Bretagne et la Provence, gardaient des restes épars du moyen âge, que l'on étouffait dès qu'ils se montraient, débris isolés se dressant encore de temps à autre et résistant à la compression monarchique universelle, remède dont j'ai montré la nécessité pour la France. Le jeune Racine, se trouvant en vacances du côté de Caen, écrit à un ami dans une lettre restée inédite : — « Je me suis émerveillé de voir le maître tonnelier et le patron menuisier dans leur bel habit de corporation, s'avancer au milieu de l'église et rendre le pain bénit des dimanches » — C'était le souvenir des vieilles corporations bourgeoises que la politique de Henri IV n'eût pas manqué d'affranchir et que la mauvaise politique de Louis XIV écrasa et déracina, comme il crut devoir, à la façon espagnole, annuler les

5.

Parlements, asservir les états provinciaux, museler le clergé, étouffer les jansénistes, exiler les protestants et enchaîner les ducs et pairs avec des entraves d'or ; ce qui conduisit définitivement la monarchie à rester seule et à périr.

Voici une autre conséquence de ces faits. Les cinq sixièmes de la race française furent laissés à leur ignorance et à leur indifférence ; le reste à ses lumières raffinées qui envahirent l'Europe supérieure. Cependant la bourgeoisie et la roture en Angleterre et en Allemagne s'élevaient autrement. Pour lutter contre la prépondérance des pays catholiques et des pères jésuites, on apprenait l'arithmétique aux plus petits enfants des pauvres. Le pêcheur des îles Hébrides, n'ayant pas un sou de revenu et vivant du poisson qu'il recueillait, était forcé de lire la Bible et de chanter des cantiques en mesure et en partie. Une *Histoire des Orcades*, qui vient de paraître, montre ces sauvages, vêtus de peaux d'ours et pieds nus, sachant l'algèbre et l'harmonie, le contrepoint et la poésie. A l'autre extrémité de la mer du Nord, près du terrible Cattegat, fils d'un pauvre menuisier de village, Andersen, nous raconte comment, ayant bien appris à l'université de sa petite ville, il fut reçu en triomphe par les commères et les villageois. Ne pas savoir lire dans toutes ces régions, c'est pis qu'être sourd, aveugle, muet, lépreux ou cul-de-jatte. Cependant elles n'ont pas le suffrage universel et nous l'avons.

A cette science populaire qui ignore les aoristes grecs, mais qui compte, dessine, épèle, orthographie, chante, connaît la loi, sait la géographie, le cours des astres, la chimie pratique, la culture, lit la Bible et redit les vieilles chansons en bonne musique, se joint une ingé-

nuité d'enfant. J'ai entendu un paysan jouer de la basse
très-juste, et il l'appelait *mon grand violon*. Andersen,
que j'ai reçu à ma table, et je m'en fais honneur, me ra-
contait qu'il était venu à Paris pour apprendre à parler
et prononcer le français, et que voulant entendre la
tragédienne Rachel, comme leçon et comme modèle, il
avait demandé la permission de se placer dans la cou-
lisse pour écouter avec plus d'application. Une fois là,
avant le lever du rideau et pendant que les acteurs se
fardaient et se drapaient, notre Scandinave de la Baltique
se mit à genoux derrière un portant, priant Dieu le Père,
Dieu le Fils et le Saint-Esprit — pas la Vierge Marie, il
est Luthérien — de lui donner la grâce de bien écouter,
de bien comprendre et de bien imiter la prononciation
française de Rachel. Alors le rideau se leva et Andersen
aussi; et Phèdre, l'antique possédée de la passion et de
la Grèce, vint dans le calme de son attitude sublime et
dans la perfection subtile de son art, exhaler devant
l'homme du Nord attentif, sa passion incestueuse, enfermée dans le rhythme comme une flamme d'or dans
la coupe d'albâtre. Quelle naïveté ! Mais quelle beauté
morale dans cette dévotion *au savoir* chez le menuisier
fils de ses œuvres, devenu l'un des premiers conteurs et
des meilleurs écrivains de l'Europe actuelle.

Tel ouvrier de nos faubourgs qui assistait sans doute
à cette même représentation de *Phèdre*, était plus éclairé
sur beaucoup de points que le fils du menuisier scandinave. M. Le Play, dans un excellent livre sur les ouvriers européens, fait de l'artisan français un portrait
complet et intéressant, mais redoutable. Aucune corporation ne le gêne. Il est libre. Il critique. Il a beaucoup
lu. Il écrit et met l'orthographe. Il a même des opinions
arrêtées, très-avancées quelquefois. Il est actif, plein de

vivacité et de ressources. Mais il n'est pas modeste, ce
qui l'empêche de s'instruire, et il est intolérant. Il aime
qu'on lui obéisse et ne veut pas obéir. C'est d'avance un
homme de lettres révolté. Vous lui ferez faire un feuil-
leton demain matin ; mais il ignore la carte d'Europe et
prendra volontiers la ville de Cannes en Provence pour
le lieu où s'est livré la bataille de Cannes. Il a lu les
histoires de la Révolution française et il arbore la cocarde de Saint-Just ou celle de Gensonné, selon le cas ;
mais il ne sait guère que Louis XIII n'était pas le fils de
Louis XII ; quant à leurs prédécesseurs, il les ignore.
Raisonneur et spirituel, il a de la faconde, méprise le
paysan et vit tout imprégné de romans modernes, entre
lesquels il préfère les plus chargés d'aventures. Pour la
saillie, la réplique et la satire, c'est un athénien teint
de gaulois. Le reflet de ce grand monde subtil et supérieur qui avait pour symbole Voltaire, pour dernier résultat M. de Talleyrand, est venu s'égarer sur lui et le
transformer. Ce n'est plus l'esclave à demi-affranchi du
temps de Racine, ni le membre docile des corporations
du moyen âge, ni l'homme de labeur main-mortable
qui ne passait devant un bourgeois que tête nue et le
bonnet à la main. Il a fait la guerre, et le métier de soldat, celui de son père et de son frère, lui a donné la
fierté de l'uniforme. Il est généreux naturellement et
viendra au secours des faibles ; mais rien ne lui a appris à aimer son semblable, et quand le semblable est un
bourgeois, l'ouvrier se détourne, il hait. Il a beaucoup
souffert, et il dit qu'on l'exploite. Voici donc les vieilles
colères des castes et leurs mutuelles animosités qui reparaissent en lui. Elles se font écho de la blouse à l'habit, elles se répandent du paysan à l'artisan, de l'artisan
au prêtre, de celui qui prêche l'abstinence à celui qui

boit trop, du soldat au *pékin*. « Qui appelez-vous *pékin*? »
demandait M. de Talleyrand à un général un peu insolent — « Les pékins? ce sont les bourgeois, répondit
l'officier. » — « Ah oui! reprit le duc archi-chancelier ;
comme nous appelons *civil* tout ce qui n'est pas militaire.. » Même ricochet furieux du gentilhomme au
manant, de la roture à la noblesse, de l'université au
clergé. Si vous ajoutez à ces nuances haïssantes celles
des opinions variées à l'infini ou des doctrines en contraste; l'ecclésiastique contre le Voltairien; M. Veuillot
contre M. Littré, le Breton pontifical contre le manufacturier Lillois, vous vous effrayez de cet abîme. La
lutte est trop prodigieuse pour ne pas dissoudre le
vieux pays. Pas de tolérance. Pas de concession. Pas
d'accord.

Ah! ramenez, ramenez un peu d'amour entre les
hommes qui habitent le même sol et à qui leurs mères,
dès le berceau, ont fait bégayer la même langue, la fine
et douce langue française, qui va se déchiqueter aussi
et se dissoudre dans la barbarie, si la patrie se dissout.
Elle était bien mal organisée notre patrie depuis Jules
César. Nous l'avons vu, nous n'avions même pas le mot
PATRIE, qui n'existe que depuis le seizième siècle; ni
le mot *tolérance*, qui a fait son apparition depuis Fénelon : ni le mot *bienfaisance*, qui date de l'abbé de Saint-
Pierre. Bienfaisance, tolérance, patrie, la source de ces
trois amours était dans les cœurs français et de temps
en temps elle jaillissait, quoique comprimée, et se dé-
montrait en belles actions. Henri IV, Louis XII, Fénelon,
voilà nos Français. Mais la grande haine, couvée et avi-
vée dans la lutte sociale, dans les salons et les cours,
préparait la Révolution. Le beau monde, ennemi du
trône, lui fit passage; le bas monde, vulgaire ennemi

du grand monde, l'acheva. Ainsi s'opérait la destruction.
Si l'on se promène dans notre Paris, détruit à moitié, on
verra ce que peut la haine de plusieurs siècles. On a raison de vouloir aujourd'hui remédier à l'ignorance des
masses. Oui, l'éducation populaire doit être reconsti-
tuée. Oui, les mœurs américaines et celles du Nord
quant aux écoles doivent être imitées ici. Oui, la science
doit être donnée à tous. Mais pour l'homme la première
science est celle de l'homme; il faut savoir aimer le
semblable. Qui n'aime le citoyen se hait lui-même. L'a-
mour seul enfante les cités, et la haine les tue.

En 1789 l'influence de Versailles, la vie française et
factice de la cour, subtile essence, gaz incompressible,
et irrésistible, s'était infiltrée dans les palais de Vienne,
dans les châteaux des margraves, dans les archevêchés
et les évêchés des bords du Rhin ; elle avait pénétré jusqu'au Dniéper et au Volga ; on la retrouve chez les Kos-
sacks et les Sibériens, dont les princes sauvages, admis
une fois à la cour de Catherine II, se mettaient à faire
des vers français.

La bourgeoisie française emboîtait le pas; Danton,
Robespierre, Camille Desmoulins faisaient de petits vers
galants ; tous rhéteurs, tous élevés par les pères jésuites, se portèrent à l'utopie et aux réformes par la haine
contre les nobles. Ils furent les représentants et les moteurs du second mouvement. A la tête, gentilshommes et
courtisans, Mirabeau père et Mirabeau fils ; les marquis,
amis du physiocrate Quesnay ; les Choiseul, amis de
l'abbé Barthélemy, surnommé *abbé Anacharsis*; les Richelieu, amis de Voltaire ; les Chastellux, amis de Raynal, avaient ouvert la brèche contre la monarchie. Parlementaires et bas clergé opprimés et pleins de haine,
les suivirent ; la bourgeoisie inférieure ne s'engagea

que plus tard, et l'impulsion qui partait d'en haut at-
teignit avec difficulté le fond même, les couches dernières du lit social. Il faut lire les nombreuses monographies publiées par M. Hamel, par l'Allemand
Sievers, par le Russe Bogdanowski, témoin de la prise
de la Bastille; il faut lire Von Sybel dont la récente
histoire de la Révolution française contient beaucoup de
documents utiles pour avoir une juste idée des effets de
la cataracte révolutionnaire tombant des cimes de la
cour, se répandant d'abord sur les royaumes étrangers,
puis coulant sur les pentes secondaires, envahissant
ainsi les classes bourgeoises des autres races, et après
avoir conquis les rois Joseph II, Catherine II, même le
pape Lambertini, s'emparant des bourgeois allemands
de Francfort — de Gœthe et de Schiller à Weimar, et
de Forster à Mayence. La France remuait tout cela.
Gœthe, jeune et beau, était un demi-français. Dans ses
Notes de voyage, il se vante de traduire Voltaire et de
lui devoir la lucidité de son style. Schiller traduit aussi
les tragédies de Racine. En France, Werther fait fureur.
Tout est révolutionnaire. Un courant électrique s'établit,
et bien entendu, les femmes n'y sont pas étrangères,
elles allument, animent, excitent, brouillent, précipitent
et souvent bouleversent tout. Mais l'étincelle jaillit; la
flamme se propage — l'angélique et le démoniaque se
mêlent; on voit surgir les Roland, les Charlotte Corday,
les Wollstonscraft et les de Staël. Elles entretiennent le
feu du ciel et le feu de Satan. Elles ne permettent ni à
l'une ni à l'autre de s'éteindre; quelquefois vestales et
pures comme madame Roland et Charlotte Corday;
d'autres, impures comme l'impure Théroigne; d'autres
mixtes et passionnées, grandes et troublées, splendeurs
et nuages, comme madame de Staël. Ce ne sont pas des

modèles pour nos femmes et nos filles. Pythonisses et
sibylles, laissez-les dans le sanctuaire et sur le trépied,
rendre leurs oracles et lancer la foudre. Ne les amenez
point dans le ménage. Même madame Roland, la sévère
et douce, a dressé l'échafaud de son mari.

Une Allemande, Caroline, née Michaelis, femme successivement de trois maris, du médecin Bœhmer, du célèbre Frédéric Von Schlegel et du philosophe Schelling
(créateur de la théorie de l'identité) occupe la plus importante place dans ce mouvement de propagation. Placée entre la France de 1789, qui proclame les idées philosophiques, et la vieille bourgeoisie allemande qui ne
les acceptait qu'à demi, entre Voltaire le déiste et les
dévots luthériens ; suspendue entre les deux bords du
Rhin : assez jolie ; plus intéressante que belle ; le mi-
nois chiffonné ; coquette et sentimentale, ayant soif de
plaire, de conduire, de diriger et d'influer, elle se révèle
dans ses lettres publiées par Waitz, aussi nettement,
aussi vivement que madame de Sévigné dans les siennes
et que madame de Staël dans ses notes de voyages. Caroline commence sa vie dans l'idylle ; elle la continue dans
la persécution et la finit par l'intrigue. De même que
madame de Sévigné, elle touche et tient à deux époques.
Madame de Sévigné se souvient de la Fronde et adore
Louis XIV. Caroline, élevée par la vieille Allemagne de
son père le théologien, s'attache à Forster, le demi-français, le républicain fougueux. Ici s'arrête la comparaison. Caroline débute par une idylle, traverse les orages
politiques, et change ardemment de passions ou de
goûts et de maris. Madame de Sévigné donne la première
portion de sa vie à l'amour, au dévouement, au sacrifice,
se console par l'esprit, s'amuse des grâces sociales et
meurt paisible et considérée. Toutes deux sont douées de

l'intuition féminine la plus déliée et se trompent souvent,
cette puissance de divination que Dieu a donnée à la
femme étant aussi une puissance d'erreur. L'une, la
Française, se moque de Racine. L'autre, l'Allemande,
raille Schiller et son admirable poëme, *la Cloche*. C'est
que l'une défend Pierre Corneille, l'autre Gœthe. L'une
a été « précieuse », dans sa jeunesse et en garde l'empreinte. L'autre a médité solitairement sur la Bible et les
mystiques; et son style germanique, malgré sa vivacité,
s'en ressent. Elles deviennent l'une et l'autre centres
d'attraction et foyers. Ce qu'on appelait *Romantisme*
s'est développé autour de l'Allemande Caroline, avant de
pénétrer en France par la contagion de madame de Staël,
son amie. La Française du temps de Mazarin, un peu
Italienne et même Espagnole, prise fort les *concetti*; elle
aime les galanteries rimées en petits vers agréables. Le
milieu social dans lequel elles vivent les transforme;
leur nature féminine n'y résiste pas, ce dont il ne faut
pas les blâmer. L'ancienne amie du cardinal de Retz
finit par adorer Louis XIV que tout le monde adore; et
la fille de Michaëlis devient l'amie de Forster le Jacobin,
puis de Schelling. Elle ne se souvient plus de la *morale
théologique* de son père. La femme, éminemment *subjec-
tive*, comme disent les Allemands, n'est pas faite pour
dominer son temps et le mouler à son image. Elle se
moule naturellement sur les idées de son temps, du moment et de la vie présente. « Je ne sais comment cela se
fait, disait une dame slave ingénue; mais les absents me
passent du cœur ». La souplesse, la mobilité, l'ardeur
fébrile et la fluidité foudroyante de ces organismes merveilleux échappent aux lois vulgaires comme l'électricité
échappe à l'observation; elles réclament, quoique calmes,
des terrains solides, des principes fixes, un état social

6

qui les rassure. Craignons pour elles l'éternel mouvement des nations bouleversées. Cela les déprave et
les livre à tous les vents du nord et du midi. L'éclair
féminin parcourt alors les nuées, incertain, ici et là,
partout fugitif, sans s'arrêter, sans échauffer.

Elles se croient libres et ne sont que les esclaves des
mobilités de leur temps. C'est une pure Germaine que
Caroline Michaëlis. Sa physionomie est fine et douce,
sans traits marqués, comme on en rencontre beaucoup
entre Stuttgard et Tubingen. On l'élève dans la solitude,
en ménagère, *hausfrau*, à l'allemande. Elle épouse à
vingt et un ans l'inspecteur médical des mines, Bœhmer, qui l'emmène avec lui dans le *Clausthal*, au milieu
des sapins noirs et des roches noires dont le basalte farouche a vu passer Wittekind, aussi farouche et aussi
noire qu'elles, lorsque le grand Charlemagne chassait
la bête fauve saxonne (fauve pour lui) et voulait lui imposer le christianisme. Il n'est plus question de salons,
ni de plaisirs, ni de distractions d'aucun genre. Point de
société. Quelques ouvriers des mines qui lisent la Bible
et travaillent. C'est le moment même où Joseph II réforme l'Allemagne ou en fait l'essai ; l'époque où
Louis XVI, plus mollement, essaye la même tentative, et
où Figaro, en France, met le valet au-dessus du maître,
aux applaudissements des gens de cour. La Révolution
s'annonce ; le volcan souterrain bouillonne et fermente.
Mais de tout cela les mineurs de Clausthal ne se doutent
pas. Caroline, dans cette solitude absolue, est heureuse
avec son premier amour, son mari et son enfant. « La
« neige tombe, dit cette ingénue sentimentale à son amie
« Thérèse (qui a épousé le Forster de Mayence) elle élève
« un mur entre le monde et moi ; ce qui est triste. J'é-
« prouve les mêmes impressions que l'année dernière,

« quand je voyais les arbres perdre leurs feuilles, les
« sapins noircir, les nuages chassés l'un par l'autre pas-
« ser en changeant de formes, toutes lugubres, devant
« ma croisée, quand le vent courait en gémissant au-
« dessus de ma chambre solitaire. Mais l'année dernière
« je ne vivais pas du présent. (Elle n'était pas mère et
« allait le devenir.) Je vivais dans l'espérance du prin-
« temps et de ce qu'il m'apporterait. Aujourd'hui, je n'es-
« père plus. J'ai un enfant, et je vis ; ma petite est un
« être délicieux. » C'est délicat. Ainsi s'accordent le sentiment maternel et la poésie. A Paris, madame Roland,
fille du graveur, mariée vers la même époque, écrivait
dans un style à peu près semblable. Tout était églogue
et bergerie en Europe. Marie-Antoinette, en petit chapeau de laitière suisse, se plaisait à traire ses vaches,
au grand dépit de ses douairières allemandes. Marie-
Thérèse, dans ses lettres lui adresse mille reproches à
ce sujet. Quant à Caroline Bœhmer, la recluse, sa délicatesse mystique et pastorale se faisait jour dans des
passages de lettres comme celui-ci : « Nous serions mi-
« sérables dans notre solitude, si nous ne parvenions à
« nous composer un certain bien-être de mille petits
« riens dont le total est minime, mais qui pris chacun à
« part, ont leur intérêt. Il y a des moments où l'âme a
« soif de se replier sur elle-même, où elle cherche ses
« profondeurs, où elle veut s'y perdre. Tout à coup un
« son de voix, la lueur d'un regard, un ruban sur lequel
« ses yeux s'arrêtent, vous arrachent au rêve. C'est un
« éclair qui nous rappelle à la vie, au présent, à l'actuel
« avec ses variations et son charme. Voilà comme les
« choses se passent. La joie et la vie reparaissent, et l'on
« ne sait comment s'arrange tout cela... » Elle ajoute,
par une transition dont la brusquerie facétieuse rap-

pelle madame de Sévigné : « Hier j'ai donné à dîner, et
le rôti, pour moi; *a eu plus d'importance que le ciel et la
terre.* » Voilà ces puissances de l'âme qui se noient dans
les profondeurs de l'être pour se relever *sur le rôti.*
C'est d'un *caractéristique* complet, comme disent les
Allemands.

Le mari meurt après quatre ans d'heureux ménage.
Elle passe quatre autres années dans la solitude et dans
le chagrin, élevant son enfant. Mais voici la terrible année 92. Les petits bourgeois de France, les vignerons,
les ouvriers, les paysans, les pauvres, les manants, enfin
la majorité, tous ces éléments bruts du populaire laissés dans l'ignorance, acceptent la liberté de la main des
parlementaires et des nobles. Ils ne savent pas s'en servir. Ils ne maintiennent et ne contiennent pas le cour-
sier qui les emporte. Ils haïssent ce qui les a opprimés
et se haïssent entre eux. Cependant, les rives du Rhin
s'ébranlent. Dans ces parages à demi-latinisés dès l'origine, les tombes romaines sont nombreuses; les colonies romaines (Kœln, Cologne) les ont civilisés et peu-
plés jadis. Quoi qu'en puissent dire les esthéticiens, les
archéologues nos ennemis, ce sont des régions intermé-
diaires que la culture latine a défrichées, que la culture
française a perfectionnées, faites plutôt pour s'appartenir que pour appartenir à personne. En 1789, ces beaux
pays ressentirent fortement la vibration voisine. Puis,
les évêques germains s'étaient modelés depuis cent ans
sur la cour de France. Pourquoi donc les bourgeois de
Kœln ne prendraient-ils pas modèle sur les républicains
de France? Un homme hardi, impétueux, sanguin, qui
a fait le tour du monde avec le capitaine Cook, se met à
la tête des républicains de Mayence; c'est Forster, bi-
bliothécaire de l'Électeur. Il a épousé l'amie de la jeune

veuve, de Caroline qui, à l'appel de Thérèse, sort de sa
caverne du Clausthal, fatiguée d'isolement, toute brillante de ses quatre années de veuvage, et toute accablée
de solitude et de vertus. Elle tombe dans ce monde ardent et bourgeois de Mayence, un monde enfiévré des
passions de Jean-Jacques Rousseau et de Werther ; elle
s'y plonge tout entière, elle s'y perd. Il faut lire, non
pas les plaidoyers récents de Rustow, de Brunow, de
Sybel ; de vingt autres, en faveur ou au détriment de
l'annexion germanique, pour ou contre Strasbourg
français et la possession séculaire de Kœln, de Mayence
ou Mainz, de Trèves ; mais bien les *Lettres de Forster*,
sa vie, les annales de Schœpflin, les lettres de Gœthe,
enfin les *Lettres de Caroline*. On distinguera aisément
dans ces livres quels sont les éléments vrais et consécu-
tifs de ces régions disputées ; un latinisme primordial,
quelques souvenirs féodaux, beaucoup de restes du
moyen âge ; surtout un grand besoin d'indépendance ;
aucune haine pour la France ; du penchant au contraire ;
beaucoup de colère antique contre les anciens maîtres,
oppresseurs des FREISTAATEN, des villes libres qui ne désirent que de l'être.

La femme du médecin du Clausthal entre ici dans le
roman très-agité de sa vie nouvelle ; et je ne comprends
pas trop l'obstination avec laquelle les journalistes allemands, les revues allemandes, en face des incontestables
faits révélés par ces lettres de Caroline, nous prêchent
la morale, s'insurgent contre notre poésie effrontée
(disent-ils), contre Alfred de Musset, contre Béranger,
et ne cessent de reprocher à la France son *Unsittlichkeit*.

A peine arrivée à Mayence, Caroline, véritable pay-
sanne pervertie, se jette à corps perdu dans le *Werther*
et la *Nouvelle Héloïse*. Elle a son Saint-Preux qui, fati-

6.

gué de sa femme, la renvoie. Caroline Bœhmer donne ses
jours au malade Forster qui bientôt part pour Paris,
chargé par la municipalité de proposer Mayence à la
France. Il ne revient pas. Il meurt dans le tourbillon.
Toutes les idées de Forster sont devenues celles de Caroline ; elle est révolutionnaire, arbore la cocarde de
madame Roland et professe librement ses opinions. Frédéric de Gentz, et Varnhagen Von Ense, dans leurs
notes parlent d'elle comme de l'une des personnes que
le gouvernement prussien redoutait le plus. Elle avait
le don de séduire, l'influence et l'autorité. Il lui fallut
quitter, même avant la mort de Forster, Mayence, où la
police la traquait et que l'armée allemande assiégeait.
(Gœthe en faisait partie.) Elle trouva moyen de se rendre
à Gotha, où la famille du musicien Gotter, ami des
Français, l'accueillit. Les gouvernements s'étaient ré-
veillés. Ils voyaient ce que coûtait à la France son long
assoupissement ; et la Prusse se montrait sévère, barbare
même pour quiconque portait la cocarde libérale. Sous
la protection et la direction d'un ami qu'elle croyait
sûr, elle voulut gagner Francfort et fut livrée par ce
même ami à la police prussienne. Voilà un trait abomi-
nable que les *loyalistes* allemands excusent, parce que
« cet infâme traître, disent-ils, *était d'une loyauté étroite*
(von ængstlich loyaler Gesinnung). »

Caroline, d'abord déposée par ce misérable au quar-
tier général prussien, puis enfermée dans la forteresse
de Kœnigstein, passa six mois en prison. Les mêmes
moralistes approuvent cette conduite envers une femme
de vingt-cinq ans qui n'avait ni agi, ni conspiré, mais
que l'on craignait. Bannissez la fausse morale des into-
érants et des tigres, que ce soit la *Commune* ou le *Roi*,
peu importe !

IV

L'ÉDUCATION — LES FEMMES

MADAME BŒHMER ET MADAME DE STAEL.

Je ne détaillerai pas la biographie spéciale de Caroline Bœhmer, et je m'écarterai souvent d'elle. Je fais à son propos l'histoire du grand mouvement nommé Romantisme.

Parmi les agents de la civilisation, de cette force vitale qui se transforme et mue sans cesse, il faut compter en première ligne les Femmes, surtout celles que le mouvement social place de manière à ce que leur influence se fasse vraiment sentir : Madame de Rumfort, madame Suard, madame de Staël, lady Holland, Caroline Von Schlegel. Ce sont peut-être avec les auteurs de romans et les journalistes les plus puissants *facteurs*, comme s'expriment les mathématiciens, de ce grand phénomène de la vitalité sociale. L'activité, la passion, la véhémence viennent de là. Autour de Caroline Von Schlegel, attrayante et intrigante, aimable et facilement émue, jalouse d'autorité, la surprenant et la captant sans avoir l'air d'y prétendre, se réunirent bientôt les éléments singuliers et hétérogènes dont se forma ce qu'on appelle le Romantisme; une révolution dans le monde littéraire, analogue à l'autre révolution politique; c'était français par l'audace, allemand par l'idée mystique, antique par le souvenir du moyen âge, moderne par l'ardeur de liberté, mêlé de réminiscences catholiques et protestantes; au fond, une vaste révolte de la pensée et de la forme. Vague, elle s'appliquait à tout. Si elle avait précisé son symbole, elle aurait eu plus de bon sens et moins de prise.

La sincérité ne manquait pas. Les nobles désirs animaient beaucoup de ces esprits enflammés. L'intérêt et l'ambition étaient absents. La fraude n'apparaissait pas davantage. Forster, embarqué avec son père et le capitaine Cook, avait fait comme Bougainville, comme Bernardin de Saint-Pierre, comme plusieurs des membres de nos assemblées politiques premières, le tour du monde. La Révolution! Ce n'était pas seulement une insurrection française que cette grande crise. Elle fondait les races ensemble, brisait les limites, détachait les entraves, commettait des crimes, annonçait des améliorations, versait le sang, démoralisait le présent, renversait les familles, déracinait les principes et préparait un avenir bon ou mauvais, qui est le secret de Dieu même. Est-ce que la Rome des Césars, plus hideuse et plus sanglante, n'a pas renfermé le Christianisme? Ne lira-t-on donc pas l'Histoire avec fruit? Le corps humain lui-même et l'âme humaine, dans notre courte vie traversent une succession de crises, dont quelques-unes sont violentes et cruelles; mais la vie continue. Les violences mêmes y contribuent.

J'estime davantage assurément les Vauvenargues, les Turgot, les Sully, les André Chénier, les Pellico, les

sages résignés, honnêtes, modérés et modestes. Montesquieu a plus de valeur que Rousseau; une valeur d'avenir que la postérité reconnaît. Mais le présent appartient aux belliqueux, aux violents, aux hommes d'orage,
soit d'orage intérieur comme Jean-Jacques Rousseau,
soit de flamme extérieure comme Forster. Ils apportent
le feu; ils échauffent, allument, incendient. La foule les
suit: Leurs vices ne leur ôtent rien de leur influence.
Mirabeau sans ses escapades, était un lion sans sa cri-
nière. Je n'excuse pas l'humanité, je la raconte. Que de
plus savants la guérissent!

Plusieurs hommes de race saxonne ou teutonique,
Anacharsis Clootz dont les lettres viennent d'être publiées, Adam Lux, halluciné d'amour et d'enthousiasme pour Charlotte Corday et dont une biographie
nouvelle a récemment paru, Priestley l'Anglais, plusieurs autres s'étaient engagés dans le mouvement français, doublement animés ou, si l'on veut, fous de la
ferveur gallique et de l'acharnement teuton. L'homme
de races doubles en s'affiliant à nos vices double ses
vices; à nos vertus, ses vertus.

L'Allemagne de 1792, comme la France, allait donc se
transformer. C'est le moment où Caroline Von Schlegel,
la solitaire, la vertueuse, devenait prisonnière d'État et
peu vertueuse. Mauvais changement; mais on ne cesse
de changer. Passer d'un mode à l'autre, c'est la vie; et
la vie morale et la vie physique ont les mêmes lois. La
vie universelle des sociétés se compose de celle de toutes
les races, comme la végétation dans une forêt est générale à la fois et spéciale. Rome fleurit sur les ruines de
la Grèce. Le chêne tombe; l'yeuse fait pousser ses feuilles noires et le sapin ses aiguilles sur les débris du
chêne vert. La forêt ne meurt pas. Sa vie persiste. Les

hommes d'action se croient maîtres de tout. Ils se trom-
-pent; ils ne sont que les bûcherons de la forêt, quand
ils abattent les vieux troncs; — les forestiers, quand ils
l'aménagent; les ingénieurs, quand ils y tracent des sentiers praticables; les topographes ou les géomètres,
quand ils la réglementent ou la partagent en régions diverses. Cherchez ailleurs les vrais agents de la vie. Ce
sont le soleil et la lumière, l'oxygène et le carbone, la
pluie qui vivifie, le sanglier même qui engraisse et nour-
rit le sol de sa propre dépouille. C'est l'oiseau qui chante
dans les branches, qui suspend son nid dans les plus
hautes cimes; c'est l'écorce qui tombe, ce sont les feuilles d'automne qui jonchent la terre. Voilà les naturels
agents.

On a donc tort, je le répète, de ne compter comme
maîtres de la civilisation ou comme les *facteurs*, ainsi
parlent les algébristes du renouvellement et de l'évolution, que ceux-là seulement qui mènent les armées,
commandent aux soldats, administrent ou réglementent,
font des lois ou des arrêtés. Les maîtres d'école font
beaucoup plus. Les femmes font davantage encore.
Administrateurs des mœurs, elles les modifient. Les
journalistes aussi qui cherchent le vent et tendent la
voile, et les auteurs de fictions agissent sourdement
comme les forces naturelles dont je viens de parler. En
Allemagne ce sont, depuis cent ans, les professeurs qui
tiennent, non pas le sceptre, mais la baguette magique.
Caroline Von Schlegel en était entourée. Son frère à
Marburg, le père de Thérèse, le célèbre Heyne, éditeur
de Virgile, le père de Forster, tout était professoral.
Nous raillons depuis longtemps ce pédantisme; ce
monde septentrional, civilisé le dernier, qui témoigne
tant de respect aux docteurs *utriusque juris* nous choque,

et ce respect nous semble comique. Le moment *esthétique* dont parlait M. de Bismarck en nous affamant nous
à fait beaucoup rire et pleurer. Dans les lettres de Voi-
ture, il y en a une qui contient le récit de l'entrée de
messieurs Heinsius, Vossius et Grotius, en rabat chez
une belle dame de la cour; tous ces *us* et ces noms ba-
taves avec leur queue pédantesque sont pour l'ami de
Julie d'Angenne un sujet charmant d'épigrammes légères. En traversant l'Angleterre et le Danemark et les
derniers replis du Harz, on est étonné de l'admiration
et de l'estime qui vous suivent, si vous êtes professeur.
« Herr professor! » Le dernier *Bauer* des plus sauvages
régions vous tire son chapeau. J'étais presque scandalisé d'être traité comme un préfet ou comme un sénateur. C'est que la Gaule méprise le professeur. Elle a eu
pour premiers maîtres des amuseurs, les *Græculi* que
Rome conquérante méprisait. C'est que la tradition latine a persisté chez nous et s'y est perpétuée ; c'est qu'il
y a toujours eu un peu du rhéteur dans notre enseignement emprunté aux leçons de Libanius le Sophiste et
de Themistius le Dialecticien ; *Lugdunenses Rhetor dic-
turus ad aras*. Nous autres, hommes de la Gaule, nous
étions déjà fort cultivés, et Ausone et Prudence et For-
tunat imitaient Ovide avec grâce, lorsque les premières
écoles gauloises s'ouvrirent. De là un certain caractère
de frivolité et de formalisme qui date de Charlemagne ;
dans la *Schola Palatii*, dans son académie présidée par
l'Anglo-Saxon Alcuin, ce grand empereur proposait des
logogriphes ; — il s'appelait *David*, un autre s'appelait
Damœtas, un troisième *Virgilius*. C'était déjà la *Clélie*
avec des déguisements de Précieuses. Les Danois, Germains et Anglo-Saxons, bien plus barbares que nous,
ne recevant la civilisation que très-tard, s'en abreu-

vaient sérieusement, avec délices, pieusement. Un professeur était un dieu, ils l'adoraient, quand ils ne le
tuaient pas. Celui qui leur apprenait l'alphabet leur
apportait la vie morale. J'ai vu dans la belle église de
Saint-Emmerand, aux bords du grand *Danube bleu*, à
Regensbourg, la jaquette de saint Boniface, Bonifacius,
en teuton Winfred, ses habits pontificaux et sa crosse
épiscopale, des reliques incontestables, conservées dans
l'armoire du souterrain depuis dix siècles avec un soin
religieux et un amour réel, avec une reconnaissance tendre qui s'adressaient au civilisateur, au missionnaire de
l'alphabet, au moins autant qu'au missionnaire de Rome.
Pour tous ces peuples, s'instruire a été s'élever, se cultiver. Les antiques races, au contraire, gâtées par les
sophistes, ont séparé l'instruction de l'éducation, ce
qui est un grand mal. Pour elles, s'instruire est encore
acquitter le lourd et stupide devoir du baccalauréat.
En Angleterre un collège est un sanctuaire vénéré. L'admirable poëte anglais Tennyson loge dans un collège,
à Cambridge, et la reine l'y visite. Le professeur Huxley
et le professeur Tyndall, ainsi que Strauss et Dove,
Ehrenberg et Lepsius marchent les égaux des ministres;
et en Amérique, Longfellow, le poëte, est plus considéré que tous les hommes politiques. Ce diagnostic
prouve la santé des races. Nous autres, nous regardons
le professorat comme un marche-pied. Il mène à la politique, qui donne l'argent, l'honneur, la gloire, ou l'é-
chafaud, la prison et le bagne. Pour toutes ces autres
races plus nouvelles que nous, apprendre et enseigner,
savoir et instruire, connaître et propager la connaissance, c'est un but et un grand but, le dernier de tous.
Une Viennoise, femme de professeur, qui se cache
sous le pseudonyme d'*Otto August*, voyant l'autorité mo-

rale que le professorat confère dans ces régions, la réclame pour son sexe. Dans un livre intitulé *La Propa-
gande de l'éducation*, elle montre l'exemple des États-
Unis qui l'autorise et la justifie. Là, tous les petits
enfants, jusqu'à sept ou huit ans, sont instruits unique-
ment par les femmes. Ces premiers éléments indispensables de l'éducation, qui rabaissent le professeur
homme à la situation de nourrice, ne sont pour la
femme qu'un honneur et un bonheur. La mère, l'aïeule,
la sœur, soignent les petits; c'est leur devoir, leur
délice et leur grâce. Dans un autre livre intitulé *Les
ouvrières de Londres et leur sort*, on prouve que l'immoralité féminine des rues et des tavernes naît de la
faim plus que du vice, du besoin plus que de la dépravation, et de l'ignorance plus que des passions
brutales. Guérissez donc l'ignorance et la misère, et
comme les quakers de Philadelphie, ordonnez que les
professeurs primaires soient les femmes. Que de filles
sans pain auront du pain, élèveront les enfants, vivront
heureuses et prépareront des générations d'honnêtes
gens : « Car tout se prépare, dit très-bien Otto August ;
et il faut une longue chaine de générations pour créer
un peuple ou brave ou lâche, ou égoïste ou généreux ;
et dans cette grande série d'anneaux successifs le chaînon le plus important, le chaînon qu'on ne peut supprimer, c'est la femme. »

En lui concédant cette puissance que les familles pu-
ritaines des États-Unis ont allouée à la femme, on prépare ce qu'il y a de mieux au monde, des Washington
et des Franklin. Si les hommes de la Révolution avaient
été à l'école des femmes instruites, ils auraient moins
pensé à Brutus. Beaucoup d'entre eux, honnêtes, désintéressés, amis du pays, avaient dans le *Selectæ e Profanis*,

dans le *de Viris*, livres faux essentiellement, appris à mal répéter la leçon démocratique et à mal comprendre l'histoire altérée de Pélopidas, Epaminondas et Charondas ; c'est ce que M. de Laprade, dans un excellent écrit; a très-bien fait sentir. La révolte morale et intellectuelle du Romantisme en 1810, comme la révolte politique de la France en 1789, était dirigée surtout contre l'éducation et l'instruction. Pour les classes inférieures et moyennes en France, elles étaient nulles. Pour les classes élevées et supérieures, elles ne s'étaient point renouvelées, n'avaient rien gagné, rien amélioré ; elles avaient mutilé et frisé à la Pompadour, arrangé selon le goût moderne les figures antiques. Dès que l'on a pu, on a réagi ; et les femmes, qui détestent le mensonge, ayant besoin de n'être pas trompées, ont mené la réaction ; madame Roland, madame de Staël, Mary Wollstonscraft, Caroline Schlegel.

Tous les éléments qui ont formé le Romantisme sont de passion et de révolte ; féminins, insurrectionnels, lyriques. L'Europe entière y a pris part ; depuis un siècle on avait calomnié le moyen âge ; on l'exalta. Voici Walter Scott et ses tableaux écossais. On avait écrit le roman de salon et de boudoir ; voici le Rubens du style, Chateaubriand et ses fictions épiques, *Cymodocée* et *Atala*. On avait subordonné la musique aux paroles. Voici Beethoven et le sublime orage de ses symphonies sans paroles. Le romantisme, c'est donc l'irruption de la passion dans la sphère de la raison ; elle y entre de tous les côtés, par tous les moyens, par toutes les voies.

Le luthéranisme et le calvinisme ayant fait leurs églises nues, vides, désolées, sans ornements, les âmes vives se sentent poussées vers un brillant catholicisme, ami des arts ; toute une cohorte de penseurs et de poëtes

s'y jette. Les Dalberg et vingt autres protestants deviennent catholiques. Ceux que la régularité didactique et
pâle de Boileau en France, de Göttsched en Allemagne,
de Samuel Johnson en Angleterre ennuie, se précipitent
dans le lyrisme éperdu. Le rêve mystique de Novalis
succède à l'arithmétique de Condorcet; le coloriste français Chateaubriand, le violent lord Byron, l'analyste
Wordsworth apparaissent. Cette mer montante se compose de mille vagues contraires, catholicisme, protestantisme, scepticisme, philanthropie, rêve, exaltation,
musique, peinture, plastique, toujours la passion. Des
deux forces virtuelles de l'humanité et de la vie, l'une,
la force impulsive et électrique, celle des femmes, avait
longtemps été asservie. La gravitation, la raison, le
bon sens, l'élément viril avaient eu leur temps et fait
leur œuvre écrasante. Voici le retour véhément de la
passion, sous la conduite des femmes. Dans le dernier
temps Wagner va plus loin que Beethoven en musique;
il ne se contente pas de se passer de paroles, il se passe
de musique. Il ne compose plus. Il décompose; et les
mélodies deviennent des sons; les sons deviennent des
bruits; ceux-ci, mêlés, sans mesure et sans forme,
s'évaporent dans un tumulte aérien. De même pour la
peinture; Delacroix brise la ligne, et l'objet n'a plus de
contours, la passion n'ayant plus de règles. Le balancement esthétique de la vie et du monde est inévitable. La
force de gravitation raisonnable et la force d'attraction
créatrice se pondèrent; la liberté fait marcher l'ordre,
l'amour amène la critique; le *Non* du protestantisme
est le contre-poids du *Oui* que la foi prononce. Éternelle
et sublime roue, harmonie plus que divine, dont nous
sommes à peine des rayons infiniment petits et qui
donne le progrès; car elle ne tourne pas sur elle-même;

elle avance, *comme un homme marcherait*. Ainsi parle
Pascal, le Hamlet des philosophes et des penseurs.

L'élément passionné, lyrique, de l'Allemagne, avec
Werther et Faust; — celui de la France, sensuel et étin-
celant, avec Jean-Jacques et Voltaire, avait fait éruption. Ils se confondaient en 1792; les deux nuées se mê-
laient et se heurtaient; et les femmes, que cette influence
atteignait, reculaient timides — devant l'orage, ou
l'acceptaient, l'accueillaient, le redoublaient et le pro-
pageaient. Nulles n'étaient mieux préparées à une telle
œuvre que celles qui habitaient les bords du Rhin, que
l'écho de nos grandes mêlées frappait et ébranlait, et qui
s'enthousiasmaient pour la Révolution française. Forster
était mort; son amie, qui avait subi la prison prussienne,
devait la liberté à M. Wilhelm de Humboldt, ami lui-
même de beaucoup de libéraux, mais favori du roi de
Prusse et bon courtisan. Un professeur, un philosophe
devint alors le doctrinaire et le régularisateur du nouveau mouvement intellectuel, Auguste-Guillaume de
Schlegel. C'était un vrai *Didaskalos* de Byzance, subtil,
érudit, mystique dans l'érudition, métaphysique dans le
pédantisme, très-français par la fatuité, très-germanique
par l'incertitude des contours, comme l'était Humboldt
lui-même; d'une propreté recherchée, toujours en man-
chettes et en jabot, comme Voltaire et M. de Humboldt,
et adorant la société des femmes qui jetaient un peu de
grâce vivante dans son nuage esthétique et le flattaient en
l'admirant. Les choses avaient tourné de façon à ce que
le Nord, l'Angleterre et l'Allemagne eussent comme adversaire, en face d'elles, l'homme du Midi, Bonaparte,
qui, sous le nom de Napoléon Ier, représentait la France.
Avec la logique du génie, ce grand homme terrible comprenait qu'il était l'idéal du Midi, du passé. « Il voulait

(disait-il à Wieland) les *genres tranchés*. Il était « classique, » ami de la statuaire, demi-Grec, demi-Italien,
ennemi né d'Arminius et du Nord. Jamais il n'a pu savoir un mot d'anglais, et si le sort l'eût jeté sur les côtes
de l'Indoustan, du Kaboul ou de la Perse, vers les
pays ardents et despotiques de Gengis-Kan et de Hyder-
Ali, il y aurait certes fondé un grand empire. Les esprits européens les plus opposés à sa grandeur et à sa
splendeur tout asiatiques étaient les protestants, qui
analysent les faits ; les philosophes, qui comparent les
idées ; les philologues, qui comparent les idiomes ; et
aussi les âmes passionnées et libres, qui ne se courbent
pas ; les publicistes, qui dérangent l'ordre des batail-
lons ; les philanthropes, qui s'attendrissent sur les morts
des champs de bataille ; les moralistes, qui dérangent
les despotes. Il y avait contre Napoléon plusieurs groupes armés, plusieurs centres actifs : l'un à Genève, calviniste ; l'autre à Édimbourg, puritain ; l'autre au fau-
bourg Saint-Germain, chez madame de Staël ; un à Londres, chez lady Holland ; un dernier enfin à Iéna, chez
Auguste-Guillaume Schlegel, devenu le mari de Caroline
Bœhmer. Ce dernier groupe, qui s'affiliait à madame de
Staël et à Genève, ébranla le plus puissamment ce trône
oriental de Corse, trône élevé sur les ruines d'une république mal faite et mal gérée, antique et tyrannique.
Excepté à Édimbourg, où l'élément féminin disparais-
sait, toute cette lutte était dirigée par des femmes ; lady
Holland, fière, impétueuse, dont les Mémoires de Brougham donnent un portrait si exact ; madame de Staël
et Caroline. On peut dire avec raison que Napoléon, vrai
sultan sans femmes, a été vaincu par les femmes. Il a
passé sa vie à se garantir d'elles, ce qui est viril ; à les
insulter, ce qui était vulgaire ; à les irriter, ce qui était

7.

imprudent. On connaît ses procédés envers Marie-Louise, envers madame Walewska, envers madame de Staël, envers la reine Louise de Prusse, envers cette pauvre princesse de Solms, sœur de la reine Louise qu'il rencontrait au bal, dont la vie pouvait être l'objet de quelques critiques, mais particulières. : — « Eh bien ! princesse, aimez-vous toujours les hommes ? — Oui, sire, quand ils sont polis. » L'étrange explication de cette brutalité, ce n'est pas qu'il détestât les femmes ; il avait peur d'elles.

Mais avant que Napoléon fût consul, Caroline von Schlegel, grâce à son libéralisme, avait déjà été signalée aux rigueurs de l'autorité allemande. La forteresse de Kœnigstein lui avait livré passage. Ensuite officiellement expulsée de Gœttingue, elle s'était emparée complétement de Guillaume de Schlegel, simple professeur, apôtre du germanisme libre et du romantisme nouveau. Il avait un frère ; homme du monde et de talent, qui imitait Crébillon fils. Quant à Caroline, c'était la plus séduisante créature qu'on pût rencontrer. C'était une de ces personnes qui sont toujours sincères dans la mobilité infinie de leurs impressions. Elles ne s'arrogent rien, et prennent tout. Elles écoutent tout, obéissent à tout, semblent céder à tout, et leur âme n'est qu'à elles. Elles livrent leur esprit aux autres, mais en apparence. En réalité, elles sont des miroirs, et l'homme, être essentiellement vain, s'y reflète. En définitive, le miroir s'appartient et ne garde aucune trace. Celui-ci était un miroir élégant, presque français. Non-seulement Auguste-Guillaume, mais son jeune frère, Frédéric de Schlegel, se laissèrent également séduire. A ce propos, ils se brouillèrent, se séparèrent et se querellèrent ; comme Forster et Thérèse, comme tous les amis de Ca-

roline se brouillaient et se querellaient nécessairement.
Elle agissait avec ses sentimentalités de clair de lune,
et ses douces saillies, et ses fines grâces, comme le dis-
solvant chimique le plus actif; on n'y résistait jamais.
Cela fit du bruit en Allemagne; Schiller l'appelait madame Lucifer, et Gœthe eut soin de l'éviter. Quant à
Frédéric, son roman de *Lucinde,* qui fit scandale, donna
d'elle un portrait en pied, peu décemment vêtu dans
quelques scènes; mais charmant, doux, voluptueux,
plus que tout cela, tout rempli d'un libertinage esthétique et moral pire que la sensualité vulgaire, d'une
obscénité sentimentale étrange, et orné d'une certaine
aventure de double miroir, dont la chaste impudicité
dépasse les *Bijoux indiscrets* de Diderot. Si l'éclosion
française du romantisme à Paris a scandalisé nos voisins, s'il y a chez nous des irrégularités, des aber-
rations, des plaies morales, des licences et des excès,
je voudrais bien que les pudibonds Teutons, avant de
nous dénoncer, nous Français, se missent à relire *Lucinde* et à méditer sur cette vie de l'Allemande Caroline, épouse coquette et moralement immorale de trois
graves savants, très-moraux aussi, — un médecin, un
esthéticien et un philosophe.

Mariée à Auguste-Guillaume de Schlegel, elle s'établit
à Iéna. C'est une petite ville étrange; une rivière, la Saale
la traverse. Ville toute consacrée au professorat, comme
Oxford. Comment s'est-il fait que Genève, Édimbourg et
Paris se soient groupés autour d'Iéna?

La Révolution se précipitait sur sa pente; Napoléon
apparaissait, et monté sur son cheval fougueux, comme
Achille, gravissait les Alpes. Le classique David le représentait ainsi, en héros antique. L'Italie conquise,
Würmser vaincu, l'Angleterre haletante, épouvantaient

tout le Nord. On tremblait là-bas ; à Londres, on s'ir-
ritait ; à Coppet, à Genève, les Bonstetten et les Sismondi se pressaient autour de la fille de Necker, mau-
dissant celui qui allait prendre la couronne, tuer la
république, s'installer César ; — et Benjamin Constant
se montrait à côté de madame de Staël, comme le fan-
tôme de la Liberté à côté de la Pallas du Nord. En Écosse,
commençait à paraître la *Revue d'Édimbourg*, sous la
direction de Jeffrey ; mais Iéna était le principal atelier
où se forgeaient les armes romantiques nouvelles, aiguisées par Caroline et trempées par Schlegel en faveur
de la libre passion littéraire.

C'est que la profonde paix professorale d'Iéna, ville
lointaine, écartée du mouvement, protégée des rois et
des princes, habitée par des étudiants, la simplicité
presque pastorale des habitudes n'inspiraient aucune
crainte. L'atelier était tranquille. Hégel, dont on vient
de publier la biographie sous le titre de *Vie du Philosophe du monde*, écrivait là ses traités encyclopédiques
dans une petite baraque délabrée et dans une cellule
où un homme de taille ordinaire serait mal à l'aise. On
lit encore sur les murailles les noms de Hégel, Fichte et
Schlegel. La ville même est *romantique* d'aspect ; mot
bizarre, indiquant le pittoresque en dehors des lignes
graves, un certain caprice réglé, une surprise créée par
l'imprévu des formes, des couleurs et des sons, un renouvellement dans la sensation, une vibration inattendue imprimée à l'organisme. Vu du haut des collines de
Meudon, avec la Seine sinueuse comme un serpent et se
repliant dans ses écailles argentées, Paris est romantique. Si vous vous placez au sommet de l'Arc-de-Triom-
phe et que de là l'œil suive la grande Avenue jusqu'à
Neuilly, ou se porte vers les Tuileries aujourd'hui ren-

versées, Paris est grandiose, magnifique et classique.
Vu du haut de la tour Malakoff, Paris, aboutissant au
grand cimetière du confesseur de Louis XIV et ses tombes encore noires de poudre et criblées de balles, aux
plaines désolées qui s'étendent au delà et au-dessous de
Montmartre, Paris, terminé par les escarpements hideux
qui mènent à la hideuse rue des Rosiers, où furent
assassinés nos généraux, Paris n'est plus ni romantique
ni classique ; il est lugubre. Il appartient à la littérature
d'Eugène Sue, au monde douloureux qu'il faut épurer
et assainir. Le romantique n'est pas le laid. L'irrégularité difforme n'est pas le caprice. L'échafaud démoniaque
n'est pas la divine liberté. N'allons plus prendre la gib-
bosité pour l'originalité élégante, ensuite trop déchaînée
en littérature et en politique. La France, longtemps
trop classique et despotique, a eu ce double malheur.

Notre-Dame de Paris, admirable de grandeur, de gra-
vité et diaphane, n'est point romantique.

Saint-Trophime d'Arles, avec ses colonnettes harmoniques, ses atriums extérieurs, ses cours verdoyantes
surveillées par de petites statuettes rouges de saints qui
l'environnent et son adorable porche, est romantique.
Là, tout est imprévu. Rien de byzantin, de romain, d'hellénique, d'oriental. Le génie *roman* a tout créé, neuf,
singulier, échappant aux règles, ne brisant point la raison. Là vit, respire l'esprit des races qui ont succédé à
Rome et qui ont su vivre aussi à leur tour de leur vie
propre, mêlant à l'Évangile l'aventure, la chevalerie ;
aux souvenirs latins, le catholicisme et la féerie asiatique, et sans rien confondre, sauvant les dissonances par
une puissance de création originale. C'est le secret de
Shakespeare, comme celui de Montaigne : l'harmonie des
contrastes.

Lorsque, des sources du Danube, vous suivez par l'Alpe souabe le cours lent et doux du grand fleuve majestueux ; lorsque vous atteignez le temple grec qu'un roi germanique a érigé sous le nom de Walhalla et placé au sommet d'une colline, vous vous demandez où est la Germanie romantique. Vous ne trouvez dans l'ampleur des aspects et le rectiligne du paysage rien qui éveille une sensation de surprise. Appeler l'Allemagne ou l'Angleterre pays *romantiques* est une erreur. A Iéna, au contraire, vers le Nord, avant Berlin, dans la vallée de la Saale, ces petites maisons rougeâtres, ce lit de la rivière encaissé dans de hautes rives, les arêtes tranchées de ces collines, l'église Michaelis, le vieux pont de pierre, la crête rouge de l'Hausberg chantée par Schiller, les anfractuosités, les singularités, le repos dans la bizarrerie, le Burgkeller où la Burschenschaft a si longtemps siégé, bravant la diplomatie de l'Allemagne et de l'Europe entière ; les recoins noirs de ces ruelles mystérieuses où la philosophie a couvé ses œufs dans le silence, tout cela est *romantique*. De là, Schlegel et sa femme, et son frère, journalistes, traducteurs, vulgarisateurs, ont entretenu leurs relations constantes, sympathiques, ardentes avec Londres, Édimbourg, Paris et Genève, avec tous les centres nerveux, comme disent les physiologistes, qui déterminaient le mouvement politique et littéraire, et que des femmes dominaient.

Ce mouvement, je ne le juge pas. Bon ou mauvais, il était nécessaire. J'en détermine les symptômes. J'en découvre les causes. Le professeur Schlegel à Iéna, lisant et commentant avec sa jeune femme et ses amis, Caldéron, Shakespeare, les Védas, Homère, Hans Sachs, le Persan Saadi et Beowulf le Scandinave, cherchait à établir les bases d'une doctrine nouvelle comparative des génies

et des races. Il procédait comme un architecte érudit,
M. Viollet-Leduc ou M. Dauban, qui systématiserait le romantisme architectural de Saint-Trophime ou de l'autre
grande merveille d'un art composite, la cathédrale de
Chartres. Mais il y avait alors dans des régions éloi-
gnées d'autres ateliers moraux où se forgeaient des
armes terribles réservées à la même guerre, non
contre la raison, mais contre le didactisme et le despotisme.

Le plus redoutable était Genève. Là, comme aux États-
Unis, avaient afflué depuis Louis XIV et même depuis
François Ier tous les réfugiés, les persécutés et les in-
domptables. Quiconque résistait allait vite se cacher en
Hollande comme Mirabeau, ou vivre libre et paisible à
Genève. C'est à Genève que Jean-Jacques a puisé le torrent de flamme éloquente qui séduisait les femmes et la
jeunesse. C'est aux environs de Genève que Voltaire, devenu riche, a su abriter sa vieillesse guerrière et plus
formidable que jamais. C'est de Coppet, près des bords
du lac Léman, que la fille de Necker, Germaine de Staël,
correspondait avec Caroline von Schlegel ; c'est là
qu'elle recevait Benjamin Constant, Schlegel lui-même,
le clairvoyant Bonstetten et Sismondi le libéral, groupe
plus remuant, plus actif, plus parleur que celui d'Iéna,
mais qui transmettait aux salons de la rue du Bac et de
Grosvenor-Square, de l'Abbaye-aux-Bois et de la colline
d'Arthur à Édimbourg, les pensées d'Iéna ; — Hégel et
Fichte, Tieck et Schlegel vivaient à Coppet. Le paysage
genevois, moins restreint et moins sauvage, mais étrange
et doux, gai et sévère, tout semé d'accidents enchan-
teurs, invite à la fois au travail, à la liberté industrielle
et au caprice raisonnable. On peut passer huit jours en
côtoyant cette nappe d'eau, sans perdre de vue la tête

blanche du vieux souverain des montagnes, le mont
Blanc, et sans que la décoration du grand théâtre de
Dieu cesse de changer. Le diadème rose de l'*Alpen-Glühn*,
les sapins noirs, les vignes qui fleurissent, les sentiers
qui fuient, les tempêtes sur le lac, le calme dans les
lointains, l'incessante variété des formes, la modulation
toujours neuve et toujours harmonique d'une nuance à
son contraire et d'un bruit terrible au silence absolu,
entretiennent dans l'esprit et dans la vie cette libre vibration qui dit à l'homme : « Tu existes, tu aimes, tu
penses, tu sens, ne t'endors pas ! » On ne s'est jamais
endormi à Genève. L'histoire politique de ce petit temple
n'est point paisible ; dès 1782, les conseils genevois
proclamaient déjà *les droits de l'homme*. Voltaire, étonné
de cette agitation furibonde, écrivait contre les bourgeois ses voisins qui remuaient trop, son plus mauvais
poëme, la *Guerre de Genève*. Les minéralogistes, de
Saussure, les physiologistes, Bonnet, les botanistes, de
Candolle, décomposaient et analysaient la nature ; ils
tourmentaient, pour les comprendre, les rochers, les
glaciers, les forêts, les systèmes, les hommes mêmes,
comme les horlogers démontent une montre.

Cette activité genevoise faisait écho à l'activité industrieuse du laboratoire d'Iéna. Plus mystique sous la conduite de Schlegel et de Caroline, plus positive et modi-
fiant les faits sous la direction de Benjamin Constant et
de madame de Staël à Genève, la pensée s'élaborait. Elle
apparaissait sous des formes qui semblaient peu mena-
çantes ; *Corinne, Delphine ;* un livre, excellent et inconnu, de Bonstetten sur *le Nord et le Midi ;* les leçons
de Schlegel sur Shakespeare. En Angleterre Godwin, Walter Scott. Des livres seulement, mais pleins de pensée.
« Une goutte d'eau, dit le grand de Maistre, une goutte,

« autant qu'il en pouvait entrer dans le dé à coudre
« d'une jeune fille, si elle est réduite en vapeur, fait
« crever une bombe. Le même phénomène arrive dans
« l'ordre spirituel. Une pensée, une opinion, un assen-
« timent simple de l'esprit, ne sont que ce qu'ils sont.
« Mais si un degré de chaleur suffisante les fait passer à
« l'état de vapeur, alors ces principes tranquilles de-
« viennent enthousiasme, fanatisme, passion. Et sous
« cette nouvelle forme, ils peuvent soulever les mon-
« tagnes. »

L'admirable penseur théologique, sublime d'observation malgré l'inexactitude de ses corollaires, indique
ici la place et l'action des femmes dans les révolutions
et les évolutions des empires et des littératures. Elles ne
créent pas la goutte d'eau, elles la font passer à l'état
de fanatisme et renversent le monde. Forster et madame Roland inspirent Caroline Bœhmer. Le pédant
Schlegel en est atteint et pénétré par elle ; la fille de
Necker, son amie, devient la propagatrice éloquente des
théories de liberté intellectuelle que Schlegel prêche ;
anéantissement de l'ordre majestueux du classique
empire — de nuage en nuage, d'esprit en esprit, de
peuple à peuple, d'une femme à une autre femme, d'un
docteur d'Iéna au membre des Cinq-Cents, l'étincelle
électrique court, se propage et foudroie. Dans les salons
mêmes de Paris, sous les yeux de M. de Talleyrand, dans
les vieux salons coquets et monarchiques où siégent encore les évêques conservés par la Révolution, chez la
belle madame Récamier ; dans les autres *drawing-rooms*
de Londres régentés par l'impérieuse lady Holland, la
croisade se continue ardemment, et les femmes la dirigent. Ici, Chateaubriand, très-Français ; là Godwin et
lord Byron. Cette rose blanche dont le coloris est si

8

suave que le calice est infertile, cette femme adorée, si
exclusivement femme qu'elle ne pouvait être mère ni
épouse, cette grâce exquise dont la délicatesse résumait toutes les délicatesses d'autrefois, madame Récamier, reçoit l'impulsion de Germaine de Staël; et la
modeste devient aussi virile que Delphine, la timide devient aussi brave que les plus braves. Lorsque le général Moreau, sacrifié par l'homme implacable, par l'am-
bitieux génie, son rival, par Bonaparte, parut devant la
justice, il y a des tribunaux pour toutes choses, la jeune
beauté, l'amie de madame de Staël, malgré les recom-
mandations de Fouché, vint assister aux débats; elle
témoignait ainsi courageusement de son admiration
affectueuse pour Moreau, comme si elle avait voulu
protester au nom de son sexe contre celui qui par l'iniquité allait devenir maître.

La lutte, qui dure encore, en 1872, entre la passion
de la liberté et le besoin de l'ordre n'est pas un mal, si
ce n'est quand ces forces s'accumulent par l'activité de
leur haine et l'intolérance de leur fureur mutuelle. Il
leur faut un compromis qui les sauve de leur excès. Napoléon Ier ne voulait pas de compromis. Louis XIV
n'en avait pas voulu. Henri IV au contraire, admet-
tant les tempéraments de la tolérance, avait remis
en mouvement la machine, et dans de courts inter-
valles la vie morale reparut, quand les deux politiques
coexistèrent sans se détruire. C'est ce que nous devons
faire.

De même pour l'intelligence. Voltaire et Rabelais ont
agi ainsi. En Allemagne, Schiller et Gœthe, génies de
la liberté dans l'autorité, n'agirent pas autrement; mo-
dérateurs de la littérature, ils renouvelèrent en organi-
sant et ne rompirent nullement la tradition. Ils attei-

gnirent les limites de l'audace et du caprice. Plus tard,
ces bornes semblèrent étroites ; alors on se mit à repousser l'histoire, à nier l'observation sévère. Le voyage
devint lyrisme avec Hœlderlin ; la philosophie devint
mysticisme avec Novalis ; le lyrisme lui-même alla se
perdre dans la musique pure dont le domaine, reculé
par Beethoven, est en train de s'évanouir dans les nuages
avec Wagner. Schleiermacher devint le théologien du
romantisme allemand, comme Jean-Paul-Frédéric Rich-
ter fut le mystique du roman. Tieck, intelligence plus
fine que productive, fut le Miéris, le petit peintre hollandais de cette école, dont Auguste de Schlegel se fit
l'Aristote. Donnant trop au caprice et à sa haine anti-
française, elle répugnait essentiellement au ferme bon
sens de la France ; elle était l'excessive antithèse du
vieux génie didactique de Boileau, de Voltaire et de
sa lucidité pénétrante. A titre d'insurrection, cette tentative nous charma. L'émeute nous plaît.

A l'époque dont je parle, c'était l'Europe entière —
littéraire et politique, qui s'insurgeait, l'Europe féminine tenant le drapeau, les races du Nord précédant,
les nations latines les imitant avec quelque peine. On
insultait, dans la littérature et la politique, les règles
acceptées religieusement jadis. On rentrait violemment
dans une liberté qui pouvait être bonne, si elle se mo-
dérait et se réglait elle-même. Elle pouvait alors créer
aussi des chefs-d'œuvre ; car les classiques ne le sont
devenus que grâce au renouvellement de libre pensée
régularisé par eux. Une liberté qui s'exagère et se déprave crée des monstres et se tue. Il ne s'agit pas pour
l'homme d'atteindre la perfection, impossible à sa débi-
lité, mais de faire entrer assez de liberté dans l'ordre
pour que la règle de la vie ne soit pas étouffée ; assez

d'ordre dans la vie libre pour que l'organisme se constitue et persiste. Homère est le législateur des vieux chants livrés par les primitifs Aoèdes. Shakespeare est celui des légendes antérieures et des traditions dramatiques du Nord, comme Dante pour les légendes du Midi et la science théologique de son temps. Ainsi de Rabelais, ainsi de Voltaire. Les mécaniciens emploient pour indiquer cette puissance un mot que je ne leur emprunte qu'en passant ; ces génies ne sont que des *condensateurs* du génie même de l'humanité, dans une de ses fractions.

Schlegel, avec son romantisme antifrançais, apportait trop de haine. Comme les *ultrà* de notre France révolutionnaire, il ne donnait qu'une impulsion qu'il ne créait pas.

Caroline, sa compagne, devenue sa femme, n'a rien perdu de sa faculté dissolvante ; elle en use toujours dans la vie privée. Après avoir brouillé les deux frères, elle demande le divorce, se sépare de Schlegel et retombe sur Schelling lui-même, « un homme de granit, » comme elle le dit.

Schelling est l'ultra de la philosophie. Il y introduit le romantisme scientifique. Par son goût et son penchant pour les sciences exactes et l'observation de la nature, pour la physique, la physiologie, la chimie, il n'est pas sans analogie avec notre contemporain et notre concitoyen M. Littré. Comme lui, c'est un esprit vigoureux et subtil. Dans sa première doctrine — car il y en a eu deux — c'est un bouddhiste pur, confondant l'idéal et le réel, Dieu et le naturel, l'homme et l'univers. *L'identité de la substance*, théorie reprise ensuite par Feuerbach avec plus de logique et de véhémence est due à Schelling. Elle a pour base l'unité spinoziste. Jusqu'où

cette unité doit-elle et peut-elle s'étendre? Si le *oui* et
le *non* se confondent, si la vie et la mort sont identiques
à quoi bon vivre? Ce premier système de Schelling, exagération du caprice en philosophie, aboutissait à un
bouddhisme, à un anéantissement de l'être, à une absorption des forces dans le néant, laquelle n'est compa-
tible avec aucun développement des sociétés.

Cependant Bonaparte ou Napoléon, maître de la France
qu'il éblouissait et de l'Europe qu'il effrayait, opposait
aux systèmes des rêveurs sa tactique, aux vues de perfectionnement moral sa puissance, aux idées ses ba-
taillons. Tout fut à lui pendant cinq années. Ensuite le
monde reprit sa marche. Ces mêmes rêveurs méprisés
qu'il appelait idéologues et phraseurs, l'emportèrent et
donnèrent à la France les magnifiques années de 1815 à
1840; car il ne faut pas que la France oublie ou dédai-
gne ce qu'elle a fait de grand. Ses belles époques de vie
et de force, les lumières de son passé ont été obscurcies,
étouffées ou voilées par les passions des partis; c'est un
grand malheur. Qui donc a ouvert la brèche à M. de Bismarck? Nos passions et nos haines!

Après 1815, de grands principes littéraires étaient
fondés.

Schlegel, Caroline sa femme, madame de Staël établis-
saient en fait que tous les peuples créent leur littérature et qu'elle mérite d'être étudiée. La grande décou-
verte de la science moderne, *l'équivalence des forces*, se
retrouve ainsi et apparaît dans l'histoire de ce vaste mouvement intellectuel, souvent excessif, appelé « Romantisme. » La force se déplace; elle ne se perd pas. La
vie intellectuelle, comme la vie physique, passe, modifiée, de l'Aryanisme à l'Hellénisme, de celui-ci à la latinité, de là chez nous. Il y a, depuis le Christ, moins de

8.

perfection concentrée de forme, parce que les races
nouvelles sont plus divisées et plus nombreuses et que
les forces se sont éparpillées. Aujourd'hui en Europe,
la littérature proprement dite paraît s'étioler, parce que
l'énergie humaine se porte sur d'autres points, par
exemple sur les sciences, sur la reconstitution des sociétés, sur l'emploi des sources vives de la nature appli-
quées à nos besoins. Désormais toute littérature, pour
avoir de la valeur, sera scientifique. Sa forme même deviendra simple. L'exagération passera, la vérité se ma-
nifestera. En critique, il faudra l'impartialité la plus
complète; en histoire, l'appréciation la plus juste des
documents réels ; en tout, il faudra le vrai.

Le vice des deux révolutions littéraire et politique a
été l'absence de justice et de vérité. Le patriotisme de
Robespierre, romantisme de la politique, était faux. Car
cet homme sincère et étroit croyait au *Contrat Social* et
à Gracchus, c'est-à-dire à des chimères. La révolte littéraire de Schlegel, jacobinisme de l'intelligence, était
incomplète ; Molière sacrifié, Racine abaissé aux dépens
de tout ce qui n'est pas français, condamnent ce Robespierre de la plume. On a raison d'aimer la liberté politique ; on a tort d'oublier que la liberté antique des
Brutus n'est qu'un peu supérieure à l'esclavage. On a
raison d'estimer Calderón ; mais il ne faut pas élever au-
dessus des plus beaux chefs-d'œuvre les brillantes
ébauches du théologien espagnol. Quand la justice manque, toute doctrine s'ébranle et s'écroule.

Aussi la doctrine de Schlegel contre la France a-t-elle
croulé comme le trône de Napoléon, l'une et l'autre étant
exclusifs. Schlegel voulait détruire Molière qui survit.
Les plus amères railleries de Voltaire n'ont pas amoindri
Shakespeare. Napoléon lui-même a deux fois disparu. Il

représentait la portion tyrannique de l'ancien génie des
républiques, grecque, florentine, romaine, méridionale ; attaqué par l'irruption du monde moderne, par
l'idée d'égalité, par le romantisme et son caprice,
par Schlegel et madame de Staël, par le libéralisme et Benjamin Constant, il a succombé bien moins
sous les coups de l'Angleterre que sous la loi de cette
nécessité inéluctable et éternelle qui replonge le passé
dans l'ombre et ne veut pas plus de Pélopidas au
vingtième siècle que de mammifères antédiluviens après
la formation concrète du globe. Schlegel avec les modernes a vaincu Napoléon l'antique. Madame de Staël et
Caroline Bœhmer dirigeaient l'attaque. L'Europe entière
est devenue, en dépit de Napoléon, libérale. Elle est devenue aussi libérale en littérature. On chercherait vainement un coin du monde civilisé où ce vaste mouvement ne se soit fait sentir. Monti, Ugo Foscolo, Manzoni
en Italie, Larra en Espagne et cent autres ont suivi Schlegel. En Angleterre Walter Scott, Byron, toute la pléiade
anglaise. Quant à l'Allemagne, elle servait de centre à
l'attaque et de point de ralliement. Elle ne pouvait que
garder sa place.

De même toute l'Europe, en politique, redressait les
vieilles idées, s'essayait à la liberté. On créait partout
des chambres constitutionnelles, des assemblées délibé-
rantes ; il y en avait en Grèce, en Australie, en Asie, en
Italie. Je ne parle pas de la Norvège, du Danemarck et
de toute la Scandinavie auxquels ces éléments politiques
sont naturels. L'essai n'a pas été heureux partout. Chez
quels peuples l'expérience constitutionnelle a-t-elle
réussi ? Quelles races aussi ont produit, sous l'impulsion
que l'on appelle *romantique*, des œuvres durables, des
poëmes, des histoires, dignes d'être conservés et lus,

étudiés et admirés plus tard? Les deux questions sont
parallèles ; car, je le répète, le *romantisme* n'est pas
autre chose que l'idée révolutionnaire dans la sphère de
l'intelligence et de la littérature.

Voici la réponse. Avec un fonds de liberté, il faut
donner quelque accès à l'ordre. Avec un fonds de despotisme, il faut un peu de liberté. Ce n'est pas le *juste
milieu*, c'est le compromis, la concession, la condition
même de la vie.

Des poëtes modernes le plus effréné par l'idée, le roi
des insurgés, est aussi, par la forme, le plus classique.
C'est Byron ; il rhythme avec précision. Son expression
est juste, sa phrase est concise. C'est celui dont la postérité se souviendra le plus et qu'elle lira, comme le
dit son biographe allemand Elze, avec le plus de charme.
Béranger aussi, notre poëte, dans un autre genre, a
employé le même procédé ; de même le poëte écossais
Robert Burns et le poëte charmant de la Forêt-Noire, Hé-
bel. A la pureté la plus sévère de la forme ils joignent
l'audace la plus vive de la pensée et le caprice le plus
facile. Chez eux le Bohémien parle son langage ; le bon
Dieu et la marquise de Prétintaille sont très-lestement
menés ; ils osent tout et ils osent bien. Ils sont les régu-
larisateurs de la liberté, les régulateurs de l'audace. Le
violent Schiller étudie Racine ; le philosophe panthéiste
Gœthe imite Voltaire ; l'autre panthéiste Shelley, ce vague nuage qui s'enflamme d'un mysticisme illuminé, et
Novalis le Pythagoriste, qui semble sortir des mystères
d'Eleusis, s'attachent au culte austère d'Eschyle, de
Pindare et des maîtres helléniques. Le fond de leur génie étant la liberté moderne, ils ont soin d'y introduire,
le plus possible, l'ordre de la vie antique.

Les esprits, au contraire, qui, comme celui de

De Maistre, de M. Guizot, d'Augustin Thierry en France,
de Schleirmacher en Allemagne penchent vers l'ordre,
ne peuvent assurer leur force et la durée de leurs œuvres qu'en donnant beaucoup à la liberté, même au caprice. Dans ses plus belles pages, Augustin Thierry est
aussi coloré que Walter Scott, et tel portrait écrit par le
grave De Maistre entrerait dans un roman d'Alexandre
Dumas sans le déparer. Telle est l'action de la liberté
sur l'ordre et de l'ordre sur la liberté. Cela détruit sans
cesse l'équilibre et le rétablit sans cesse.

V

POÉSIE DU NOUVEL ÉQUILIBRE ET DU NOUVEAU MONDE

JOAQUIN MILLER.

« Il n'y a aucune littérature qui soit classique ou romantique, dit très-bien Gœthe ; mais une littérature saine et une littérature malsaine. » Cela est profond et vrai. Renouveler par le malsain et le laid, par le faux et le trivial, par l'obscène et le frénétique, par l'immense et l'exagéré, par la maladie et la déraison, ce n'est pas difficile. Donnez une protubérance à l'Apollon, des jambes torses à l'Antinoüs, vous les renouvelez. Mais les créations saines de la nature et de l'art, dans leur infinie variété, quand elles ont une valeur, restent saines. Elles apportent leurs proportions vraies. Elles sont organiques, harmoniques. Leur irrégularité n'est qu'apparente. Il y a autant de raison dans le *Marchand de Venise* par Shakespeare que dans *Les Sept devant Thèbes*, par Eschyle. Il y a autant de passion pathétique et libre dans l'*Antigone* de Sophocle que dans *Roméo* et *Juliette*. Seulement dans Shakespeare la constitution libre de l'organisme apparent cache aux yeux vulgaires le bon sens

merveilleux, l'observation profonde qui ont fait un Iago
immortel et un Shylock impérissable. Chez Sophocle, où
l'ordre domine, la libre pensée se joue ardemment,
questionne les dieux et le sort, dépasse toutes les limites de l'ancienne forme hiératique. Sophocle renouvelle
le drame, comme Shakespeare le renouvellera plus tard.
Un nouveau génie de peuple a toujours son expression.

Ceci a lieu aujourd'hui même. On ne s'en aperçoit
pas. Les changements qui se font autour de nous sont
incompris. Quelle nouveauté dans le monde et dans
l'histoire, par exemple, que le génie américain moderne ? Quoi de moins idéal en apparence ? Quoi de
moins littéraire ? Ce génie n'est point aimable. Il n'est
point désintéressé. Il s'assied sur des balles de coton,
brandit un revolver, voyage de l'Est à l'Ouest, comme
le boulet, sans regarder ; il a des vertus, mais ébau-
chées, violentes, turbulentes, furieuses, farouches, souvent grossières. Il n'est pas homogène. Puritain d'o-
rigine, avec un souvenir des cavaliers royalistes de
Charles Ier ; quaker à Philadelphie, Chinois et Japonais du
côté de la Sierra Nevada ; polygame près du lac Salé ;
mystique avec les *trappistes* et les *spiristes* il a créé une
secte actuelle, celle du Ku-klux-klan qui professe l'as-
sassinat comme les Thugs ou comme les sectateurs du
Vieux de la Montagne. Cependant l'Américain adore
Franklin et fête Washington. Point d'unité. Des éléments
épars et contraires, des populations infiniment variées
qui ne se heurtent pas, parce que l'espace est trop
vaste. Partout, depuis Terre-Neuve jusqu'à Sacramento,
ambition, besoin d'arriver, ardeur à conquérir la nature, mépris de la vie, un mépris grandiose ; ici, la
barbarie sombre ; là, une civilisation poursuivie avec

acharnement; l'homme redevenu presque primitif;
une affinité violente avec là vie sauvage, avec les bois,
les forêts, les animaux, la mer, les montagnes, le désert; un grand bonheur à poursuivre l'aventure partout, à risquer sa vie, sa fortune, à braver l'Europe, à
étonner les monarchies et le Sud américain, à narguer
les vieux Anglo-Saxons, les oncles et les pères ; quelque chose du parvenu ; mais du parvenu héroïque ; le
dédain de tout ce'qui est repos ; rien de casanier et
d'accroupi ; peu de haines invétérées entre concitoyens,
mais beaucoup de violences sanglantes ; point de rancunes, mais beaucoup de combats ardents. Le contraire
enfin de notre Europe latine, où les salons règnent encore, où les partis se saluent, se sifflent, se conspuent,
s'exècrent mutuellement, polis, ulcérés, pleins de rages
et de haines implacables au milieu de leurs sourdes
manœuvres.

Telle n'est point la situation morale des États-Unis.
Leur caractère si mêlé et si nouveau vient d'avoir son
organe. Ce génie, qui s'est à peine reconnu lui-même,
a créé sa poésie. Je ne parle ni de Longfellow ni de
plusieurs autres, plus Européens qu'Américains, mais
d'un nommé Miller. Cette muse nouvelle n'est ni pure
ni parfaite. Elle est naturelle et brutale. Il y a du li-
mon et des pépites d'or, du gravier et des perles, dans
son torrent. Elle se ressent de sa source. Miller, celui
qui a fait jaillir cette eau peu limpide et puissante, n'a
pas grandes prétentions à l'élégance. C'est un demi-
sauvage. Il n'est pas de Boston, cité esthétique et savante;
ni de New-York, métropole commerçante ; ni de la ville
moraliste de Guillaume Penn, Philadelphie. C'est un
Californien. Il a les vraies passions de son pays. Il raisonne peu ses perceptions et ne médite pas sur ses sen-

sations. La crudité de son énergie est involontaire ; et il en a presque honte. Métis, moitié Mexicain, moitié Anglo-Saxon, il se nomme Joaquin Miller ; son domicile, si c'est un domicile, est suspendu entre le Pacifique et la Sierra Nevada ; il perche avec le gypaète sur les arêtes rouges de ces vieux granits tout étonnés maintenant que l'homme les visite pour y chercher de l'or. C'est aussi un chercheur d'or que Miller. Un jour il est descendu de là jusqu'à Mexico et aux grandes plaines du Sud, d'où il s'est dirigé vers New-York, et enfin il est venu à Londres où il a publié ses étonnants poëmes, les *Poëmes du Pacifique* et les *Chants des Sierras*. Joaquin Miller ne sait pas composer; ses histoires sont mal agencées. Il a des mots de Californien et même des vers qui ne sont pas sur leurs pieds. C'est néanmoins un poëte. Son génie est neuf, admirable de jet, original et varié ; c'est un poëte involontaire. Dans l'époque actuelle, où chacun singe le génie par la volonté et l'originalité par l'effort, voilà une curiosité étrange. Il est aussi abondant que Lamartine en descriptions animées et complètes ; aussi ardemment concis que Byron ; il est aussi ému que notre Musset; mais le tout confus, énorme, fangeux, une ébauche de Goya, où le génie s'épanche à flots troubles. Est-il classique ou romantique? On ne sait. Espagnol ou Anglo-Saxon ? — Pas davantage. Barbare ou civilisé? Non plus. Il est tout cela. Son œuvre est aussi peu classique que les meilleures pièces de Victor Hugo. Elle est aussi peu romantique que les plus larges antistrophes de Pindare. Seulement la santé et la vie sont chez lui.

Gœthe s'en serait contenté. Miller est la Nouvelle-Amérique même. Un groupe social nouveau et considérable donnant par une nouvelle poésie le mot et la clé

9

de son génie propre, cela mérite assurément que l'on
s'y arrête.

C'est la première fois qu'une fondation de civilisation
est observée et chantée sur place. Née des vieilles civilisations, l'Amérique du Nord se débrouille aujourd'hui
dans un chaos de toutes les races ; un génie sorti de
ses entrailles, qui a vécu de sa vie comme de ses passions, de sa folie comme de sa vertu, devient le Dante
ou l'Homère de ce monde extraordinaire, imprévu, barbare. Prétendre qu'il ne faut ni voir ni étudier ces phénomènes, parce qu'ils sont barbares, est une nouvelle
et une autre barbarie. Prétendre qu'il serait bon de les
imiter et de les copier servilement est une affectation
ridicule. Ferez-vous comme les moines du moyen âge
qui détruisaient Ennius, Tacite, Tite-Live, Hérodote,
sous prétexte qu'ils n'étaient pas chrétiens ? ou comme
les classiques du neuvième siècle, copistes serviles, qui
ne composaient leurs poëmes qu'en imitant Virgile ?
Quoi ! osciller toujours entre l'imitation abjecte et la
licence éperdue ? Ne pouvons-nous donc étendre notre
esprit, étudier toutes les races, les comparer, les juger,
les comprendre, profiter d'elles, noblement, vivre avec
elles, non par elles, et faire consister notre ambition
non dans cet isolement idiot que les Chinois ont pratiqué, mais dans cette sympathie vaste et intelligente
dont les Grecs Hérodote, Thucydide, Homère, Platon
donnaient l'exemple aux races antiques ? Ils poussaient
même beaucoup trop loin l'admiration pour les choses
étrangères, témoin les crédules concessions faites par
Platon à la science égyptienne, et les contes, vrais ou
faux, mais admis sans critique par Hérodote. C'est qu'en
tout l'isolement est fatal. La France devrait le savoir,
elle qui menait la civilisation comme ont fait les Grecs,

à l'époque où Rabelais et Montaigne savaient toutes les langues, où Corneille parlait espagnol, madame de Sévigné italien, ce qui ne les empêchait pas d'être très-bons Français.

Que j'aie ou non leur génie, *je veux être Français comme eux*, je veux connaître avant de prononcer. Quand ils s'occupaient de théologie, entre le seizième et le dix-septième siècle, ils l'étudiaient, et madame de Sévigné elle-même était très-versée dans Jansénius et ses adversaires. Nous, aujourd'hui, qui faisons des révolutions et qui ne faisons que cela, savons-nous comment vivent et doivent vivre les peuples? Nous n'en avons pas la moindre idée. Les deux sciences qui nous sont les plus étrangères sont précisément la géographie et l'ethnologie, c'est-à-dire celles qui nous disent quelle est la maison que nous habitons ; nous nous contentons de notre chambre ; et quels sont les gens qui l'habitent ou l'ont habitée? Nous avons pour cela un mot charmant ; être *casanier*, homme de *case*, « della casa, » comme si la case était nécessairement l'éternelle prison de l'homme à qui Dieu a donné le regard qui pénètre loin, l'ardeur de l'âme et la rapidité de la marche. Ne s'enquérir de rien, s'en tenir à son coin d'ancien savoir ou d'ancienne ignorance, c'est l'idéal du genre casanier.

En quoi les poésies de Joaquin Miller révèlent-elles un nouvel état de mœurs? C'est la première question. Possèdent-elles le mérite, la sève poétique? C'est la seconde question. Comment cette sève, ce génie propre une fois reconnus et admis, ont-ils produit leur forme de versification et de composition? Cette forme est-elle acceptable, telle nouvelle et singulière qu'elle soit?

La poésie n'est pas un jeu pour le Californien Miller. Il dit que c'est « une passion qui, chez lui, brave la rai-

son. » Cette frénésie est venue le saisir au fond de son
abîme natal, dans le *cagnon*, longue galerie ou canal
californien, encaissé dans des murailles de marbre; à
trois mille pieds sous les roches, galerie abritée par des
forêts de quinas où les orangs-outangs et les jockos à figure d'homme glissent entre les branches, aussi nombreux que les feuilles de ces arbres étranges :

« Ils passent, ils fuient, ils glissent,
Ils sifflent, volent et frémissent;
Ici, là, dansant dans le vent,
Pressés en arrière, en avant,
Comme fuit, à travers la trame,
La navette du tisserand. »

Voilà les vers et la manière de Joaquin Miller. Ne lui
demandez pas de *couleur locale* factice. Il vous donne les
réalités crues sans le vernis qui les simule, les déguise ou
les met en relief. Rien ne ressemble moins à Byron ou à
Victor Hugo, peintres admirables qui ont préparé leur
palette. Quand on lit, à côté des vers de Joaquin, les nouvelles explorations de William Bell et de Newberry, on
est forcé de convenir que la vérité la plus exacte est au
moins aussi extraordinaire que la création poétique. Ce
qu'on appelle le bassin du Colorado se compose d'une
série de terrasses planes et gigantesques, formant escalier; là, de degré en degré, roulent par des pentes iné-
gales, avec des caprices de Titans, les eaux qui tombent
des plus hautes cimes couvertes de neiges ; il y a des
terrasses qui s'élèvent à 4,000, 7,000, enfin 8,000 pieds,
mesure anglaise. Des escarpements énormes et à pic séparent chacune de ces terrasses. Point de plantes. Aucune végétation. A peine une touffe aride de l'*artemisia*
sauvage. Le désert. Mais le désert sans autre mouve-

ment que celui des eaux bondissantes ; point de formes arrondies, le marbre et ses arêtes aiguës. Aucune gaieté, aucune vie, aucune grâce même dans cette course des eaux qui, sur tous les autres points du globe, font circuler la vie, la fraîcheur, la fertilité et le sentiment varié de la vie. C'est au fond d'un lugubre tombeau de granit, à cinq mille pieds au-dessous de la surface du sol, que les flots rouges du Colorado se font une voie souterraine, poursuivie de zigzag en zigzag, qui se prolonge jusqu'à l'étendue de cinq cents milles anglais ou quinze cents lieues ; car tout est colossal dans ces régions. Jamais de pluie, la végétation manquant et l'évaporation ne pouvant avoir lieu dans des profondeurs aussi immenses. On peut, dit un physicien géologue après avoir descendu au péril de sa vie une de ces pentes qui se trouvait praticable, on peut se faire une idée, en observant le Colorado, de ce qu'était notre planète avant la création de l'atmosphère et du spectacle que présenterait le globe lunaire aujourd'hui à celui qui réussirait à l'atteindre et à le visiter.

Cette partie du continent américain, plus grande que la France, de temps en temps traversée ou plutôt affrontée sur quelques points par les Peaux-Rouges dans leurs chasses et par les hommes des *placeres*, lancés à la recherche de l'or, touche à des régions plus heureuses, mais signalées par les mêmes caractères de grandeur extraordinaire. Le premier fragment ou poëme contenu dans le livre du Californien Miller est consacré à la dure et forte peinture des mœurs et des habitudes du chercheur d'or. Comment une jeune Écossaise, Annette Macleod, avec sa douce figure entourée de blonds cheveux, son teint blond et son franc sourire, est apparue au demi-sauvage d'Arizona, telle qu'une étoile dans un ciel

9.

ombré chargé d'orage ; comment il a été forcé de perdre
de vue son mariage projeté et Annette Macleod; comment une fille des tribus indiennes l'a guidé ensuite dans
ces horribles déserts où il cherche la fortune; les soins
et les dévouements de la fille indienne ; la cruauté du
chercheur d'or, qui laisse l'enfant sauvage périr sans lui
porter secours; tout ce roman qui serait vulgaire si l'emphase s'y mêlait, est sauvé par l'extrême vérité du détail
qui lui prête un intérêt incomparable. Le gentilhomme
breton Chateaubriand que l'école de Jean-Jacques
avait conduit à l'admiration de la vie sauvage, avait deviné ce beau sujet. Dans son *Atala* et ses *Natchez*, il a
manqué ce que le barbare Californien a si admirablement réussi. Le héros du premier conte, tout à ses violents instincts, s'embarrasse peu que la fille indienne, sa
servante, meure pour lui. Le second récit a pour titre
Avec Walker au Nicaragua. Il paraît que le poëte a fait
partie dans sa jeunesse de la troupe de ce flibustier que
les Américains ne méprisent pas, leurs penchants aventureux s'accordant assez avec ses vices. Dans les deux
histoires, aussi bien comprises que les meilleures nouvelles de Stendhal ou de Mérimée, le contact de la civilisation européenne et de la vie sauvage devient fatal
à celle qui symbolise le type féminin. La *jeune Péru-
vienne* de ce second récit n'est pas mieux traitée que la
victime du récit précédent. *Le dernier des Taschastas,* le
Récit de l'Alcade Géant et *Ina* (ce sont les titres des autres
fragments) ne se distinguent pas davantage par les qualités élégantes, exquises ou modérées. Le soleil tropical
vous brûle. Les glaciers sur vos têtes vous donnent le
frisson. La nature entière est contre vous, et dans sa plus
grande beauté elle reste terrible et vengeresse. Les ressources de l'homme s'en accroissent; sa vie morale se

durcit, et, si je puis m'expliquer ainsi, *se brutalise*. Étrangère à tout raffinement, à tout énervement, la frénésie de l'aventure et du danger le saisit. La trempe de ses facultés devient un acier formidable et le calibre intellectuel apparait capable de tout. C'est un gladiateur jeté dans l'arène, où toutes les férocités conspirent contre lui; c'est un joueur qui lutte contre toutes les chances et qui se plait à les braver. La ferveur et la simplicité du ton coïncident avec le fonds de l'œuvre, trop sauvage pour être immorale, trop brutale dans sa robuste naïveté pour être morale.

VI

LES CHANTS POPULAIRES.

L'idée byronienne, l'évolution des libertés, détruisant ou attaquant l'ancienne société, se rapportait, comme on l'a vu, au changement d'équilibre subi par la machine politique elle-même. Le mouvement romantique non-seulement n'avait été étranger à aucun peuple d'Europe, mais avait envahi l'Amérique du Nord et les régions californiennes.

Si l'Europe n'allait pas se transformant de jour en jour, et si cette métamorphose incessante n'était pas la loi des sociétés comme de la vie physique, on pourrait s'en tenir aux anciens errements et agir comme si l'antique équilibre européen subsistait en politique où comme si les lois rhétoriques de Quintilien et d'Isocrate gouvernaient encore la littérature. Mais cette ignorance a des suites fatales. Pour s'être fié à des ambassadeurs qui lui avaient représenté la France comme incapable de se défendre, l'empereur de Russie a vu tomber Sébastopol. Pour avoir négligé les rapports si lu-

mineux du baron Stoffel sur l'état de la Prusse et ses ressources militaires, nous nous sommes laissés précipiter
dans les événements récents. Pour avoir ignoré le Mexique
et méconnu le caractère de cette barbare région des
vastes terrains situés entre le Nord et le Sud de l'Amérique, nous avons inauguré par un désastre qui, en
outre, était un crime, la série de nos désastres. Voilà
ce que produit le mépris du savoir.

La plus utile des sciences est aujourd'hui l'ethnographie, l'étude des hommes et des races. On accumule les
documents. Les recueils de chants populaires des an-
ciennes races les montrent dans leurs développements les
plus variés. Il y a sans doute de rares exemples d'un
homme de génie, tel que Joaquin Miller, condensant les
souvenirs, les passions, les actes, les sentiments et les
sensations de sa race dans une poésie inventée et extraordinaire. Mais des centaines de volumes ont rassemblé récemment et conservent les chansons populaires de tous
les pays civilisés. Ce sont des confessions de peuple. Ces
âmes parlent. Elles disent comment elles ont grandi et
souffert, comment tel groupe social a fleuri ou dépéri. En
allant de Trapani à Palerme, en Sicile, on rencontre, dans
un village nommé *Paceco*, une église dédiée à saint François de Paule et qui est l'objet d'un constant pèlerinage ;
on vient prier sur la tombe d'un assassin qui a tué sa
mère et qui se nommait Frustari. On y chante des cantiques en l'honneur du matricide, et un Sicilien du nom
de Pitre a publié ces poésies étranges dans un remarquable livre récemment imprimé. On voit dans ces chansons pourquoi le *corpo decollato*, l'homme exécuté, devient un saint pour la populace. D'abord, il a été châtié
dans ce monde ; ensuite il a passé par le purgatoire ; enfin, comme par ses crimes il tient de près à l'humanité,

on se rapproche de lui et on le prie. Il intercédera, lui
coupable, pour d'autres coupables. Quelle éducation de
peuple ! Les vieux pays latins apparaissent dans les fragments de chants populaires recueillis par Vigo et Salo-
mon Marini, profondément sauvages, sous les ruines
morales de leur passé. Ils se figurent Dieu comme une
entité négative dont il ne faut pas parler ; la Vierge
Marie comme créatrice du monde, mais au-dessous de
leur curé, qui lui-même est au-dessous du chef des
fidèles, du souverain pontife. De ce dernier ils font un
tyran voluptueux qui s'amuse beaucoup là-haut. Ils ont
créé un mot inconnu à toute autre linguistique que la
linguistique sicilienne : — *Paper*, « papar, » se donner
du plaisir. La vie, dit une de ces chansons, n'est qu'une
fleur de foin, « une fleur qui passe vite. Donnons-nous
du bon temps et soyons *papes*, quand nous pouvons
l'être. » C'est à ce résultat qu'aboutit la fausse éducation donnée par un catholicisme de formule et de
routine.

—

« Ciuri di fenu !
« Mentri chi semu Papa, *papiamu !*
« Cri sa sin' autra vota *papa* semu ! »

Enfermés dans leur île, avec des sens ardents et une
imagination qui veut créer et l'impossibilité d'employer
leurs forces, les Siciliens actuels, appartenant aux classes
les moins éclairées, font sur tous les événements des
chansons. Ils en ont fait en 1868 sur leur loi municipale,
en 1867 sur la guerre d'Italie, en 1860 sur Garibaldi et
sa cohorte, sur le papier-monnaie, cette triste ressource
des finances obérées. L'activité de l'intelligence ne manque à aucune de ces nobles races ; c'est au prêtre et au
maître d'école de la diriger.

En attendant, les savants sont à l'œuvre. C'est un des fruits les plus étranges du mouvement nouveau que cette ardeur générale à ne rien laisser se perdre de ce que le cerveau humain a créé. Au pied de l'Etna, dans les déserts de la Mongolie, en Islande, en Sibérie, les voyageurs, les femmes, les missionnaires sont en campagne. On s'étonne de retrouver la nymphe Calypso en Sibérie, Roméo et Juliette en Australie, l'Amour et Psyché en Islande, près du mont Hécla. Les chansons populaires et les légendes composent déjà un ensemble de plus de deux mille volumes. Ce sont les archives de la grande famille humaine qui se recomposent. Toutes ces pensées, c'est la même pensée ; tous ces sentiments sont le même sentiment. On ne comprend pas comment des êtres qui ne sont qu'un seul être peuvent passer leur temps à se détruire et à se haïr, et par quelle insanité ridicule, au lieu de faciliter les sympathies, on les obstrue, on les arrête. De l'étude comparative des chansons et des contes en circulation sur la face du globe, il résulte ce fait incontestable qu'une idée ne se perd jamais, pas plus que le rayon de lumière ou la chaleur. Comment les fables hottentotes nous rendent-elles dans son intégrité *le Renard et les Raisins?* Quel est le matelot provençal qui a, sous un bananier du rivage, conté aux Zoulous l'histoire du *Loup et de l'Agneau?* Où Rabelais a-t-il pris, dans quelle *osteria* des faubourgs de Rome a-t-il entendu conter *le Diable de Papefiguière,* qui fait partie des *Novelline de Santo Stéfano?* Quelle est la femme kalmoucke, en service à Saint-Pétersbourg, qui a redit aux mougicks qui l'entouraient les histoires de Siddi Khûr, comprenant les vieilles fables de Bellérophon et celle des *Quarante voleurs?* Personne ne peut le dire.

VII

LE ROMAN. — ALEXANDRE DUMAS. — QUE FAIRE !

J'ai montré l'évolution politique construisant de nouvelles formes, de nouvelles proportions dans les États et
la situation respective des peuples.

J'ai fait toucher du doigt l'évolution intellectuelle, le
mouvement parallèle qui a précipité les esprits vers la
liberté, même vers le caprice et la licence, et j'ai indi-
qué les phases du romantisme, dont j'ai déterminé la
naissance et le progrès.

J'ai démontré que, si la révolte contre les institutions
et les règles en politique et en littérature avait eu ses
conséquences fatales ou dangereuses, le mouvement
lui-même, mouvement double, avait élargi les voies,
étendu les routes, rapproché l'un de l'autre les éléments sociaux, donné aux membres de l'humanité une
valeur moins inégale ; et qu'après tout, cette évolution
d'une part était inévitable, d'une autre était bienfaisante.

J'ai enfin attiré l'attention sur l'influence que la science
exercera désormais, ramenant la littérature au vrai, for-

çant la rhétorique de s'annuler ou de s'éclipser, et favorisant l'étude des races, l'ethnographie et la géographie.

Ces diverses évolutions, si intéressantes à observer, se rattachent toutes et se rapportent à une seule évolution plus intérieure, plus profonde, celle des esprits, qui donne le mouvement et le changement des mœurs. Ici, les grands agents, les organes, les *facteurs*, pour me servir du mot déjà employé, ne sont plus ni les diplomates, ni les femmes, ni les savants, ni les voyageurs, ni les poëtes, mais bien les romanciers ; c'est d'eux que je vais m'occuper. Non-seulement ils expriment les mœurs, mais les aspirations. Balzac a fait plus de femmes jeunes à quarante ans, c'est-à-dire de personnages voulant agir et se passionner comme les héroïnes de Balzac, qu'il n'en a décrit et peint d'après nature.

Quand le romancier a travaillé la réalité qui, sous sa main et dans son atelier d'alchimiste, s'est embellie, consolidée, parée et pour ainsi dire cristallisée, quand le rêveur allemand, observé par Gœthe, est devenu Werther ; le jeune amant du temps de Louis XIII, Céladon ; le jeune étudiant de 1815 à Paris, Nucingen, ce modèle unique, exposé aux regards et mis dans la circulation, se multiplie. Il frappe et séduit la foule. C'est un miroir qui trouve partout des miroirs pour refléter la même image. On varie les formes, et il se compose une société de petits Céladons, ou de petits Spartacus, ou de petits Anacréons, selon le cas. Après le roman d'Anacharsis, on est Grec ; de petits Brutus se forment sur le roman de Phocion par Mably ; de petits Faublas naissent après le mauvais roman de Louvet. Il se trouve tout à coup que la société est modifiée dans son intimité, dans ses entrailles, non par le romancier, mais par le développe-

10

ment du germe que le romancier a couvé. Ici, les petits Anacharsis veulent créer des lois grecques. Là, les petits Faublas pullulent dans les salons. Plus loin, les Valentine et les Indiana de madame Sand se multiplient à l'infini, comme une couche de champignons se féconde elle-même dans l'ombre, sans qu'on y pense. Le germe y était. Les sporules, pour parler le langage des botanistes, devaient être fertiles. Peut-être, vers 1760, n'y avait-il en Europe qu'une seule femme, Mary Wolstonscraft, qui professât la doctrine de l'émancipation féminine. C'était la sporule première. Après *Delphine* et *Indiana*, deux romans, ce fut une moisson tout entière, un monde d'émancipées.

Telle est la marche singulière des choses, des faits et des esprits. Les faiseurs de romans, ceux qui n'écrivent que pour amuser, se demandent comment ils amuseront. Si l'époque est aventureuse et romanesque, sous Richelieu, s'ils veulent se faire lire par des élégants, des raffinés, ils écrivent *Clélie*. S'ils désirent être goûtés des frivoles, libertins et dépravés, ils écrivent *Faublas*. Ceux qui lisent *Faublas* s'y trouvent non-seulement réflétés, mais doublés, grossis, colorés, tout lumineux. L'*Astrée*, qui date à peu près de la Ligue, a fait plus de romanesques et de fantasques qu'elle n'en a copiés ; et si plusieurs femmes, vers 1800 ou 1810, ont imaginé que la première adolescence n'est pas bonne à l'amour et que les fleurs de la dernière automne ont plus de charme que les éclosions du jeune printemps, ce n'était qu'une rare exception sentimentale. Balzac, notre moderne Rabelais, a fait de l'exception la règle. Il s'est complu dans cette peinture idéale ; et partout on a vu pousser la femme de quarante-cinq, cinquante et même soixante ans, non plus matrone et ménagère, non plus spirituelle et respectable, ce qui est cependant un personnage charmant, mais redevenue Juliette ou Chloé, remontant lestement les pentes de la vie et au moment où les feuilles d'automne vont tomber, cueillant toutes les roses de la première saison.

Cela conduit nécessairement à des changements de mœurs considérables ; la cryptogamie des vices se continue et varie ainsi presque à l'infini. Comme le roman est éminemment sympathique, il n'agit que sur les sociétés très-avancées, où les rapports entre les hommes sont complexes et les caractères distincts, hostiles, nuancés, contradictoires. Le monde antique, très-unitaire, n'a pu créer que des ébauches de roman ; cependant la Grèce, dès qu'elle s'est libérée des entraves hiératiques, a deviné le roman sans l'accomplir. On peut lire dans un récent ouvrage de M. Havet un admirable tableau et une analyse des mieux senties et des plus profondes de ce dégagement de la Grèce rejetant ses bandelettes sacrées, libérant ses statues, leur donnant la variété et la vie, brisant la formule sans insulter à la beauté, et diversifiant tout sans créer des monstres, — ce qui est la loi de l'art. On écrit donc plus de romans, on en lit davantage, on en oublie davantage à mesure que le monde avance. Il y en a aussi un plus grand nombre d'excusables. La production en ce genre, à travers l'Europe et l'Amérique, est quelque chose de prodigieux, et l'effet produit par certains romanciers l'a été davantage encore. L'*Astrée*, à elle seule, a fait entrer plusieurs vocables dans l'idiome, par exemple « être un Céladon ; » la couleur « bleu céladon » est devenue à la mode, comme il y a eu, entre 1835 et 1840, une époque pour les *femmes vertes*, ou les femmes olivâtres, Georges Sand ayant trouvé à son goût de placer sur le premier plan

d'un de ses romans une créole d'une nuance analogue.
On commençait à s'ennuyer des teints de rose, de la pâle
Cymodocée et de la blanche Mathilde de madame Cottin.
Il fallait un nouvel idéal: l'homme a toujours besoin de
se libérer du positif absolu et du grossier réel. Si l'on
jette les yeux sur les mauvaises gravures qui accompa-
gnent les romans immondes de Rétif de la Bretonne, on
verra que les hommes et les femmes n'y existent plus
sous des conditions naturelles; les corsages des femmes
sont impossibles, leurs yeux immenses, leurs lèvres et
leur bouche ne sont qu'un point; elles sont juchées sur
des mules de trois pieds de haut; les proportions sont
transformées au profit des penchants sensuels; toutes les
femmes sont des Aspasies, tous les hommes sont des
Antinoüs et des Alcibiades devenus marquis. Ce qui annonçait la révolution de 1789 et l'annonçait mal.

Le roman peut donc être vu sous deux aspects, comme
un symptôme trahissant l'existence de certains germes,
et comme une fécondation de ces mêmes germes. L'Amérique du Nord vient de produire deux ou trois romans
contre le mariage; en effet, une fraction américaine a
pris violemment les armes contre cette institution. En
Russie, pays qui commence à se rapprocher des États-
Unis par la politique et les mœurs, un nouveau roman
par Tchenischefski, — *Que faire?* — indique un état social analogue et dangereux. C'est le fruit d'une doctrine
devenue presque une philosophie en Russie, et qui s'in-
titule le Nihilisme. *Que faire?* demande l'auteur. C'est le
titre. Le mariage est mauvais, dit-il; la société ne vaut
rien; le plaisir seul vaut quelque chose. Il y a eu vers
la fin de toutes les civilisations de pareilles éruptions
d'ennui et de dégoût. C'est le fond des magnifiques poésies italiennes de Leopardi, qu'un homme de talent vient

de traduire en français. « Que faire ? » peuvent, en effet, se demander beaucoup de Russes et beaucoup d'Américains. La lutte contre les puissances naturelles, ce grand combat que les citoyens des États-Unis soutiennent et continuent avec tant d'audace et de véhémence, ne satisfait point tous les désirs. Les races qui ne s'organisent pas pour le perfectionnement, s'adressent la même question; les unes trop livrées à la nécessité de fouiller le sol, de creuser des canaux, d'endiguer les torrents, de combattre les sauvages; les autres, parquées et numérotées dans un casier social, le *tchin* russe, qui étouffe la respiration et paralyse l'homme. L'Italie, si longtemps comprimée et opprimée, surtout par sa mauvaise éducation, a créé ou plutôt pleuré les vers de Léopardi, qui ne disent pas autre chose.

Que faire? Malheur aux peuples qui parlent ainsi! Cette belle Italie, dont Giordano Bruno disait : « Favorite du ciel, tête et bras du monde, gouvernante et dominatrice des générations; maîtresse, nourrice, mère de toutes les vertus, disciplines et humanités, » elle demande : *que faire?* Reconstituer vos mœurs; travailler comme faisaient vos pères. Les Asiatiques sont bien plus conséquents, lorsque, ne sachant de quelle manière user leur vie, ils se mettent à fumer de l'opium, ou à s'enivrer de haschich, donnant ainsi à leur existence une ampleur de rêves qui les fait vivre double, et transformant la réalité en un somnambulisme sans limites. Lisez le roman d'un Hongrois, écrit en allemand, et qui a paru dans la ville de Pesth sous le titre de *Achmed le Mangeur de haschich*, œuvre barbare, bizarre, incomplète, mais qui indique fort bien la connexité intime et fatale entre l'ennui d'un peuple et sa mort. Toute cette portion inconnue du monde oriental y est éclairée. La Russie, qui est une

sorte d'Asie sous la glace, et la Hongrie qui touche à
l'Allemagne par Vienne, à l'Orient par le magyarisme,
au pôle Nord par les origines finnoises, et qui est elle-
même un problème si étrange du monde nouveau, nous
sont bien plus connues par les romans de Tourguenieff,
de Gogol et d'Eotvos, que par les œuvres des statisticiens
et des voyageurs. Il y a surtout quelque chose de très-
extraordinaire et de très-frappant dans le mélange d'indifférence orientale, de mysticisme allemand et de
cruauté voluptueuse répandu sur les tableaux étranges
des *Mangeurs de haschich*. C'est la barbarie passionnée
et nonchalante, et l'épouvantable férocité de l'ennui.

Une bonne partie de la littérature française des derniers temps était, sous ce point de vue, orientale. Des
hommes de grand talent, parmi lesquels je ne veux citer que les morts, Baudelaire, Méry, n'ont cessé de préparer pour nous du haschich intellectuel. Voyez-vous
dans ce café de Constantinople, sous les figuiers et les
palmiers, abrité par quelque étoffe rouge rayée qui ta-
mise les rayons du soleil reflétés au loin sur la grande
mer, sur l'azur des Dardanelles, ce personnage debout
monté sur une table branlante? A ses pieds sont les mol-
lahs, des esclaves, des marchands, qui fument le nar-
ghilé. Ils s'étalent commodément. Ils écoutent ou plutôt
ils se laissent faire. Tout est passif chez eux ; l'histoire
des *Mille et une Nuits* descend sur eux comme une rosée
dont les aromes pénètrent la corolle de la fleur. Le conteur est un magicien. C'est une puissance magnétique
qu'il exerce. Il est l'Alexandre Dumas et le Mesmer. Il
raconte les *Quarante Voleurs*, *Aladin et sa lampe*, *Athos*,
Porthos et Aramis ; ou s'il s'appelle Eugène Sue, le
« Chourineur, » assassin qui avec son couteau sanglant,
vous intéresse, ou Marie la *Goualeuse*, pure dans l'impu-

reté. Il peut descendre plus bas, dire les méfaits et les hauts faits de Cartouche et amuser encore. Il n'a pas besoin de morale. Il n'a que faire de la raison. L'idéal le gênerait. Le bon sens dans l'enchaînement des aventures et la coordination des fictions suspendrait son élan ; car il va, comme l'exprime si bien l'affreux argot moderne, de cascade en cascade et d'insanité en insanité. C'est ce genre de romans que Cervantes a attaqué, frappé, parodié, ridiculisé et tué dans son sublime *Don Quichotte*. En effet, on reconnaît là le narcotique oriental sous lequel, comme dans une fumée intellectuelle, les peuples s'endorment et meurent. Il y a des stimulants qui assoupissent et des assoupissements qui énervent. La population semi-arabe de l'Espagne s'était enivrée de ces beaux romans pour se refaire et se consoler de la stricte obédience sacerdotale qu'on lui imposait. Le nouveau monde était conquis ; *que faire?* Charles-Quint et Philippe II lui répondirent : *rester guerriers* et *guerriers catholiques*. Les romanciers depuis le quinzième siècle lui disaient : « Voici des contes, voici des aventures, des héroïnes, de grands coups d'épée. » On en prit si aisément le goût, que madame de Sévigné, la subtile et l'aimable, la raisonnable et la janséniste, les aimait encore. Il est si doux de s'amuser et de croire que l'on agit ! L'évêque Huet disait que « le paradis était assurément la lecture d'un roman dans une chaise longue. » Lequel d'entre nous à échappé à ce prestige? *Quand Peau d'Ane m'était conté, j'y prenais un plaisir extrême.* J'allais me cacher dans le grenier pour dévorer les pages sombres, pleines d'énigmes innocentes, des *Mystères d'Udolphe*. Beaucoup plus tard, *les Mystères de Paris*, moins ingénus, d'Eugène Sue, ne m'ont pas laissé indifférent, bien que je visse clairement que le *journal des Débats*, qui les livrait au pu-

blic et gagnait de l'argent à cela, détruisait ainsi le rem-
part et le sanctuaire social et ruinait la monarchie qu'il
prétendait défendre. Il y avait là un fonds de haine qui
manquait aux créations incessantes du grand conteur
oriental Alexandre Dumas. Au seizième siècle, avec les
romans chevaleresques anéantis par Don Quichotte, apparaît le danger d'un moins faux idéal qui n'a pas résisté
à la lance du chevalier de la Triste Figure et aux gais
proverbes de son écuyer, et qui s'est évanoui. Comme la
vie politique faisait défaut, le néant est arrivé.

Fils du dix-neuvième siècle, méridional jusqu'à la
moelle, enfant naïf, géant sensuel, presque Africain, Dumas vivait sans idéal et n'en mettait aucun dans ses livres. Ou plutôt il y en avait un, un seul, le mouvement.
C'est bien assez; car le mouvement est identique à la
chaleur, et celle-ci est la vie physique.

Ce talent extraordinaire, génie nègre, puissant, abondant, tout physique, ardent, mobile, n'avait pas besoin
de créer une œuvre. Il échauffait tout ce qu'il rencontrait. Un protestant réfugié à Rotterdam avait imprimé
vers 1700, dans cette ville, trois mauvais petits volumes
glacés, d'une invention assez heureuse, diffus et vulgaires de style. Dumas en a fait la divertissante histoire
des *Trois Mousquetaires*. Vous lui apportiez un récit
quelconque, un sujet bien ou mal traité; l'étonnant artiste jetait la pâte dans son four, d'où en peu de minutes
elle ressortait cuite et très-savoureuse. Si vous ajoutez
à cette naturelle ardeur cérébrale l'habileté pour ainsi
dire manuelle la plus merveilleuse, les finesses du métier,
les subtilités vite apprises, point de scrupules dans les
emprunts, une rapidité surprenante de conception et
d'adaptation, vous arriverez à comprendre la formation
génétique de ce prodige; vous comprenez ce prodigue

qui prenait à pleines mains, partout, versait à pleines mains, et à pleines corbeilles, sans y regarder ; arrangeant ses écrits comme sa vie ; faisant de bons vers ; n'ayant jamais de plagiats sur sa conscience ni de dettes financières sur son calepin ; car tout ce qu'il prenait aux autres, il le restituait à quelqu'un sous forme éclatante ; et tout le passif de son budget devenait son actif. Le passif d'ailleurs lui était aussi inconnu que l'actif, je crois qu'il a signé un millier d'ouvrages, drames et romans. On lui a reproché d'en avoir volé la moitié. Cela n'est pas vrai. Le four lui appartenait. De quelque côté que pût venir la pâte, tant qu'il ne l'avait pas pétrie, vernie, surveillée, elle n'avait aucune valeur. Il corrigeait le moule, refondait les éléments et soignait la cuisson. Une comédie, *les Demoiselles de Saint-Cyr*, qui a dépassé sa centième représentation, n'était en tombant entre ses mains qu'un petit vaudeville assez informe, que son auteur vendit cinquante francs, prix débattu. Il était spirituel, poëte, manufacturier, ingénieur, tout à la fois. Qui l'a vu vivant, et il y peu de temps que nous l'avons perdu, s'explique la création et le développement d'un phénomène si étrange. La taille était haute, la stature vigoureuse, l'œil à fleur de tête et jovial, la bouche railleuse et forte, la lèvre épaisse et le front plutôt arrondi comme chez les femmes que très-élevé comme chez Platon et Leibnitz ; la chevelure crépue et robuste. Non-seulement l'Asiatique, mais l'Africain éclatait en lui. Un seul nom peut être rapproché de son nom, celui de Lope de Véga l'Espagnol. On ne lit plus rien de ce grand Lope. Mais il y a encore une forte gloire, une flamme et une magie sur sa tombe. Les bibliothèques renferment des milliers d'œuvres qui portent son nom, je ne veux pas dire *son cachet*. Ces fé-

condités infinies et immenses ne peuvent être originales
que par leur fécondité même.

Mostruo di natura. Génie énorme, disaient les contemporains de Lope. On peut en dire autant de Dumas. Lope
méprisait sincèrement Cervantès, et disait de *Don Quichotte* que ce n'était bon qu'à couvrir le poivre et la
cannelle. Lope, bon catholique, bon Castillan, membre
du saint-office, se vantait de n'avoir jamais blessé la
morale ou l'État.

Dumas se vantait aussi d'avoir respecté la morale. Ses
sept ou huit cents tomes ne contiennent pas la valeur de
deux volumes nuisibles, indécents ou immoraux. D'a-
bord, a-t-il écrit huit cents volumes? Oui, et plus que
cela. Des hommes robustes font quinze lieues par jour,
s'y habituent et accomplissent ainsi aisément le tour du
monde terrestre. Dumas était, physiquement et intellec-
tuellement, le robuste par excellence; et cette transformation de l'écrivain en artisan, du poëte en manœuvre,
par sa volonté propre et celle du public, est un des signes les plus notables de la psychologie sociale actuelle
en France. Cela faisait frissonner le subtil Sainte-Beuve,
le sophiste délicat, de voir la littérature ainsi faite,
comme de la charpente ou du défrichement. J'admets
donc mille volumes, volontiers, facilement. Car le phé-
noménal artisan se mettait à l'œuvre courageusement,
manches retroussées, plume en main, dès l'aurore,
riant, chantant, disant de grosses paroles et de bons
mots, recevant ses amis, fécond en lazzi, prêtant de
l'argent, même celui de ses amis, souvent le sien; ou-
vrant son four, y jetant sa pâte et celle des autres, quelquefois celle de Schiller ou de Gœthe, ou celle de Rétif de
la Bretonne, indifféremment, mais sûr du succès; car
amais les chalands ne manquaient. Tout était à point,

et ses gâteaux jetés dans son moule, nous les avons tous
trouvés délicieux. Voilà une étrange littérature, certes.
Cela fait descendre et diminue un peuple. Sans doute.
Une nourriture pareille ne fortifie point ; les intelligences les plus vigoureuses y succomberaient. Sans doute
encore. Ainsi accoutumé et acagnardi, on ne pense plus ;
on ne se rend plus compte ; on n'analyse plus. J'en con-
viens. Mais à qui la faute ? C'est la vôtre. C'est la mienne,
c'est celle du peuple même. Devenu paresseux à penser,
bercé dans cette habitude d'esprit, il s'y accroupit.
Quand vient ensuite l'heure fatale, l'heure des révolutions, où sont les hommes ? Il n'y en a plus. On les cherche. Les lecteurs d'Aramis et de Porthos deviennent de
faux Aramis, de faux Porthos. Les innombrables lecteurs
de *Monte-Christo* croient aux chimères, cherchent un
peu d'or dans les ruines et s'évanouissent au milieu des
cendres du pays saccagé et des palais détruits.

Il ne faut point blâmer Dumas, Eugène Sue, Frédéric
Soulié, ni leurs successeurs plus grossiers. Nous les
avons faits ce qu'ils ont dû être ; ils nous ont rendu la
pareille et préparé la génération indifférente au bien et
au mal, qui, acceptant l'Empire, n'a pas su le détourner
du Mexique, de la dernière guerre et des derniers désastres, et qui peut-être — Dieu puisse nous préserver
de cela ! — indifférente encore au sort du pays, endormie
toujours, aventureuse toujours, et ne songeant qu'à
l'intérêt égoïste et aux manœuvres de ses partis, va se
perdre dans le plus profond abîme, en roulant du roc
napoléonien aux gouffres rouges, pour tomber dans le
puits marécageux des abîmes blancs et là, expirer, risée
de l'Europe ! Dieu nous en préserve ! Voici un fait. Les
peuples qui ont demandé à leurs conteurs des contes
d'aventures et de débauches, sans moralité, ou obscènes,

d'amusette pure et de récréation niaise et vague, n'ont
pas pu vivre longtemps ; ni les bouddhistes qui nagent
dans le roman le plus étrange, ni l'Italie de Boccace, de
l'Arétin et des Novellieri, ni l'Espagne des romans chevaleresques. Ces derniers, Cervantes n'a pu en détruire
que la végétation, non le sol. Quand toute une population fait sa Bible d'Alexandre Dumas, elle est perdue. La
parole de vie devient une parole de sommeil et bientôt
une parole de mort, surtout chez les races dont l'éducation est mauvaise ou nulle. Plus d'un Français n'a,
dans ces derniers temps, appris l'histoire de France que
dans les faciles et chimériques récits d'Alexandre Dumas.

De là, une grande et générale colère contre les moralistes, ceux qui ne flattent pas l'humanité. De là aussi
un dégoût de la vie sérieuse. Ne nous dérangez pas!
Laissez parler les conteurs. Ils nous endorment. Ils nous
amusent. Nous n'avons pas besoin de sermons!—Mais
que devient la pratique? Et si le sérieux manque, pourquoi vous occuper de politique? Si vous ne voulez pas
autre chose que des jouets, soyez enfants. Alors entrent
en scène les utopistes et les rêveurs. La vie ne s'étant
présentée à personne sous son aspect vrai, sincère, positif, enfin sérieux, les gens les plus honnêtes la traitent
comme un roman d'aventure. Écoutez là-dessus, non
pas seulement les Germains, nos ennemis, mais les
voyageurs de toute race, Suédois, Anglais, Italiens. L'un
d'eux, Italien et qui nous aime, s'exprime ainsi dans le
Diritto, le *Droit*, un nouveau journal excellent. « Ce
n'est pas le mensonge, c'est la fable qui a envahi le
monde français; on la retrouve dans les proclamations,
dans les bulletins, dans les mandements. » Un Anglais,
dont j'ai déjà signalé les notes de voyage, déplore, dans

les termes suivants, l'introduction de la fiction dans la politique. « Les martyrs même du libéralisme et les sacrifiés, ceux qu'il faut honorer, dont le mobile n'a été ni une ambition personnelle ni la cupidité basse, dépensent leur noble vie et leur force et celles de leur compatriotes pour des folies et des chimères. Ils n'ont ni le sens du vrai, ni le sens du possible. Amants de la liberté, ils jouent le jeu de la réaction, comme *les héros de roman* et les *Précieuses* faisaient la place belle au dur bon sens de Boileau et de Molière. On les prend pour des monstres et cela n'est pas vrai. Ce sont des romanesques. Entre eux et la réalité, aucun lien. Pionniers, mais qui font fausse route ; guides aventureux qui égarent leur monde, et le laissent dans le désert des âmes ; les ténèbres d'une ignorance populaire, et la fange d'un despotisme d'où l'on ne peut plus se dépêtrer. »

Qu'en dites-vous ? Qu'il faut reconstituer l'éducation et la société.

Les événements des cinquante dernières années ne sont pas favorables à la doctrine sérieuse. C'est une fantasmagorie que notre vie publique. *Que faire ?* C'est ce que notre romancier russe, on l'a vu, s'est demandé. Le gouvernement russe lui a répondu : « Vous irez en Sibérie. » Et il y est. Là-dessus un personnage russe fort connu qui se cache sous le pseudonyme de Schedo-Ferrati et qu'il faut consulter si l'on veut connaître le mouvement actuel de cette portion du monde civilisé, prend la parole et réclame : « La Sibérie pour punir l'œuvre de jeunesse d'un romancier lui semble *exagérée.* » Je suis de son avis ; mais les gouvernements, quand ils se défendent, n'y vont pas de main morte. Le désir de la conservation qui les possède est terrible, véhément dans ces corps constitués qui n'ont pas de responsabilité

11

personnelle, individuelle. Qui donc accuserez-vous des
iniquités de l'inquisition ? Est-ce Léon X, est-ce Urbain?
est-ce Grégoire qui ont brûlé vif Giordano Bruno, mis¹
Campanella aux fers, ordonné et perpétué la torture du
grand Galilée? Non. C'est une idée qui se venge, représentée par une institution. Le czar envoyant le romancier en Sibérie n'est plus le czar. Il sort chaque jour de
la profondeur des vieilles archives des documents qui
nous instruisent sur le sort de l'humanité antérieure.
Ainsi le professeur Gherardi, ancien ministre de l'instruction publique à Rome, vient de donner les pièces
originales des décrets relatifs à Galilée et à son procès.
Ce n'est pas un bon livre, l'écrivain dans ses commentaires se laissant entraîner à une fougue voltairienne
qui gâte le reste, et à d'inutiles injures. Cependant on
ne peut méconnaître la situation de Galilée, chef et
garde spirituel des libres penseurs, centre lumineux de
la science positive, terreur et danger pour les hommes
du pouvoir. On voit ces derniers, dix années avant sa
condamnation, le surveiller, l'épier, le circonvenir ; en
définitive, il sait bien à quoi il s'expose. Mais il reste ;
on le frappe. La politique est inexorable. Dans ces documents nouveaux, incontestables, la barbarie des conservateurs de la vie sociale catholique de cette époque apparaît plus farouche qu'on ne l'a jamais dit. Il cède.
Il plie. Mais on est sans charité pour cet ennemi
qu'on redoute. *On le chargera de fer,* tout malade qu'il
soit. Si ces gens, défendant leur doctrine, avaient eu
une Sibérie à leurs ordres, ils l'y auraient certainement
envoyé. Il y a dix ans que j'ai signalé, dans mes
travaux sur Galilée, cette situation qui n'excuse pas
Rome, qui grandit Galilée et qui est la vraie. Tous les
ultras m'ont sifflé de concert, rouges et blancs ; ils n'ai-

ment point la vérité qui n'a pas de cocarde et qui se rit des ultras.

Le pauvre Dumas n'a été, pas plus que le grand Lope, inquiété par aucun gouvernement. Il n'inquiétait personne. Il a pu, très-paisible, continuer sa route et sa vie étrange. Briarée de la plume, cyclope infatigable, écrivant et publiant cinq feuilletons à la fois, forgeant un volume en trois jours ; ayant à sa solde soixante dix-huit collaborateurs, lançant dans le monde littéraire quatre-vingts tomes dans une année, faisant représenter quatre-vingt-dix comédies ou drames, souvent avec un succès foudroyant et incontesté. Après avoir remué autant d'argent que Voltaire, Beaumarchais, Molière et Shakespeare à la fois, il vient de mourir sur le bord de la mer, pauvre, presque submergé par ses dettes et par le bruit de nos tristes naufrages et leur écume. Le mot de Gœthe et celui de M. Guizot se réalisaient : « Fécondité d'avortements ! » disait l'un. « Toute force qui s'exagère, disait l'autre, finit par la banqueroute. »

VIII

NOUVELLE ÉVOLUTION DU ROMAN

Pourquoi la littérature de Dumas, frivole et sans but, a-t-elle pris tant de place? La fatigue des révolutions, l'ennui des doctrines absolues, l'expérience de leur stérilité, les désastres succédant aux désastres, l'armée des lecteurs considérablement accrue, beaucoup d'illettrés bégayant leur alphabet dans les feuilletons, beaucoup de cerveaux incultes subissant ce premier labeur, expliquent le règne oriental de cette folle littérature des aventures racontées. Si la masse des nouveaux lecteurs avait été mieux élevée, ou par l'idée religieuse ou par l'amour de la liberté et du pays, elle aurait influé sur Dumas. Elle l'aurait porté jusqu'à un certain niveau personnel de vie intellectuelle et de sérieuse pensée; la loi morale aurait bientôt imposé à Dumas et à ses émules d'autres conditions que celle de divertir. Mais on s'ennuyait; les classes supérieures ayant perdu en route leurs illusions, et les classes inférieures ne se souciant pas d'ajouter aux labeurs du corps le labeur de l'esprit. On avait proposé à la France tant de buts éclatants

pour les manquer tous, qu'elle aimait mieux y renoncer.
Ce n'était plus du scepticisme, mais du dégoût.

Il y avait d'autres éléments qui accompagnaient le
dégoût public; il y avait la misanthropie, l'aspiration
au mieux, la haine, l'envie, même la fureur contre une
société mal construite. Tout cela n'était pas mauvais ou
condamnable en soi. La société était en effet malade.
Chez nous, depuis un siècle, elle s'égorge régulièrement
tous les quinze ans. Ce suicide normal, habituel, est ac-
compagné de cris de rage contre elle-même. Elle donne
au monde toutes les raisons qui la condamnent comme
société et qui justifient l'accomplissement de ce cruel
acte. Après Louis XVI, la société monarchique est au pilori. Après Robespierre, la société jacobine est maudite;
après Barras, la société du Directoire. Après Napoléon,
la société du premier Empire est damnée, et ainsi de
suite. Il n'y a pas de mépris et de cruautés que la France
n'ait accumulées contre elle-même; seulement, dès qu'un
suicide est accompli, le corps reste et il repousse au-
dessus une nouvelle tête. Elle s'appelle gouvernement et
elle dit très-haut : « *Je suis la tête; maintenant tout est
bien; nous ouvrons l'Eden; nous amenons le paradis;
nous commençons l'âge d'or.* » Il n'en est rien ; et ce qui
vient d'être béni, on le maudit; ce qui a été maudit,
on le bénit de nouveau. Ce grand spectacle des décapi-
tations recommence. De chute en chute, on arrive
à ne plus savoir que l'on tombe, ni où l'on tombe.

Imaginez, au milieu de ces chutes successives, un
homme d'esprit mécontent, fils d'un médecin, ayant un
peu vu les salons, les boudoirs, la mer, les navires et
les côtes de l'Océan, doué d'une sagacité vive, d'une extrême facilité d'esprit, désirant la gloire et sans fortune
assurée. C'est Eugène Sue. Dumas n'avait aucune pré-

11.

tention ; gagner beaucoup d'argent, en semer partout et
faire beaucoup de bruit, voilà sa vie. Balzac le panthéiste
et le naturaliste, homme de génie d'ailleurs, ne regret-
tait rien ; il trônait dans son sanctuaire, tenait le sceptre
idéal du monde magique qu'il créait. Il était fils d'un
médecin aussi ; mais très-noble et remontait à Charlemagne par les d'Entraigues, dont sa généalogie vision-
naire reconstruisait les fantastiques alliances. Mais Sue
portait un nom risible, et il en souffrait. La gloire littéraire appartenait à d'autres et il la voulait pour lui. Le
cercle de familles nobles où je l'ai vu se démener lui
prodiguait ces égards dédaigneux et hautains dont l'ancien monde a le secret. Sa tenue élégante et son vête-
ment recherché, qui dépassait les limites de la mode la
plus exagérée, attiraient l'attention sur lui ; ses man-
chettes tenaient du gigantesque et quelques habitudes
de vie privée, d'un raffinement d'Alcibiade volontaire,
prêtaient à l'épigramme. Il ne dinait que ganté très-haut
et ne voulait manger que le poisson accommodé dans du
lait. Le monde railleur d'autrefois, avec lequel il vivait,
est une portière accomplie en fait de malice ; il excelle
dans la petite satire et la moquerie fine dont la morsure,
comme celle des plantes urticaires, pique et cuit plus
qu'elle ne blesse. Eugène — c'était son nom — assez bien
de sa personne, ne manquant ni de grâce, ni d'esprit,
mais n'étant pas né, ainsi qu'on le dit dans ce monde,
passa pour un parvenu prétentieux. Les duchesses hono-
rées de ses hommages, ne le ménagèrent pas. — « Je
vous rendrai visite, madame, » disait-il à l'une de ces
douces et terribles d'un ton assez dégagé. — « Comme
faisait M. votre père, » répondit-elle en souriant. — Le
père était médecin, ce qui est très-honorable, et on lui
payait ses *visites*.

Si Eugène Sue avait écrit ses Mémoires, ce dont la facilité et le temps lui furent donnés durant son long exil de Paris, à Aix et à Annecy, nous pourrions suivre la filière exacte et profonde de cette haine amère, de cette sourde rage qui, dans *Atar-Gull*, la *Coucaratcha*, les *Mystères de Paris* et dans le *Juif-Errant* surtout, circulent comme une séve froide, venimeuse, terrible. La masse des populations en a été pénétrée. Point de style. Beaucoup de haine. Tous les personnages artificiels, excessifs, exagérés, chauffés à blanc et comme sous la lumière électrique. Une invention calculée et allant à son but. En quittant la lecture de ces œuvres, on se sent, non meilleur, plus calme ou plus disposé à servir ses semblables, mais pire; on a bu la liqueur fermentée et empoisonnée. On hait et l'on doute. Sue est à la morale universelle ce que l'affreux de Sade est à l'amour. Non, je le répéte, que ce fût un mauvais homme et un criminel. Les éléments infernaux ou démoniaques ne manquaient pas autour de lui; la haine abondait. Il recueillait les miasmes délétères que cent ans de ruines et de reconstructions sur les ruines avaient fait sortir de ce chaos historique, où les bleus tuant les blancs en Vendée, les blancs tuant les bleus en Provence, Fieschi massacrant les passants sur les boulevards de Paris, les tribunaux incessamment occupés à protéger la vie de chaque gouvernement successif, laissaient après chaque période de quinze ou dix années vingt fois plus de haines en fermentation, vingt fois plus de terrible pourriture dans les bases sociales, d'incertitude dans les principes et de trouble dans les esprits. J'en sais quelque chose, moi qui fus, à quatorze ou quinze ans, mis dans un cachot, ne sachant rien de la politique, parce que, disait le juge, *j'appartenais à une race de vipères*. J'en sais quelque chose, aussi, vivant au milieu de l'élément bourgeois où je suis né et auquel j'étais et suis fidèle, mais ayant dans la jeunesse épousé une fille, noble et pauvre, ce que la bourgeoisie haineuse des *Débats* ne me pardonna point. Je me rappelle que le très-spirituel comte de Saint-Priest, me prenant un soir à part dans une maison où nous dinions ensemble et me conduisant dans un petit salon où nous nous assimes seuls, me dit : « On vous porte candidat de l'Académie française. Renoncez-y à jamais, entendez-vous. Que vous le méritiez ou non, ce n'est pas la question. C'est une question de nom propre, voilà tout. » Il y avait là de quoi faire de moi un haïsseur de cette société de haine. Je me suis contenté de pleurer mon pays.

Oh! les haines! Je l'ai dit, — quiconque pourra seulement en amoindrir ou calmer la plus légère et la plus faible, sera bienfaiteur. Eugène Sue, en les servant toutes, n'était qu'un habile préparateur de pharmacie, dont le creuset et les cornues, dont les alambics et les méthodes, sans créer l'acide prussique et la strychnine, les recueillent. Le préparateur de ces essences, qui devaient semer la contagion et la mort, ne se croyait pas coupable. Il ne l'était pas. Il pensait bien faire, s'estimait pour un excellent médecin. La pharmacie emploie, pour nous guérir, la digitaline et l'arsenic. Non-seulement tous les haineux, tous les envieux, mais tous les misérables le lisaient avidement et le lisent encore. A chaque éruption nouvelle de notre maladie sociale, à chaque nouvel effondrement de république ou de trône, c'est-à-dire de douze années en douze années à peu près, la France avait vu son armée de misérables doubler et tripler, et le trésor des vengeances s'accroitre. Alors une nouvelle couche, une nouvelle zone de déshérités et de

foudroyés, gisant sous les cendres et sous la lave, attendait qu'on les vengeât. Que de malheureux! Que de
larmes! L'émigré de 1792, errant en Europe, mendiant
un peu de pain; le conventionnel, à Sinnamary, mourant sous le ciel des tropiques : les débris de nos armées
et de nos gloires, le soldat échappé à la glace et à la
flamme de Moscou, un héros insulté dans nos rues,
après 1815; et tous les autres; car c'est un monde. Et
la France, — consultez-vous! — n'a que des mécontents.
Familles détruites, fortunes brisées, gloires renversées;
la guerre et ses millions de cadavres; la misère à nos
portes; et chaque malheureux rejetant sur les parties
adverses, sur ses compagnons de douleur, la faute et le
désastre. Tous étaient persécutés ou l'avaient été. Sue
répétait le cri amer de ces âmes ulcérées; l'écho de leur
colère se répandait et en doublait l'intensité. Populaire
par sa sympathie avec la rancune populaire, il se prenait pour un moraliste. En effet, il essayait de sanctifier
(comme parle Racine :)

« Le soupir de l'humble qu'on outrage. »

ou selon la belle expression de l'autre génie, Shakespeare, de punir

« The proud man's coutumely, »

les dédains du puissant. Tout le monde ayant été puissant
à son tour dans cette mêlée universelle, tout le monde
avait été inique, ou du moins pris part à l'iniquité de sa
faction. En lisant Sue, la blessure de chacun s'enveni-
mait en s'enflammant. Au lieu d'aimer davantage le
pays, et l'homme et la vie, on maudissait et le pays qui

ne savait point protéger son citoyen, et la nature humaine inhabile à se préserver de la vie elle-même, dé-
pouillée de ce qui la rend tolérable, bonne, aimable.
Voilà le crime. Assoupir ou éteindre la charité, cultiver
la haine ! Ah! on ne saurait trop le répéter, quiconque
pourra tarir un peu de la colère de son âme, fera du bien
au pays.

La vue de la nature humaine, surtout de la vie française, est fausse chez ce romancier. Il donne le cri du
malade pour la voix de l'homme en santé, et pour la
charpente ostéologique la difformité ou la déviation
causée par des chutes. Cette société dont il médit, qu'il
maudit et qu'il encourage à se maudire, les étrangers la
jugent mieux. Ils y voient, à travers une organisation et
une éducation détestables, tous les éléments constitutifs
de la force, de la grandeur, de l'héroïsme. Je lis dans
le journal allemand le plus ridiculement acharné à nous
calomnier et à nous détruire, ces paroles d'un correspondant naïf : « Je m'étonne de voir tant de familles
tranquilles, à Paris même, avec des mœurs excellentes,
beaucoup d'instruction ; la mère livrée aux labeurs domestiques; les enfants studieux et libres... » et plus loin:
— « On croit en Allemagne que les œuvres littéraires de
la France sont toutes pernicieuses ou insensées. Je suis
tout surpris de lire un nouveau roman de M. Sandeau,
qui est un modèle de pureté, de sensibilité et de grâce. »
Ah! vous vous étonnez, bon Allemand! C'est que peu
philosophe, mauvais mathématicien, vous oubliez que
la position des chiffres en change la valeur; que les éléments d'une expérience chimique, selon les points de
contact, l'intensité de chaleur, les manipulations qui les
travaillent, les mélanges et les évaporations qui les transforment, peuvent donner la vie ou la mort. La politique,

avec ses formules et ses cadres, n'est que le récipient.
Les éléments sont dans les mœurs mêmes, c'est-à-dire
dans ce fond des âmes et des esprits auquel le romancier s'intéresse. Éléments admirables en France ; placés
dans des vases brisés, chauffés par la haine ; formant,
avec les qualités les plus sociales, les plus aimables, les
plus braves, l'essence la plus concentrée de manœuvres,
d'intrigues, de rancunes, surtout de haines. Oui, je le
répète et ma vieillesse a le droit de le dire : « les nobles
millions que vous donnerez au pays, ou que vos femmes
vous feront donner (j'aimerais mieux que ce fût vous-
mêmes et seuls) ne seront rien auprès d'une seule haine,
d'une seule passion de vengeance que chacun de nous
étoufferait dans son sein ! »

BALZAC LE PANTHÉISTE. — CHARLES DICKENS

Voyez-vous s'avancer au milieu du foyer de l'Opéra,
pendant l'entr'acte d'une représentation du *Comte Ory*,
à sa première apparition, ce gros homme un peu lourd,
aux sourcils épais, aux yeux à fleur de tête et cependant
encaissés dans d'énormes cadres, une canne de suisse à
la main ? Il fait deux ou trois tours de salle, se laisse
admirer, car on se retourne et l'on dit : « c'est Balzac. »
C'est *le voyant* du siècle, et l'homme qui laissera l'empreinte la plus vive, souvent la plus fausse, des misères,
des aspirations et des luttes intérieures de notre temps.
Il n'a point de vices. Ni le jeu, ni le vin, ni la débauche.
Il n'a point d'ambition, vulgaire du moins. Il n'a point
de parti. Il méprise la politique et se croit bien au-dessus
de tous les ministres passés ou présents. Il est roturier
et la bourgeoisie lui est en horreur. Il a fait des livres
obscènes et il méprise l'obscénité. Il voit les duchesses
qui le prisent fort à cause de la subtile délicatesse de
son esprit, et cette subtilité de Marivaux qui se joint à
une brutalité ardente de Rabelais, en fait le plus extra-

ordinaire des paradoxes. Il n'est pas prime-sautier, car il a imprimé vingt-deux volumes pour épeler l'alphabet de son métier; mais en fouillant son terrain, en creusant le sol, il a trouvé le génie, ce qu'il cherchait, un génie caché, enveloppé, profond, puissant, qu'il a tiré péniblement et lentement de sa caverne magique par des évocations successives. Il est *le voyant*, je le répète, non l'observateur. Il va vous proposer, s'il vous rencontre, une affaire de trente millions fondée sur du pain d'épice qu'il vendra deux centimes moins cher, achetant tout le miel et toutes les abeilles de l'Europe et de l'Afrique. Elevé très-doucement dans sa fertile Touraine, la pensée de Balzac a grandi et s'est jouée d'abord dans la curieuse et charmante petite ville de Vendôme, unique, contournée, accidentée, avec ses ponts bizarres, ses ruelles à la Bonington, et ses faux jours à la Rembrandt. Il a lu dans le collège non moins curieux de cette ville amusante et riante l'*Arma virumque cano* et les *Géorgiques*. Puis il est venu à Paris s'enfiévrer, a fait des spéculations d'halluciné, s'est ruiné par là, a composé des romans d'homme médiocre, puis il a pensé, souffert comme nous tous; le double mouvement du romantisme littéraire et des questions sociales ardentes s'empare de lui, comme de nous tous. Il était né avec une singulière faculté d'isolement; il n'a été ni chef romantique, ni chef socialiste. Il est resté Balzac.

Je reparlerai de lui tout à l'heure. Revenons à ces deux évolutions, le romantisme et la fiction socialiste des autres que j'ai analysés.

L'évolution qui se qualifiait de *romantique* tendait à la libération de l'esprit par le caprice. Celle qui, avec Eugène Sue, se disait sérieuse, vouée aux questions sociales, n'était que vengeance pétrie de fureur, — toute

12

haine, toute rancune, toute destruction, se servant de
la haine encouragée et du caprice flatté pour accomplir
sa tâche. Une haine exécrable, assurément, — non que
le caprice et la liberté soient mauvais, non que la fantaisie et l'indépendance soient haïssables ; mais l'emploi
des forces humaines pour la ruine du sens moral et la
ruine des peuples est odieux. De là aussi ruine intellectuelle. Quelle littérature cela crée ! Il faut du courage
pour s'aventurer dans ces régions basses de ténèbres et
d'infamie où Balzac n'est pas descendu, où règnent ensemble dans leur fange Marat, de Sade, l'Arétin. Par un
mouvement parallèle et de la vie politique et de la vie
de l'esprit, la réaction se fait ; la littérature du bon sens
despotique contre celle de la frénésie en liberté. Les de
Maistre naissent en face des Marat, les Bailly et les Du-
cray-Dumesnil en face des Arétin et des Eugène Sue.
Voici les sages, les trop sages. Ils ont pour adversaires
les fous, ceux qui sont trop fous. Ce degré d'honnête
liberté, ce souffle frais qui parcourt comme la brise
printanière la verte forêt de Shakespeare, cette grâce
adorable qu'on respire dans Virgile, la puissante ironie
de Molière, cette saine et salubre fierté du bon sens qui
chez Boileau lui-même, malgré l'absence de qualités
plus jeunes et plus enivrantes, vous élève et vous soutient à un noble niveau de virilité intellectuelle, tout
cela étouffe et meurt entre le monde des effrénés et celui
des aliénés, entre la pourriture et l'idiotisme. Tout cela
s'évanouit et disparaît. Il y a des moralistes qui dégoûtent de la vertu, comme il y a des vicieux qui dégoûtent
du vice. Le bel élément de nourriture morale que les
fades contes de M. de Bouilly ou les artifices de combinaison que M. Scribe ou M. Legouvé mettent en jeu
comme un mécanicien ou un fabricant de dentelles ! La

bonne éducation morale que celle-là ! Le sens du vrai
s'amortit, la critique et l'appréciation saine des choses
humaines s'émoussent. Le devoir du citoyen sera-t-il
rempli ? Le matin, il apprendra dans les *Mystères de Paris*
que les repaires les plus hideux de voleurs recèlent des
prodiges de vertu et d'intelligence. A midi, il ouvre une
des pages de *Monte-Christo* et son imagination enfiévrée
aspire aux fabuleuses richesses du héros ; le soir, le développement des pensées de M. Scribe, bourgeois très-
attentif à son budget, sert de contre-poids moral à l'en-
doctrinement des romanciers. C'est ce que les Allemands
appellent un philistinisme complet. Un jeune militaire
aime une fille de banquier ; c'est l'affabulation. Il faut
faire comme tout le monde ; c'est la morale. Laissez
faire ; laissez passer, c'est le code. Tout est bien, tout
est mal, c'est l'esthétique. La trivialité de Paul de Kock
a quitté la blouse pour endosser le paletot bourgeois.
Qui s'étonnerait que le trône bourgeois de Louis-Philippe,
homme excellent, soit tombé ? Tous les trônes et toutes
les républiques s'enfouiront et périront sur de telles
bases, à la fois incendiaires et molles ; un marécage sur
un cratère. Il n'y a pas plus de sympathie humaine, pas
plus d'éléments de vie sociale, d'éléments de santé publique dans les comédies intitulées : *Une Chaîne* ou *la
Camaraderie* ou *Bertrand et Raton*, que dans la *Coucaratcha* ou *Atar-Gull*. L'amour du bien, l'aspiration au
mieux ne sont ni dans les œuvres du dramaturge moraliste bourgeois, ni dans celles de l'immoral révolutionnaire. Vous apprenez chez Scribe les finesses du Love-
lace moderne, les manœuvres de la coterie, les ruses de
la clique en mouvement pour porter à l'Académie un
membre de tel parti. Vous ne voyez pas qu'une race
s'éteint quand elle s'accoutume à ces ruses, et que vos

prédicateurs de l'apathie bourgeoise et de la finasserie
des marchands, s'ils ne sont pas les apôtres du bagne,
sont quelque chose de plus dangereux,—des moralistes
immoraux.

Chez Eugène Sue, tout prêtre est un monstre. Chez
Scribe, tout bourgeois est un modèle. Ils ont chacun leur
théorie qu'ils généralisent. Socrate affirme que l'orateur
ne doit jamais individualiser, mais toujours généraliser.
C'est la méthode de Sue et de Scribe, comme c'était celle
de toute l'antiquité. Elle procédait par la création de
types généraux, distincts, reconnaissables, ne croyant
pas à l'égalité entre les membres de la famille humaine.
Quiconque perdra les individus dans la masse sera un
antique. Pour satisfaire aux idées et aux besoins de la
vie moderne, il faut fixer son regard sur l'individu, ne
pas croire que tous les prêtres soient des Rodin, tous
les colonels angéliques, semblables aux vertueux colonels de Scribe, qui sont *dans le ciel, très-contents d'y être*,
dit cet homme d'esprit. Il faut échapper à cette tradition, à ce prolongement de la vie antique. C'était une
société à esclaves, possédant des castes. La nôtre n'a
plus même de rangs, à peine des degrés.

Balzac, supérieur à Dumas et Sue, Balzac, sentant cette
vérité, l'a exagérée. Néanmoins, comme toute son œuvre
a pour base l'étude de l'individu détaché de la masse,
comme celle-là est vraie et qu'elle est la première assise
de la vie moderne, le roman individualiste de Balzac
vivra davantage. Il eût été à désirer que Balzac naquît
dans une époque et une situation moins défavorable à
la méthode scientifique qu'il s'imposait dans l'étude de
l'homme. Il a faussé la science qui, avant tout impar-
tiale, assigne à chaque proportion sa valeur, à tout
chiffre sa réalité, à toute combinaison d'éléments l'exacte

quantité des relatives. Il n'est pas permis au géomètre
de supposer un angle plus aigu qu'il ne l'est, ni au préparateur de nos laboratoires de mal supputer la quantité
d'azote, de carbone ou d'oxygène dont sa magie fait
usage. S'ils se trompaient l'un et l'autre, l'un serait
bientôt averti de ses irrégularités par l'inflexible compas; l'autre sauterait en l'air avec ses alambics. Si Balzac
se contentait, comme un narrateur oriental, de prétendre nous divertir par une lanterne magique variée et
incessante, vous auriez tort de lui en demander davantage. Mais Balzac est savant. Il étudie. Balzac le savant,
la loupe en main, le scalpel frais émoulu, travaille sans
pitié sur le sujet qui est la société. Balzac est tout entier
à son œuvre, attentif jusqu'à l'hallucination, et il donnerait tout pour un brin de vérité trouvée. C'est de
science-sociale qu'il s'agit ; et Balzac correspond par là,
il touche par ce point à l'un des mouvements les plus
utiles, il entre dans un des courants les meilleurs de la
vie moderne. Il s'adresse au vrai et le cherche. Ce qu'il
y a de mieux, c'est qu'il le trouve. Ou pour mieux dire,
il le devine. Il lui serait fidèle et le respecterait, si sa
patiente investigation l'en avait rendu maître. Mais c'était
l'étrange cachet et la marque particulière de Balzac
d'évoquer par une sorcellerie intérieure des réalités
qu'il faussait. Une organisation aussi rare que dangereuse lui avait été donnée. La chambre obscure de son
cerveau s'illuminait ou plutôt s'embrasait, donnant à
l'image intérieure des proportions et des saillies, des
éclats et des ombres, que jamais la réalité n'a connus.
Plus bilieux et plus sanguin, plus nerveux aussi que
nul autre, comme son tempérament dépassait de tous
côtés la commune mesure, il résultait de ce triple excès
une intensité démesurée et nécessairement fausse de cou-

12.

leurs et de lignes, de contrastes violents et de passions profondes ou ardentes, sans rapport avec le monde actuel,
ses concessions, ses faiblesses, ses compromis et ses at-
ténuations, ses transactions, comme ses mensonges.
Balzac grossissait, approfondissait et noircissait ou illuminait tout. La vérité était faussée ; la science du réel
méconnue, outragée, avilie. Mais le magicien avait fait
son œuvre et réalisé le prestige.

Nul ne ressemblait plus à un magicien que Balzac.
C'était moins un observateur qu'un *voyant*, je l'ai dit.
Je n'ai pas été son ami, mais je l'ai souvent rencontré et
beaucoup pratiqué. Je ne crois pas qu'il ait eu d'ami.
Il n'était pas mauvais, il n'était point faux. Il regardait
toujours au fond et au-dedans de lui-même. L'amitié,
même dans ses inférieures transformations et sans s'élever très-haut, a besoin de réel et de toucher terre ; il
faut croire ou sembler croire à une solidité, à une sincérité, à un fait. Balzac ne croyait aux faits que lorsqu'il
les avait inventés, colorés et créés. Un commis-voyageur
passait devant lui, vulgaire, gai et insolent ; Gaudissart
naissait. Quelque brave invalide était aperçu, — voilà le
père Goriot. Infatigable, il les fouillait comme un sculpteur du moyen-âge ses mascarons ; il les plaçait sous
le rayon le plus violent, sous le point lumineux à
la façon de Rembrandt. Ici éclatait le second mensonge
de l'homme de talent, mensonge plus dangereux que le
premier. Point de moralité qui distinguât l'affreux liber-
tin dans la vieillesse, Hulot, du noble honnête homme,
— le coquin déhonté, le hideux intrigant Vautrin,
l'homme du bagne, du pauvre Lambert, — la vile cour-
tisane de la vierge mystique et chaste. Étudiés avec le
même soin, ils répondent à des forces diverses qu'ils
représentent légitimement. Voilà le fond de Balzac. Ici

l'azote, là le carbone. Quand on a lu cette extraordinaire analyse, on est tenté de regarder tous les individus comme un pharmacien contemple ses bocaux. Il
manque donc à Balzac, ainsi qu'à Dumas et à Sue, la
charité, la bonté, l'amour de la société où il a vécu, où
il est né, où il a grandi, où il a trouvé la gloire, l'argent
et un rang très-considérable. Mais cet amour, où est-il?
La France l'a tué en se tuant elle-même dans ses forces,
dans ses gouvernements successifs; et peut-être une
réunion de cinq cents hommes n'en offrirait-elle pas un
qui ne fût un mécontent. Les vieillesses sont découron-
nées; les jeunes âmes découragées; les âmes viriles ex-
ténuées; les âmes féminines enfiévrées; et ce n'est point
sous la baguette d'un enchanteur tel que Balzac, d'un
sorcier naturel tel que lui, que renaîtra notre vie morale. Plus encore que Dumas et Eugène Sue, il a nui;
car il réduit l'humanité à un certain nombre d'essences
équivalentes, bonnes ou mauvaises, toutes nécessaires.
Pourquoi donc être Socrate misérable, quand on peut
être Vautrin heureux? Tous deux forment une équation,
et cette équation est la comédie humaine. Vaste farce!
Cruelle et cynique tragédie!

Non, cela n'est pas vrai. Les bons qui ont passé sur
cette terre ont semé des germes qui n'ont pas péri. La
pierre et la terre, le serpent et le cheval, si l'esprit de
l'homme ne s'était emparé d'eux pour les cultiver et les
polir, seraient brutes et sauvages. L'homme est perfectible et perfectionne; il améliore et s'améliore. Donc
l'identité de valeur que vous supposez entre le bien et
le mal est un mensonge. Artiste égaré par une théorie
et par l'orgueil, l'imperfection de votre œuvre est même
due à cette erreur de votre doctrine. Voulant compléter
votre épopée, voulant admettre et analyser de niveau

tous les types sans les soumettre à la loi morale qui
seule les classe, vous avez créé une inextricable forêt
d'histoires diverses, croisant vos sentiers, multipliant
vos routes, une forêt confuse avec des côtés stériles, des
broussailles d'où personne ne peut sortir. Voilà une
étrange prétention d'imiter Dieu. Vous faites une œuvre
qui contiendra le monde chez vous et qui sera tout simplement parfaite. Celle du bon Dieu ne l'est pas. Le personnage de votre premier roman reparaîtra dans votre
second, et l'auteur ne le lâchera jamais; car Dieu ne
quitte jamais son œuvre. Mais votre lecteur, vous l'oubliez; il ne saurait manquer de trouver gigantesque et
intolérable cette prétention. En vain un commentateur
de Balzac dit que c'est là *travailler ses types d'une façon
illimitée;* car l'être humain a ses limites.

Napoléon Ier n'en reconnaissait pas; il héritait, lui,
des empereurs romains. *Divus Augustus,* il acceptait
pour son compte leur apothéose, et chargé de gloire,
entouré de rayons, il le faisait croire. Encore ici, avec
l'admiration de César transfiguré en dieu, reparaissent
les vieilles taches, les vieilles fêlures du monde antique.
Balzac et les petits Napoléon veulent plus que l'humanité ne peut. Plus de modestie, plus de limites; et chacun a son Waterloo. Le sublime et doux Lamartine a le
sien; le spirituel et incisif Balzac a le sien. Quiconque,
dans un tel monde de grands hommes, parle d'être
humble, de mesurer les forces, de chercher le juste, de
respecter la faiblesse d'autrui et la sienne propre, passe
pour un faible, un envieux mécontent, étroit d'esprit et
lâche de conception. Il se fait partout de petits Napoléon,
de petits géants envahisseurs, sûrs de conquérir le
monde et submergés en peu de minutes. J'ai vu sur la
bibliothèque de Balzac, je l'ai dit mille fois, une maigre

effigie en plâtre avec ces mots au-dessous : « Ce qu'il n'a pu accomplir par l'épée, je l'acheverai par la plume. » Cette effigie était Napoléon. De même que dans ses romans, Balzac, cet homme qui avait du génie, et Napoléon en avait aussi, établissait des équations avec des antithèses; il croyait qu'un écrivain peut gouverner le monde et que sa plume était un sceptre d'or. A quel point cette faculté d'hallucination a été portée par Balzac est incroyable; non qu'il fût fou, mais il était parvenu à se rendre fou. A force de rêver grandeur, splendeur et richesses, il s'était persuadé que la baignoire de métal dans laquelle il plongeait était de marbre de Paros et que l'appartement démeublé et obscur de la rue Cassini regorgeait de tableaux et était éclairé de mille lumières. Ce qui est plus étrange et plus triste, c'est qu'un mélange de charlatanisme aidait à l'hallucination personnelle; il croyait à moitié, mais seulement à moitié. Si on lit avec attention les mémoires et correspondances de Napoléon Ier, qui viennent d'être publiés avec plus ou moins de fidélité et d'exactitude, on y trouvera le même caractère de mensonge qui essaye de croire à lui-même, de fanfaronnade volontaire, de superstition involontaire, de besoin d'en imposer aux autres et à soi par le récit artificiel, la prétention illimitée, l'audace de la ruse et la ruse de l'audace. Quand l'Empereur, après la débâcle de Moscou, écrivait fièrement au bas d'un bulletin menteur : « l'Empereur se porte bien, » croyez-vous qu'il ne sentît pas l'affreux contraste de ces milliers de cadavres, sur lesquels trônait son impériale divinité conservée, l'Empereur se portant bien? Non, cet homme, un génie fatal, le savait; il accentuait davantage la bravade de la fiction et la fiction de la bravade. Triste école, ô mes amis ! car les fictions données pour vraies et sou

tenues effrontément élèvent mal· les peuples; elles ne
créent pas seulement des œuvres de romans encyclopédiques avortés dans leur ensemble comme ceux de Balzac;
elles font des morts, et des orphelins et des veuves;
elles peuplent les champs de batailles de débris humains, démantèlent les villes, affament les populations,
et les laissent ensuite béantes, exaspérées, étonnées et
ne sachant que faire sur leurs ruines.

L'esprit de fraternité, l'élévation du sentiment et le
respect de la sainte vérité manquent donc à Balzac; mais
il avait le labeur le plus patient, l'ardeur de la conception, la subtilité des aperçus, le génie pittoresque du
détail, l'art du relief et de la saillie, la puissance dans
le caprice, la connaissance des points lumineux qui dé-
tachent les figures. C'était un des plus rares esprits et
des plus infatigables artistes. Son influence a été délé-
tère; les sources où il a puisé étaient troublées et
amères. J'ai dit que la société française compte propor-
tionnellement, selon moi, plus d'individus intelligents,
spirituels, actifs et bienveillants que toute autre race;
j'ai dit que, par l'effet des manipulations et des opéra-
tions, des expériences et des combinaisons, ces éléments
ont été annulés, aigris et rendus misérables. Notre dernière génération était douée de plus de talent naturel,
d'énergie intellectuelle que nulle autre. Ce qui lui a
manqué, c'est la *vie morale;* la société spasmodique des
cent années dernières, paralysée ou effrénée dans ses
mouvements, ne lui donnait pas cela. Je le répète, je parle
de la vie morale essentielle, non des cadres politiques
dont nous avons changé trop souvent.

Thackeray, Charles Dickens, Walter Scott, l'auteur de
Pelham chez les Anglais, Auerbach, Paul Heyse, Gustave
Freytag chez les Allemands, Andersen chez les Danois,

n'ont pas reçu de leur naissance des dons intellectuels supérieurs à ceux qui ont appartenu à Balzac, Dumas et Eugène Sue ; tout au contraire. Les forces étaient plus vives, plus rares chez nos Français ; leur direction était déplorable ; elle était d'accord avec l'effort d'une société malade, aggravant son mal, comme le malade, dit Dante, se retournant dans son lit.

Ici, les signes du temps sont visibles ; la position relative des peuples est nettement indiquée par l'influence, l'esprit et la destinée des auteurs de romans. Eugène Sue, Balzac et Dumas, élevés tous les trois dans l'aisance, si ce n'est dans une prospérité complète, font tous les trois du mal et beaucoup au groupe social qu'ils exècrent et veulent dominer ; deux d'entre eux du moins, car Dumas ne détestait rien et c'était le meilleur garçon. Le pauvre petit greffier Walter Scott attire sur les roches et sur les paysages de son vieux pays la sympathie du monde civilisé. Thackeray, dans son livre intitulé *le Marché des Dupes*, que l'on a si niaisement traduit par *la Foire aux Vanités* (*Vanity Fair*) agit d'une manière aussi bienfaisante. Quant à Charles Dickens, lequel vient de mourir et dont M. Forster, son ami, publie la biographie, il aurait certes pu remplir en Angleterre le même rôle que Sue ou Balzac en France. Ses premiers pas dans le monde le prédestinaient à devenir un haïsseur, ou, comme Balzac, un indifférent. Il ne pouvait haïr et l'indifférence lui était impossible.

Dickens, le romancier populaire, appartient à l'époque de Balzac, à notre époque à nous, vieillards. Il est de la génération qui a vu 1815 et l'arrivée des alliés à Paris ; 1830 et la dynastie d'Orléans montant sur le trône ; lord Russell réformant le Parlement dans le sens démocratique ; les Irlandais catholiques rétablis dans une partie

de leurs droits ; l'esclavage en Amérique suscitant une
guerre effroyable ; toutes les nations de race latine, antique, de race mythologique grecque, se débattant dans le
gâchis mortel des vieilles traditions et de l'antique esclavage ; la plus vivace de toutes, la plus apte à réaliser
l'amélioration et à marcher en avant, la France, tiraillée
dans tous les sens par des doctrines contraires, par des
intérêts divergents, par des souvenirs de haine ; Napoléon Ier renversé, puis renaissant une fois dans sa personne atténuée et amoindrie ; puis détruit de nouveau et
revenant au monde dans la personne de son neveu ; l'Europe civilisée, dont la France était la tête et Paris le
cerveau, décapitée par le glaive teuton et par la faute de
la dernière incarnation impériale, du dernier avatar napoléonien ; Paris brûlé par la haine et la France décapitée à son tour, attendant avec plus de dégoût que
d'angoisse les événements futurs ; pendant ce temps, le
développement énergique de l'élément populaire se faisant sentir à travers le monde ; l'égalité des races se
manifestant et s'établissant peu à peu, malgré une
guerre, malgré les fureurs et les pillages ; un sentiment
universel de révolte contre les iniquités, une protesta-
tion sourde ou furieuse, accentuée ou muette, en faveur
de l'humble, du pauvre, de celui qui souffre ; prospérité
mêlée de revers chez les peuples qui ont su dans ce laps
de temps user de la liberté et penser la justice ; sommeil
douloureux et fièvres intenses, accompagnés de soubre-
sauts, d'éclairs lumineux et de journées sereines, mais
rares, chez les peuples ou incapables de se gouverner
ou trop fidèles à la loi antique qui condamne l'individu,
ou trop corrompus pour admettre la loi morale ; —
voilà le spectacle dont nous, les contemporains à divers
degrés de Balzac, Sue, Dumas, nous avons vu se dérou-

ler les péripéties, et dont tous, à divers degrés, nous
avons été acteurs, victimes, martyrs — même les triom-
phateurs, en France du moins.

Un pauvre commis de la marine, homme ardent,
étourdi, assez spirituel et possédant une belle écriture,
mais dénué de prudence et de prévoyance, vivait à
Portsmouth, vers le commencement du siècle, au milieu
des matelots et des rustiques, des petits marchands et
des ouvriers du port. Il s'appelait Dickens, un nom plus
que roturier qui indiquait ses origines. La mère, femme
plus intelligente que son mari, le suivait de Portsmouth
à Portsea, puis à Chatham. Elle savait un peu de latin,
appartenant à la race des institutrices anglaises qui op-
posent d'avance, quand elles naissent sans fortune, aux
mauvaises chances de la vie, leur instruction et la résolution de travailler pour vivre. Presque tous les hommes
distingués de l'Angleterre ont reçu de l'éducation ma-
ternelle les premières énergies morales et intellectuelles.
La vie de collège, chez les races latines, arrache trop
tôt l'enfant à la famille, fait du latin une chose pédantesque, odieuse, étrangère à l'humanité, — et finit, par
le couloir étroit et obscur du baccalauréat, par aboutir
à la plus parfaite exécration d'Horace, d'Homère, de
Shakespeare, de Dante, de la philosophie pour elle-même
et de l'étude en elle-même.

Les habitants du petit port de mer (Portsea) de Portsmouth et de Chatham, commerçaient, trafiquaient, s'em-
barquaient, abordaient, tandis que madame Dickens
allaitait son enfant. C'était vers 1815.

Un jour, madame Dickens s'avisa d'une idée. N'ouvri-
rait-elle pas une classe pour les jeunes personnes? Ne
se mettrait-elle pas à la tête d'un pensionnat? Une pla-
que de cuivre est achetée au détriment de la maigre pi-

tance de la famille. Elle rayonne sur la porte ; on y lit
ces mots : Mrs Dickens's Establishment. Mots sonores
qui ne réussissent et n'attirent point des élèves. En
vain le petit bonhomme va de porte en porte jeter un
prospectus et solliciter la pratique. Je ne me rappelle
pas, a-t-il dit plus tard, qu'il se soit présenté une seule
personne.

Voilà les humanités de Dickens. Il a fait ses classes
dans les égouts moraux et physiques de la grande ville.
Le pain du matin manquait souvent, la viande presque
toujours, et le garçon affamé se rejetait sur la bibliothèque de son père ; c'était *Humphrey Clinker, Roderick
Random, Don Quichotte, Gulliver, Robinson Crusoë*. Le
commis aux écritures s'était consolé de son mieux en
amusant son imagination des vieilles fantaisies et des
contes si abondants et si charmants dans cette littérature. Ce sont d'ailleurs des modèles de style ferme et
facile. Rien de plus net, de plus concis, de plus robuste
que la phrase de Smollett. Rien de plus vif, de plus pé-
tillant et de plus vigoureux que la diction de Swift. Cela
sent la race et le terroir. Ainsi ont écrit Rabelais, Montaigne, en France. Ainsi Régnier. Ainsi La Bruyère. Malheureusement l'esprit de cour, fatal au génie essentiel
et naïf de l'humanité, est venu étaler sur cette magnifique littérature nationale l'ampleur pompeuse de ses
draperies antiques et la fine distribution de ses broderies élégantes. C'était bon pour les palais et les salons ;
mais l'humanité ne vit pas dans les salons et les palais.
Notre La Fontaine le savait bien, lui qui, pour écrire ses
chefs d'œuvre, a choisi le style des bois et des champs,
non le style des cours. Voilà pourquoi lui, Montaigne,
Pascal, Rabelais, Labruyère sont à mon sens les premiers
parmi nos écrivains. Ils ne sont pas seulement des

hommes de plume ; on sent, comme dit Pascal, qu'ils sont des hommes.

Charles Dickens pouvait contrôler les réalités qui l'entouraient avec l'œuvre des romanciers populaires, Smollett, Fielding, Richardson, même Walter Scott qui débutait alors. Il pouvait vérifier leurs héros et la fange de la rue et les cruautés de la vie basse et inférieure et les misères de chaque jour. Londres, où j'ai vécu alors, très-jeune, n'était pas ce qu'il est aujourd'hui. On peut en trouver la preuve dans le livre de Mayhew, dans les Confessions d'un homme de police, dans les Livres Bleus, consacrés aux enquêtes. Personne ne s'aventurait dans les repaires plus infects que l'auberge du *Lapin Blanc* que M. Sue a enguirlandée. Le climat humide et chargé de brouillards rendait plus immondes les haillons des assassins et les allures des voleuses qui grouillaient dans les ruelles tortueuses, souvent baignées de sang, toujours veuves de lumière et de pain. On ne tuait pas le pauvre commis parce qu'il n'avait rien. On lui donnait même quelques débris d'aliments, car les bandits ont du bon, comme le dit M. Sue.

Le père de Dickens dut faire des dettes pour soutenir sa famille ; il perdit sa place, vint à Londres et finit par être mis dans la prison pour dettes ; son fils âgé de sept ans entra dans un magasin de cirage, gagnant de 6 à 7 shillings (7 fr. 50 ou 8 fr. 75) par semaine, et passant la journée entière à étiqueter les célèbres pots du cirage Warren (*Warren's Blacking*) qui ont fait le tour du monde. C'était un tempérament sanguin, excessif, comme celui de Balzac ; grandes boucles de cheveux flottants et magnifiques ; prunelle ardente et attentive, la courbe impérieuse du nez annonçant la force de la volonté ; le front haut ; tout ce que

la vie lui avait offert de bonheur se résumait dans
les livres. Maintenant, il ne pouvait plus lire. Son métier absorbait son temps et quand les étiquettes étaient
posées, il retournait à son grenier près de la prison que
le père et la mère habitaient ensemble. Alors il dormait.
Les seules jouissances qu'il eût goûtées lui manquant,
l'horloge de sa vie s'arrêta. Il n'a jamais su s'il avait
passé chez Lamert, le concurrent du grand homme au
cirage Warren, un an, deux ans ou six mois. Il n'a jamais voulu passer par la rue du cirage Warren; au
sommet de la gloire européenne et même universelle, il
se refusait à l'exécrable souvenir.

Cependant son éducation continuait. Il passait en revue, l'un après l'autre, tous les débiteurs de la Mar-
shalsea et il apprit ainsi à savoir le dictionnaire de l'humanité. Étude qui a été la première base de sa future
renommée.

L'esprit alerte et ardent de Dickens eut pour première école la misère avec ses adjoints et ses tristes enfants, la faim, le crime, le vol, la douleur, l'idiotisme.
Il vit tout cela, travailla résolûment et ne succomba pas.
Il était de ceux que la curiosité de la vie éveille et met
en goût de vivre. Le fameux *bill* du Parlement, en faveur
des débiteurs insolvables, libéra son père qui sortit de
sa geôle et se fit sténographe, métier utile et pénible,
assez bien rémunéré dans un pays où le besoin de connaître la vérité est excessif et où l'on provoque la lumière sur tous les points, même quand elle blesse. Le
fils apprit le même métier. Sa seconde école fut celle-ci :
le tribunal avec ses avocats, ses juges et surtout avec les
variétés humaines appelées devant la justice ; accusés,
accusateurs, intérêts en lutte, témoins de toute espèce,
physionomies burlesques, figures patibulaires; ici,

l'avocat Patelin ; là le paysan Agnelet. Il y a plus de la-
titude dans les mœurs anglo-saxonnes pour la défense et
l'expansion du caractère. Il y a aussi plus de grossièreté,
d'indécence, de bizarrerie. Le juge, dans le monde latin,
ressemble plus au *préteur* romain assis sur son siège
presque olympien et suprême. Il y a encore aujourd'hui
plus de barbarie dans les tribunaux anglais, moins de
solennité. Les débats, le rôle du jury, tout diffère. Ce
que Balzac appelle la Comédie Humaine s'y joue librement, y est en pleine floraison. D'un point de l'Angleterre à l'autre Dickens, l'humble et vaillant *reporter*,
allait écoutant les fous, les sots, les malheureux, leurs
juges. Puis il assista aux débats parlementaires qui sont
quelquefois, en Angleterre comme ailleurs, de folles comédies. Ce qu'il savait sur l'humanité inférieure, vulgaire, bourgeoise et de tous les rangs était immense. Il mit
tout cela dans ses livres et, dès sa première apparition,
tout le monde se prit à rire, tant le spectacle était vrai
et neuf. Un à un, pendant toute sa vie et dans soixante
volumes, il détailla pour ainsi dire ce qu'il avait en
magasin. Jamais forcé, jamais moraliste de parti pris.
Son point de vue est celui de Molière ; il fait rire du
bourgeois qui veut être prince. Les prétentions le cho-
quent. C'est un satirique. Mais les malheurs des petits le
touchent. C'est un élégiaque. Il a énormément influé sur
la société anglaise, en tournant en farce et réduisant au
grotesque les aspirations aristocratiques de l'épicier, les
sermons ridicules du faux dévot, les billevesées du
faux poëte qui passe sa journée à écrire à la lune. Il est
l'antithèse d'Addison, instituteur délicat d'une société
bourgeoise qui arrivait au pouvoir. Il est le Diderot
fougueux et humain, au rire sonore, aux faciles larmes,
diffus, emporté, jamais affecté, agissant sur une société

13.

démocratique succèdant à l'autre société bourgeoise,
ayant besoin de s'attendrir et de se réjouir, d'apprendre
aussi quels sont les individus humains dont le monde
est peuplé. C'est un Paul de Kock de génie, un Balzac
sans prétention philosophique et un Lesage moins dés-
abusé, un Diderot moins déclamateur. Il n'a jamais sou-
levé de bannière ni porté de cocarde. Cependant il était
avec ceux qui souffrent, et je suis avec lui.

Dickens le joyeux, le bouffon, a fait verser beaucoup
de larmes, déridé beaucoup de fronts, assaini beaucoup
de cœurs, calmé beaucoup d'âmes irritées ; Balzac a fait
naître beaucoup de prétentions, irrité beaucoup d'appétits, suscité beaucoup de fièvres malsaines.

Le lien qui rattache l'une à l'autre les diverses parties de l'œuvre de Balzac, c'est la science, l'histoire naturelle, l'étude obstinée de l'être, considéré en lui-même
comme appartenant à l'univers sans acception de bien
ou de mal, comme on brise la pierre pour savoir si c'est
du granit ou du feldspath. Quant aux deux vrais éléments de la grandeur humaine, ils sont éliminés de cette
étude. Balzac n'admet ni l'esprit qui classe, ni l'amour
qui crée. Élimination qui porte aux sociétés un effroyable préjudice. Au contraire, chez le joyeux Dickens, la
vie centrale, la sève et la force vivifiante de l'œuvre,
celle qui circule dans toutes les branches et fait verdir
tous les rameaux, c'est la sympathie humaine, mère de
la pitié, de la charité, de l'indulgence, de la tolérance.
Point de cruauté scientifique chez lui ; jamais il ne
plonge en souriant sa lame aiguë dans les chairs ; point
d'indifférence, comme chez le chimiste qui n'a pas plus
de considération morale pour l'oxygène que pour l'ozone ;
point de férocité d'artiste amoureux de sa toile et pla-
çant devant lui un cadavre sans se souvenir que ce fut

uń homme et que peut-être c'est son père. Aussi, je n'ai pas craint de le dire, Dickens a fait beaucoup de bien à son pays et Balzac beaucoup de mal au nôtre.

Balzac était-il monarchique? Dickens était-il démocratique? Ni l'un ni l'autre.

Arrêtons-nous un peu pour nous rendre compte des influences exercées sur la littérature par les variations politiques et les doctrines en lutte.

Nous subissons aujourd'hui deux impulsions contraires, vers l'unité monarchique et vers la variété antimonarchique.

Quant à l'unité, on la désire.

Les grands centres ont pris, par les créations de la science, une importance sans cesse croissante. Les capitaux accumulés ont compris qu'ils étaient maîtres.

L'électricité, rattachant et rapprochant les races diverses, a détruit et continue à détruire les nationalités isolées et secondaires. Les fractions de dialecte se fondent et s'absorbent dans un idiome central; tout cela tend à l'unité, on ne peut le nier. L'unité est monarchique. Mais le fait contraire se manifeste en même temps avec violence. Par un antagonisme qui n'étonnera que les esprits dénués de philosophie, le mouvement d'unité qui centralise, qui généralise, qui sacrifie les petits aux grands, les fractions à l'ensemble, qui subordonne les petites forces, qui ruine les petites industries, ce mouvement, conforme aux lois matérielles de la nature, est contrarié, contredit et contre-balancé par son antithèse, par la démocratie. A la force qui asservit s'oppose la force qui libère. L'une pose un centre matériel dominateur, une tyrannie; l'autre force délivre, affranchit, s'éloigne du centre, fractionne; diversifie

et par la variété continue la vie. On doit remarquer
ici que les deux mouvements sont inévitables. Sans
l'un, la vie ne commencerait pas; sans l'autre la
vie ne continuerait pas. Nul peuple qui commence ne
peut se passer de tyrans. Nul peuple qui veut vivre ne
peut se passer de liberté.

L'idée d'unité, de monarchie, est l'idée de création ;
l'idée de variété, de liberté, est celle de développement.
Qui donnera donc la liberté? L'Esprit. Avec quel instrument? Avec l'analyse. Les hommes de l'analyse sont donc
nécessairement les hommes de la liberté et du développement. On ne peut donc trop répéter que la nature
élémentaire, avec ses forces brutes, est essentiellement
tyrannique et que l'esprit qui délivre n'opère son œuvre
qu'en luttant avec la nature brute et en la forçant de le
suivre.

On voit que je ne condamne pas la monarchie et que
je la regarde comme créatrice.

Mais il faut, pour se développer en politique et en
littérature, qu'une race passe de la forme absolue à la
forme libre et cela par l'intelligence, non par la haine.
La France, mal préparée à son travail, n'a pas encore
franchi la transition d'un point à l'autre, accompli le
passage, quitté l'unité pour la variété, la forme immuable pour le développement, le régime absolu pour la
liberté, la monarchie pour son contraire. Elle reste suspendue entre les deux modes, ni assez résignée à conserver ou reprendre l'ancienne forme ; ni assez d'accord
avec elle-même pour faire concourir toutes ses puissances
à l'établissement de la liberté vraie et à son progrès
par l'ordre définitif, — malheureuse situation qui se
reproduit même en littérature; les uns sont trop serviles,
les autres trop peu réglés. La liberté légitime est niée

par les uns, le bon sens par les autres. De là une hostilité permanente et une haine infinie.

L'éducation de la haine s'était faite dans la pauvre
France bien avant que le roman d'*Atar-Gull* parût.
Eugène Sue, qui recueillait cette haine en lui-même et
qui la trouvait hors de lui dans la société, dans ses rancunes et ses dégoûts, en faisait en la concentrant un
sublimé corrosif, ainsi que je l'ai dit.

Cela n'est point arrivé à Balzac qui a constaté en naturaliste, mais qui a constaté inexactement les objets de
son étude. Cela ne pouvait arriver à Dickens, que personne
n'aurait voulu lire, s'il avait écrit pour l'Angleterre
comme Eugène Sue pour la France. Mais il n'y songeait
pas.

Il y avait, je l'ai dit, du Diderot chez cet homme excellent et violent. Même fougue, même amour des réalités
puissamment saisies, même dévouement d'artiste absorbé
dans son œuvre. Dickens, une fois que l'honnête éditeur
eut payé sa première ébauche, vit que sa fortune était
faite. Le public, riant aux éclats, reconnut en lui un
favori nouveau, un nouvel ami, et un créateur, *poïetên*,
un poëte. Voici dans quel sens. Dickens avait la palette
de Rubens et la touche fine de Mieris et de Terburg.
Cette conciliation des antithèses, impossible aux peintres, qui sont sous la loi de leurs conditions matérielles,
est possible à l'écrivain, qui peut être à la fois subtil
comme Stendhal, sculpteur comme Dante, musicien
comme Lamartine, — Shakespeare a été tout cela. Chez
Dickens la couleur est variée, contrastante ; dans les
foules, il saisit comme Rembrandt les points lumineux,
les étoffes qui chatoient et les figures qui arrêtent les
regards. En même temps, il dessine, creuse, approfondit
le caractère, le rattache aux passions, le suit, le pour-

suit dans son plus mince détail comme un petit peintre
hollandais fait pour les plis de son étoffe et les marbrures
de la table de jaspe qu'il fait briller au soleil. En tout
cela, Balzac serait au moins son égal, si Dickens n'apportait dans son œuvre un double élément involontaire, le
rire et les larmes. Il est joyeux. Il aime. Il aime beaucoup
son semblable, et toujours il le sert, le console, l'aide,
le soulage, non de parti pris, sans annoncer sa philanthropie. Il tombe dans la farce et il enveloppe sa bouf-
fonnerie de cette douce brume de charité qui va au cœur
et empêche l'homme d'être un tigre pour l'homme. Les
prisons s'assainissent; on prend en pitié des petits
enfants employés aux manufactures et des pauvres *gover-
nesses* sacrifiées.

Occupons-nous un peu de notre pays et voyons pourquoi la conception de l'art, héritée de l'antiquité, contraire à l'individualisme, dans le roman comme dans
l'histoire, nous a permis d'avoir des Pascal et des Molière,
ce qui suffit bien à notre gloire, mais nous a empêché
d'avoir des Dickens, des Addison et des Shakespeare
d'une originalité populaire.

La discussion est importante. Elle touche à la question
du romantique et du classique, à celle de l'absolu et du
relatif, de l'autorité et de la liberté.

J'ai dit comment la société française a été formée.
Elle ne pouvait avoir de roman populaire, ni créer de
littérature populaire, puisque son essence était l'exclu-
sion de certaines classes au profit et en l'honneur de
certaines autres. Dès l'origine de notre société, le représentant de l'intelligence dans les Gaules était le Rhéteur
Lugdunenses ad ares, dans quelque basilique lyonnaise,
répétant des vers élégants imités de Virgile; ensuite le
Page de la Comtesse chantait ses ballades imitées de la

Provence ; même le ménestrel, même le clerc de la Bazo-
che, même le jongleur, même Villon ; sous Louis XI,
tous nés roturiers, ne pouvaient étudier et reproduire
des rapports sympathiques qui n'existaient pas, entre
des classes qui se détestaient mutuellement ou ne se
connaissaient pas et restaient à distance. Avant George
Sand et Erckmann-Chatrian, je ne vois pas en France de
roman consacré à l'étude des mœurs publiques. Qu'est-
ce que le *Roman Comique* de Scarron? ou le *Roman
Bourgeois* de Furetière, ou un autre essai du même temps,
Francion? Ce sont des assemblages de grotesques ; quelquefois bien saisis, comme chez Scarron, mais sans
dignité, sans intérêt, sans noblesse, sans nuances, sans
caractères distincts, sans appréciation de leur valeur
respective. Tous ces bourgeois se ressemblent. Tous ces
avocats se ressemblent. Tous ces paysans n'en font qu'un.
On voit que ce sont des hommes de *rien* qui ne comptent
pas. Les races moins civilisées ont bien moins effacé la
valeur de l'homme. Dans un beau travail allemand sur
le poète anglais du XVᵉ siècle, Chaucer, et dans un
commentaire anglais également récent sur le même auteur, on a eu soin de marquer combien les signes spé-
ciaux de chaque personnage populaire mis en scène par
Chaucer diffèrent entre eux. La jeune nonne, qui a de la
fortune et qui sourit doucement dans sa guimpe bien
plissée, ne ressemble pas à la grosse abbesse jeune
aussi , mais austère, étant fille de fermier ; le vendeur
d'indulgences, homme pompeux et bien nourri, avec ses
trois mentons et sa sacoche pleine, ne se confond pas
avec le jeune moine pauvre, partisan de Wycliffe et précurseur de Luther. C'est déjà le roman de Dickens tout
préparé ; un monde de figures du peuple, vivement,
finement caractérisées, dont pas une ne manque d'inté-

rêt. M. Coquerel, dans un petit volume curieux, l'*Individualisme dans l'Art*, a très-bien exposé et éclairci la naissance de l'école caractéristique moderne et anti-grecque, celle de Rembrandt. Madame Eastlake, qui a écrit une bonne *Vie de Gibson* nous fait le récit dramatique du martyre moral subi par un homme de talent. Le sculpteur anglais, fidèle à la pensée grecque dans le monde moderne, c'est-à-dire essayant de résister au courant inéluctable qui emporte les générations actuelles vers l'individu étudié à fond, Gibson est tout homérique ; il n'admet rien d'individuel, rien d'immodéré, rien d'excessif, de fantasque, de violent, d'excentrique, de vague et d'intime. Il hait la nouveauté, la variété, et s'appuie sur un fait incontestable, comme Ingres— sur la supériorité hellénique dans les arts ; il répète que depuis Périclès cette souveraineté permanente est assise sur une base que l'on ne peut plus renverser. Et cela est vrai. Oui, Praxitèle et son compatriote Homère tiendront toujours le sceptre des Arts. Il a raison.

Un matin Gibson, visitant la chapelle de Michel-Ange à Florence, celle où les grands symboles de pierre, la *Nuit*, le *Jour* et les *Médicis*, forment une réunion si grandiose, s'écria : « Phidias et Praxitèle, s'ils avaient « vu ces choses, auraient dit : voici un sculpteur prodi- « gieusement habile. Mais c'est un barbare ! »

Sans doute, Michel-Ange pour Praxitèle serait un barbare. Mais Praxitèle aux yeux d'un Brahmane du temps des Védas aurait été un impie digne de mort. Le développement de l'Hellade et du génie grec s'était opéré entre les deux époques. Développement magnifique d'incomparable beauté, souffle de l'éclosion hellénique, c'est-à-dire de la première race civilisée du monde. Mais dans cette Grèce de Périclès, il n'y avait rien d'archaïque, rien de servile, rien de pure imitation. La vie grecque était un mouvement. Loin d'être immobiles, les Grecs rompaient avec l'Asie, se séparaient du monde antique, stationnaire, adoptaient la variété des formes, l'observation et l'analyse. C'est à nous de les suivre. Nous devons faire comme eux et non nous arrêter. Nous ne pouvons pas plus nous faire gens du temps d'Hérodote qu'ils ne pouvaient se faire Brahmanes du temps des Védas. Rien ne pourrait plus nous rendre ni la *virginale* et *fraîche beauté* de ce monde naissant dont Fénelon parle avec tant de grâce, ni la majestueuse et fruste nudité des Védas, chants organiques et sacerdotaux, ni le merveilleux accord de la volupté orientale et de la raison européenne qui s'est opérée en Grèce. Suivons donc le génie de notre époque et de l'avenir, comme ils ont suivi le génie de leur époque. Il nous pousse en avant ; imitons les Grecs qui ne répudiaient pas le passé, mais qui ne s'y éternisaient pas. Le génie de notre temps est scientifique ; il veut l'analyse. Il est charitable. Il veut que l'on détruise les antipathies et que l'on soulage les misérables. A ces deux points de vue, il n'est pas hostile à la tradition, à la Grèce. Il procède d'elle ; et il veut que l'héritage scientifique et charitable qu'elle nous a légué soit mis à profit. D'où nous vient l'analyse, notre instrument favori ? De la Grèce. C'est la Grèce, avec Socrate et ses philosophes, qui a commencé à regarder l'homme, comme une personnalité noble, divine, distincte, répondant d'elle-même, ayant conscience d'elle-même, non plus comme un individu dont il n'est permis de ne s'occuper que comme s'il existait à l'ensemble et pas autrement.

Il faut, par conséquent, renoncer désormais en tout — dans l'art aussi bien que dans la politique — aux

14

généralités, se sevrer de théories, arriver à la pratique, spécialiser, individualiser, donner à chaque homme sa vraie valeur. Ainsi, les classes que nous nommons populaires seront connues et pratiquées, étudiées et analysées ; on aura *le roman populaire* et une littérature pour tous.

Si le mouvement romantique dont j'ai plus haut exposé les origines, la marche et la décadence, a en partie avorté, c'est qu'il a négligé ces vérités. Le même motif a empêché jusqu'ici le mouvement constitutionnel et libéral des races latines de porter de bons fruits. On n'avait pas été assez populaire ; on n'avait ni sympathisé avec les classes inférieures, ni même admis leurs droits d'existence. Non-seulement elles se sont vengées, mais l'excès a puni l'excès. Pas de littérature populaire, si ce n'est la plus vulgaire. Quand, au commencement de ce siècle, un petit homme aimable et vif, que tout le monde a connu, s'est avisé, selon les idées de sa race hollandaise, d'essayer la peinture des mœurs bourgeoises parisiennes, il a trouvé devant lui des individus peu intéressants, peu distincts l'un de l'autre, si communs que, voulant être vrai, il s'est sauvé par le burlesque. Il a beaucoup réussi. C'était Paul de Kock, ce Van Ostade sans couleur. Dans les régions fades et privées d'idéal où il s'engageait, la résolution de reproduire exactement ses modèles et la parfaite sincérité de son travail l'ont soutenu constamment. La trivialité bouffonne de ses peintures dégoûte assurément ; mais que de lecteurs il a eus, ce petit homme excellent que je crois voir encore, comme je l'ai vu, en 1830, dans les rues de Paris, un calepin en main, notant, de carrefour en carrefour et de borne en borne, les discours des cochers de place et les cris des gamins. C'était quelque chose de si nouveau que chacun voulut le lire, et l'observateur qui photographiait ce monde inconnu fit sa fortune, sans faire aucun bien, mais aussi sans faire beaucoup de mal.

Combien les classes populaires sont peu connues en France des autres classes; cela éclate dans les rapports si remarquables où le général Trochu et le maréchal Mac-Mahon, les députés Jules Favre et Jules Ferry ou le le Chef du Pouvoir ont déposé leurs observations sur le 18 mars. On voit là combien l'homme mûr qui a pratiqué les affaires et qui est parvenu soit au pouvoir, soit à la célébrité, mérite cette distinction. C'est chez tous la netteté d'esprit la plus vive, la facilité de langage la plus agréable, la finesse de déduction la plus subtile, l'exposition des faits la plus limpide. Aucune nation, aucun pays n'ont cela. Il y a aussi parfaite convenance, ton excellent, la vieille civilisation adoucissant toutes les saillies et corrigeant les âpretés; ni haine, ni envie, ni hostiles calomnies; les dissonances sauvées; une sagacité véritable dans l'appréciation des événements; modestie et modération personnelles; ces traits sont communs à tous les hommes distingués ou connus qui ont répondu aux questions du Président et éclairé de leur mieux les causes obscures de nos désastres; je n'en parle ici qu'avec la convenance due aux vivants et à ceux qui ont nos destinées dans leurs mains.

Les causes morales, matérielles, accidentelles, les événements, les péripéties, les bas-fonds de la scène, et comme les seconds dessous du théâtre, ne leur échappent pas. M. Thiers en démonte et en remonte le mécanisme; M. Trochu en saisit mieux l'épopée; M. Jules Favre en fait ressortir la lyrique incertitude; M. le maréchal Mac-Mahon en décompose la stratégie avec une

admirable simplicité. Il y a une partie, un coin de l'étude dont pas un ne s'occupe. C'est la connaissance des rapports entre les hommes, du caractère propre de chacun, des désirs nourris, des mobiles qui faisaient agir, penser et marcher, des sympathies ou antipathies individuelles, des chocs entre les amours-propres, des personnalités distinctes, de l'effet produit sur chaque nature par le métier exercé, ou le milieu dans lequel on a vécu. Chacun des déposants a vu les masses; et pas un d'entre eux qui n'ait dit : « Je ne les comprends pas! »
— Ce qui leur échappe, c'est le roman, ou si vous voulez la philosophie, ou si vous l'aimez mieux la conception analytique de l'*homme*. L'homme est cependant mis en jeu dans ces redoutables crises. Il n'est pas identique à lui-même ; il n'est ni le fer en fusion, ni le silex ou le granit devenant lave. Il est très-divers, très-variable. Qu'était-ce que Jules Vallès? Un homme qui aurait pu devenir un très-grand écrivain. Qu'était-ce que tel infâme meurtrier des pauvres prêtres? Un idiot tout simplement. Par quels points de contact tel homme honorable, député maintenant, s'est-il trouvé connexe avec ceux-ci, avec ceux-là, avec les gens du bagne d'un côté, avec les utopistes philanthropes de l'autre? Ce sont les vrais problèmes, problèmes de roman à la Dickens ou à la Fielding, ou à la Saint-Simon, ou à la Tacite ; car le grand historien n'est qu'un romancier de la vérité, comme un grand romancier — le mot est de M. Thiers dans sa jeunesse — n'est qu'un historien qui invente. A tous deux sont nécessaires la vérité de l'analyse et l'analyse de la vérité. Elles ne peuvent s'opérer que si chaque élément constitutif de la vie sociale, chaque individu est confessé, compris, connu, critiqué, sondé, fouillé, mis à nu et

au vif. C'est le roman populaire dans sa quintessence.
M. Jules Favre, en face de l'insurrection ouvrière de
Lyon, est embarrassé. Le mouvement n'a rien d'obscur
pour lui ; mais les hommes, il ne les comprend pas et
l'avoue. De même pour le général Trochu. De même
pour les plus grands. L'esthétique et la synthèse leur
montrent les masses ; celles-ci leur cachent les individus, et la science des affaires leur dérobe la science
des hommes.

14.

X

S'EXAMINER, C'EST PROGRESSER

Les mystères de l'histoire se révèlent, les archives s'ouvrent, les caractères historiques se dessinent, la vie des nations diverses se dévoile. M. Marius Topin a proposé une excellente et simple solution du *Masque de fer* : c'était tout simplement et tout bonnement *Marchiali*, ou *Matteoli*, ou *Mashialy*, un Figaro italien du dix-septième siècle, qui voulut duper Louis XIV et que Louis XIV a puni. Il est vrai que Louis XIV espérait attraper le duc de Mantoue. Bon Dieu! que ces hommes puissants apparaissent laids et méprisables! Et cependant l'histoire humaine se montre en tout et en somme bien plus intéressante! La lanterne magique s'éclaire. J'aime mieux la vraie Marie Stuart que la Marie Stuart chimérique ; le vrai Charles-Quint, le vrai Don Carlos, le vrai Galilée me plaisent davantage.

Ensuite il y a de si tendres et de si jolies figures, des vertus si aimables et si cachées qui apparaissent! La touffe de feuilles sous lesquelles s'était ensevelie la beauté se soulève et laisse voir le petit ange tout à coup.

Y a-t-il rien de plus beau que la fille de Galilée? Je ne
veux pas reparler du philosophe lui-même, qui cependant trahit et relève une âme et un esprit bien plus curieux qu'on ne l'a dit; mais la sœur Céleste, quelle figure d'ange! combien cette pauvre chère petite nonne
est supérieure même au grand astronome, qui écrit à
son ami : *Une république ne paye que ceux qui la servent. Je voudrais quelque sinécure et servir un prince!*
Quant à la charmante créature, il faut la voir soigner
son père, ne penser jamais qu'aux autres, s'oublier toujours, et se constituer l'héroïne du plus tendre et du
plus touchant roman imaginable. J'ai déjà dit que, d'un
autre côté, les grands personnages de l'histoire tombent
beaucoup quand on les regarde de près. Ainsi Louis XIV,
qui met en prison Marchiali, ne vaut pas assurément
mieux que ce dernier. Il veut s'emparer de Casal et
tromper le duc de Modène. Un affidé, un espion, un traître qui le sert, imagine de se faire payer des deux côtés ;
et il a la sottise de se laisser prendre. On le prend, on
se venge. Voilà tout. Je m'intéresse peu à Marchiali et
peu à Louis XIV. Mais je vois quels sont les changements
d'opinion, d'époque en époque, et je reconnais que nous
avançons un peu. Un envoyé secret, s'il était chargé
d'une mission délicate et peu morale, et qu'il en abu-
sât, serait-il jeté dans un cachot ignoré pour la vie? J'en
doute. Il y a donc là un progrès; mais tous les peuples
ne l'acceptent pas au même titre, ce progrès. Il y a des
races diverses :

1º Races dont la littérature est morale. Celles-là jugent.

2º Races dont la littérature est immorale. Celles-là ne
jugent pas.

3° Races sans littérature et sans morale. Ce sont les sauvages.

Mais ce n'est pas assez de les subdiviser ainsi ; il faut encore les classer selon le degré de progrès que fait chaque race. Il y a tel vieux pays civilisé, comme l'Italie, lequel ne marche pas du tout ; et tel autre, comme l'Hindoustan, qui fait de grands et de réels progrès. En Hindoustan, les castes aujourd'hui se détruisent, et le brahmanisme s'en va. Une revue allemande, l'*Ausland*, — et j'ai déjà signalé comme caractéristique l'excellence des revues allemandes, — contient la Lettre d'un brahmane de Calcutta, adressée au célèbre auteur de la *Vie de Mahomet*, M. Aloïs Sprenger, auquel il dit : « Il y a cent ans, jamais on n'aurait imaginé ce qui se passe autour de nous. Un brahmane était dégradé, s'il rencontrait un cuisinier qui portât un mets défendu. Mon père n'aurait pas pu rêver que des Hindous pussent s'asseoir à la table d'un Anglais ! »

Voici la fille de Galilée, sœur Céleste ; à côté, un intrigant du dix-septième siècle, Marchiali, qui se montrent et nous instruisent. Voici le *Journal* d'un nommé Pryme, le professeur d'économie politique de Cambridge. Il est né en 1783 et mort en 1868. Il a un pied dans le dix-huitième siècle et un autre dans le dix neuvième. Que de choses à nous apprendre ! Certes, un Hottentot qui s'endormirait dans un siècle et se réveillerait dans l'autre, retrouverait tout à peu près dans le même état. Mais, parmi nous, un siècle ! quel changement ! Voilà le progrès. En étudiant ainsi les différences de races, on oublie les généralités et les systèmes ; on comprend et on conçoit les variétés. C'est ce que signale très-bien Newman, le catholique converti, dans son singulier et nouveau livre : *L'a posteriori*. L'examen détruit les généralités. C'est lui qui réforme et améliore par l'analyse. Ensuite doit venir l'*a priori* qui n'est que le résultat d'un grand nombre d'examens, c'est-à-dire d'*a posteriori* successifs, et qui met le système vrai et la théorie juste au sommet des observations constatées.

Il faut donc distinguer les peuples *examinateurs* des peuples *non examinateurs*. Ceux qui reçoivent tout du passé n'examinent plus; ceux qui discutent sans cesse acceptent le passé, mais lui font subir l'opération du crible et le forcent de marcher vers l'avenir. Ainsi on obtient des subdivisions importantes :

1° De l'examen chez les races orientales;
2° De l'examen chez les races latines;
3° De l'examen chez les races du Nord.

On se demande s'il y a des conversions nombreuses parmi les Hindous, et si beaucoup se font chrétiens. Il y a mieux que cela : ils commencent à examiner, comme le dit ce radja Lalla-Mitra dont j'ai parlé tout à l'heure.

La variété des intelligences est telle que quelques-uns même, à force d'examiner, retombent dans le catholicisme, qui leur semble offrir le meilleur asile contre le scepticisme. Telle est l'étrange et subtile intelligence du docteur Newman, qui vient de faire un *Essai pour aider à la Grammaire du consentement*. C'est un des livres les plus subtils qui aient été publiés et les plus profonds. Il essaye de poser les lois de la *certitude*, et prouve très-bien que la plupart des hommes se contentent de généralités vagues et peu satisfaisantes pour de bons esprits. Arnold, d'Oxford, et Newman, de Cambridge, *savent* ce que les autres *croient;* — voient ce que les autres *imaginent*, et saisissent ce dont les autres parlent.

Je voudrais que chacun des honorables professeurs qui ont charge de diriger l'intelligence française dans ses routes diverses fissent ce que fait l'un d'entre eux, et l'un des plus recommandables, M. Garcin de Tassy. Il publie chaque année une revue, un compte rendu de ce qui a eu lieu dans la sphère dont il s'occupe. Le mouvement intellectuel de l'Hindoustan s'y révèle. Point de romans. Aucun ouvrage de mœurs. Les hommes de ces régions si anciennement civilisées sont aussi les plus étrangers à l'esprit scientifique et à l'observation. Cependant un léger mouvement se fait sentir et comme un frémissement de renaissance. Il y a des journaux qui s'impriment en hindoustani et en pali contre l'Angleterre ; des discussions s'ouvrent sur la sainteté des écritures ; les femmes elles-mêmes commencent à se détacher de ce bloc informe et primitif auquel toute l'humanité appartient dans le principe. Une revue féminine, non pas en faveur de l'éducation anglaise, mais contre cette éducation protestante et européenne, paraît à Calcutta. Ce n'est pas encore cette observation philosophique dont je parle dans le chapitre précédent ; mais on se dirige dans ce sens.

M. Turretini, de Bâle, et M. Wolff, de Vienne, ont publié quelques fragments de romans japonais. Ce peuple étrange, ces Anglais de l'extrême-Orient, doivent à leur situation insulaire un caractère spécial, une vraie supériorité, même sur les habitants de l'Empire du Milieu. Ils étudient et aiment l'étude. Navigateurs par nécessité, ils savent que la pratique des choses et des affaires n'a rien de théoriquement absolu et que l'adaptation est la grande loi du succès. Ils n'ont certes pas conquis la pensée exacte, qui est tout européenne ; mais ils y marchent ; mais ils l'aperçoivent. Les habitants du grand

empire voisin, déchirés par la guerre civile, sont bien
plus profondément enfoncés dans les ténèbres de la généralité et de l'hypothèse. Les Romans chinois dont
M. Stanislas Julien, M. de Rémusat le père et M. Moris-
son, l'Anglais, ont donné des échantillons curieux, sont
individualistes et matérialistes, et, s'ils avaient plus de
vigueur et de flamme, rappelleraient de loin les créations de Balzac. Mais ce qui les domine et les anime est
une moralité si immorale, fondée sur un culte du passé
si absurde, attachée à une immoralité si imperturbable,
figée et arrêtée dans une glace si dure et si contraire à
la vie, que l'on s'explique en lisant ces œuvres pourquoi les enfants d'une race si ingénieuse, si industrieuse
et si subtile n'ont su que se maintenir à travers les âges
dans une prospérité médiocre et relative, sans atteindre
jamais la fécondité, la grâce, l'influence et la grandeur
hellénique. La loi de leur alphabet les condamnait au
symbole. Leur religion les condamnait au passé. Leur
immobilité les condamnait à l'absolu. Leur défaut d'i-
déal les ramenait sans cesse à la matière exploitée.
Aussi personne ne les a égalés quant à la main-d'œuvre.
Les romans que nous connaissons d'eux sont d'une fabrication très-délicate; les personnages tournés et polis
comme des pièces d'échec bien fabriquées. L'âme manque. L'intelligence, très-fine et très-active, nullement
ardente, n'a pas de justesse. Ce sont dans toutes ces régions de l'Asie des esprits incomplets, des microscopes
qui faussent les objets et des compas dont les branches
ne saisissent pas les points précis. Un Musulman de
Delhi croit encore qu'il mourra s'il se rase un vendredi.
Un Japonais que vous insultez s'ouvre le ventre pour
vous punir. Si vous pénétrez à la suite de Bastian l'Allemand, de Fleming l'Anglais, de Vamberg le Hongrois

dans ces parages de l'extrême-Orient, vous voyez, à mesure que vous enfoncez et que vous plongez pour ainsi
dire dans le soleil qui les baigne, l'originalité disparaître, l'individu s'évanouir et l'étude de l'homme devenir
non-seulement inconnue, mais odieuse, prohibée et criminelle. C'est un des dogmes fondamentaux des sectateurs du Koran, de ne pas étudier la figure humaine,
de ne point la copier et la reproduire, de ne créer ni
statues, ni peintures. Ils permettent à l'artiste d'imiter
le feuillage, ses enroulements et ses caprices, la brute
et ses attitudes. Mais l'homme est une pierre sacrée à
laquelle il ne faut pas toucher. C'est la religion de l'absolu et de la permanence. C'est l'idéal de l'immoralité.
C'est le contraire du génie grec créant le léger Mercure
et le lourd Silène. Ici, pour le Mahométan, il n'y a au
monde qu'un seul mortel, et un mortel divin, qui est
Mahomet. Pas de statue. Pas de roman. Pas d'individualité.

Si l'on quitte ces pays du soleil physique et des ténèbres morales, où cependant le rayon européen recommence à percer la nuit orientale de l'esprit, et que
l'on rentre en Europe, voici ce que l'on trouve et quel
étrange résultat on obtient. Les races latines de l'Europe
actuelle les plus rapprochées du Midi et du berceau du
monde sont aussi, à les prendre en masse, les moins ob-
servatrices et les moins intellectuelles. Ici je m'arrête.
Je ne dis nullement qu'elles sont douées de moins de
génie. Elles ont, beaucoup plus que les autres subdivisions de la civilisation européenne, vivacité, perception,
facilité, ardeur, coloris, tout ce qui constitue la supériorité intellectuelle. Comment en usent-elles? Voilà la
question. Examinons-la. Commençons par l'Espagne,
dont la pointe extrême, le Portugal, touche à l'Afrique.

Madrid, une ville de 200,000 âmes, n'a pas un cabinet de lecture. Le commerce des idées y est nul, et jamais, dans la conversation, dit un écrivain de mérite, M. Garcia, personne ne pense à s'occuper de choses ou d'œuvres littéraires. Ceux qui ont du talent ou le besoin d'écrire, dit un autre critique espagnol, M. Juan Riaño, font imprimer à leurs frais dans leur ville, à Cadix, Séville, Barcelone ou Tortosa, leur manuscrit, qui demeure à jamais enseveli dans quelque catalogue de librairie inconnue. Ce n'est pas qu'il manque d'hommes distingués, mais la constitution sociale les précipite, comme en France, ou dans les manœuvres de la politique, ou dans les spéculations financières, ou enfin dans la profonde indifférence. Une femme de race germanique et d'un talent réel, qui a choisi le pseudonyme de Fernan Caballero, avait commencé l'inauguration du style simple, sentimental et caractéristique du Suisse Zschoke et de l'Allemand Paul Heyse. Cet exemple n'a pas été suivi, et l'imitation d'Alexandre Dumas et des romans Capendu l'a emporté. Quelques satires dictées par la passion politique ou la médisance sociale mériteraient néanmoins d'être lues ; une satire vive contre les femmes, *las Españolas pintadas por los Españoles*, par M. Robert ; une autre satire contre le mariage, *los Dulces de la Boda*, par don Eusebio Blasco. Toutes ces œuvres, même les tableaux naïfs et agréables de Fernan Caballero, manquaient de cette variété de caractère que nous cherchons et qui fait le fond du roman moderne. A leur grande époque — et tous les peuples ont leur floraison — les Espagnols avaient créé les deux romans caractéristiques, le monde des chevaliers dont s'est moqué l'auteur de *Don Quichotte*, et le monde des pauvres, des picaros, des figaros, des petits forcés à devenir vauriens

15

pour vivre, comme Gil Blas, que Lesage a tiré de ce
monde espagnol pour le naturaliser et l'immortaliser.
La vraie idée, le germe, et plus que le germe du roman
moderne, du roman caractéristique et individuel, du
roman de Dickens, était là; dans *Lazarillo de Tormes*,
dans les *Cigarrales de Toledo*, dans la *Picara Justina*, dont
on vient de donner une bonne édition, dans *Gil Blas de
Santillane;* partout, dans ces livres écrits du même style
vigoureux, le style de Swift et de Smollett, brillent l'é-
tude variée des hommes du temps, la diversité accentuée
des caractères.

L'Espagne s'est arrêtée dans cette route. Depuis le dix-
septième siècle, elle n'a plus rien créé de tel ni d'analogue. C'est que l'orientalisme la reprenait. C'est que
l'*absolu* la dominait. Paralysée, ankilosée, le cerveau
comprimé dans les bandelettes du pouvoir central, toujours passionnée et intelligente, toujours fière et véhé-
mente, mais forcée de replier son activité et d'accroupir
ses passions, elle n'a plus produit ni *Don Quichotte*, ni
Célestine, admirable roman dramatique du seizième
siècle, ni *Gil Blas*. Messieurs les tartuffes, comme dit
Molière, ne voulaient pas qu'on les jouât; messieurs les
fiscaux et messieurs les alguazils n'entendaient pas
qu'on les soumit à l'enquête. Sous la pression absolue
de cette force centrale représentée par le tribunal de
l'Inquisition, toute liberté d'examen fut écrasée et s'an-
nula. Plus de roman.

Le meilleur tableau de mœurs que l'Espagne récente
ait produit, la *Fontana de Oro*, par don B. Perez Galdos,
est consacré aux hommes et aux choses de 1820 à 1823.
Il s'agissait, à cette époque, de continuer et de creuser
le sillon absolutiste où s'est ensevelie l'Espagne, ce sillon où germent les fureurs démagogiques futures; car

les Marat sont les enfants naturels des Louvois. Don Perez Galdos trace des portraits virulents et se sert de
couleurs trop passionnées et trop amères pour qu'on
puisse le citer comme un romancier fidèle à l'impartialité tolérante et à la parfaite équité. Mais son livre est
précieux en tant que document moral et renseignement
sur l'éternelle lutte. On y voit comment cette race si
noble, voulant se relever, ne l'a pas pu.

L'affaiblissement de la monarchie espagnole, provoqué et déterminé précisément par la prépondérance de
l'élément absolutiste, pendant que l'élément contraire
se développait en Angleterre et portait au trône Guillaume III, auparavant Stadhouder hollandais, cette épouvantable et croissante décadence, gouvernée par des
rois fous, par des reines absurdes et par des intrigantes
aidées de confesseurs, ont fini par livrer la dernière
extrémité de la péninsule ibérique à l'influence anglaise.
Le Portugal, depuis un demi-siècle, n'est, à bien dire,
qu'une colonie anglaise; il résulte de cette situation,
analogue, sans être identique, à la vassalité hindousta-
nique sous la pression anglaise, que beaucoup de points
de la vie intellectuelle se modifient parmi les hommes
les plus éclairés du Portugal. L'histoire, comme je le
montrerai plus tard, y cherche des documents authen-
tiques; on recueille les diplômes, les chartes; et ce petit pays, jadis si riche de héros et de poëtes, s'honore
d'avoir vu naître un des meilleurs romanciers de notre
temps, tout à fait de l'école analytique de Dickens, de
Foë et de Fielding; âme tendre, d'un érotisme un peu
sentimental, esprit doux et fin, d'une délicatesse un peu
subtile, mais très-attentif à séparer, trier et nuancer
les demi-teintes et les demi-tons de caractères. Jules
Dinir rappelle un peu, avec plus d'aménité et d'agré-

ments, l'auteur génevois du *Presbytère* et des *Menus Propos*. Le chaud rayon du soleil africain et les suaves brises qui, de la mer, viennent se jouer dans les forêts où le couvent de Batalha repose et se cache, ajoutent au charme de ces créations mixtes, septentrionales par la patience de l'étude, orientales par le mouvement; — les *Soirées de Province*, la *Famille anglaise*, les *Pupilles du Seigneur Recteur*. Je signale ce phénomène, symptôme et présage d'une littérature universelle et européenne, née de toutes les influences, éclose de toutes les brises, fille de tous les rayons, écho de tous les modes de pensée: celle que le grand philosophe Gœthe espérait et annonçait.

Que l'homme s'intéresse à son semblable, c'est la première condition du roman. C'est aussi la condition expresse de la politique. Si, de l'Espagne à demi-gothique, et du Portugal à demi-arabe, nous passons à l'Italie, qui, malgré ses mélanges longobards et grecs, est encore l'expression survivante la plus complète du monde antique, du monde latin, nous reconnaîtrons que, depuis des siècles, la situation morale de ce beau pays s'est opposée à l'éclosion de la sympathie analytique et de l'analyse aimante.

« Ce n'est pas notre faute, dit excellemment un Italien de l'esprit le plus juste, M. Angelo de Gubernatis, c'est la faute de notre passé. Nous avons reçu un triste et fatal héritage. A dater des Romains de Scipion, la guerre civile nous a divisés. Nous nous sommes haïs. De plus, nos pères, avec la splendeur somptueuse de leurs vertus et de leurs vices, avec leur imitation de l'antique Rome, du cicéronianisme, de l'académisme et des grands mots, avec leur amour du costume, leurs bacchanales superbes, tantôt espagnoles, tantôt byzantines, ont développé les arts, mais perdu l'essence même de l'humanité aimante et pensante. » Ce sont les paroles de M. de Gubernatis, qui s'en prend aux vieilles passions italiennes, à la vieille guerre civile, aux éternelles et violentes haines, et les accuse d'avoir tari dans son pays la source de l'observation morale.

Prenons garde, nous Français, l'exemple est terrible.

Si vous rouvrez ces volumes dont j'ai parlé un peu plus haut, auxquels je reviens parce qu'ils contiennent, enveloppée ou expliquée, toute l'énigme de la vie moderne en France, et parce que l'observation attentive des faits et des hommes, source du roman, y jaillit, non à titre de fiction, mais de réalité dramatique — si vous feuilletez cette *Enquête parlementaire sur le 18 mars*, où chacun des principaux personnages de la tragédie épanche librement et cependant avec méthode ses souvenirs et ses idées, il vous sera impossible de ne pas convenir que, par des causes différentes et multiples, après une vie de peuple aussi brillante peut-être que celle des Grecs antiques, des Espagnols et des Italiens nouveaux, nous entrons, par la voie de la guerre civile, de la passion immodérée et de la haine inassouvie, dans le sentier obscur de l'indifférence italienne, par où l'on va, comme dit le Dante,

Nella citta dolente.

Dans le pays des ombres, où languissent tant de nations fantômes. Ne soyons pas trop sûrs de nous-mêmes. Les Hellènes avaient, jusqu'à l'époque des Antoniens, soutenu le poids de la civilisation, et porté le sceptre intel-

lectuel comme nous l'avons tenu : le *poco-curantisme*
s'est emparé d'eux, et ils ont péri. Après les violentes
secousses et les drames furieux, l'anémie saisit les peuples. « J'étais étonné, à Paris, dit l'un des déposants de
l'enquête, de la profonde indifférence et de la torpeur
de la population. Les âmes étaient engourdies. » Il y
avait comme un brouillard de désespoir étendu à l'horizon des esprits. M. de Plœuc, l'honorable et courageux
défenseur de la Banque de France, dit qu'un de ses employés ayant donné asile à des fugitifs, ceux-ci allumè-
rent du pétrole sous son escalier par manière de diver-
tissement et seulement pour s'amuser. Je sais que
moi-même, voyant quelques précieux livres de ma bibliothèque étrangère mis en lambeaux, et cela par des
Français, je questionnai sur cet acte stupide un homme
qui avait endossé l'habit militaire et qui avait dû, selon
moi, y prendre part : « Pourquoi, lui demandais-je, et
à quoi cette destruction pouvait-elle servir? — Oh! me
répondit-il dans son patois des faubourgs, quand le soldat est en campagne, il faut qu'il *rigole!* »

L'ardeur gauloise avec laquelle les passions contraires
soutiennent chez nous leurs intérêts attaqués et leurs
idées préconçues s'oppose souverainement à l'étude de
l'homme. En France, nous nous battons toujours. Un
soldat n'est pas impartial. Il se bat. Il tue. Le catholique
de la Ligue ne jugeait pas le protestant et ne l'écoutait
pas; il lui plongeait son poignard dans le flanc. C'était
toute sa critique. Il abhorrait surtout les gens en dehors
des deux camps, les Erasme, les de Thou, les Montaigne,
les Pasquier, les Molé, même les Henri IV. C'étaient cependant les meilleurs de tous. Ils auraient aussi volontiers sauvé dans la mêlée un protestant qu'un catholique.
Telle est l'horreur inspirée par le sentiment du juste

dans les époques de guerre civile et de combat furieux chez les peuples belliqueux, que M. Ernest Picard, un esprit vif assurément, a pu dire dans sa curieuse déposition : *Je n'aime pas ceux qui restent en dehors de la guerre civile.* Mot caractéristique. Cet homme distingué voit bien quelle excuse et quelle explication morale on peut donner à ceux qui font la guerre civile ; ce qu'il ne voit pas, c'est le tempérament de ceux qui la font et qui ont besoin de cette excuse. Qui donc sont-ils ? Dites, cherchez, analysez ces combattants. Ce sont des personnes humaines. Savent-elles lire, écrire, compter ? Le genre de vie, d'éducation, pour chacun d'eux, quel a-t-il été ? Comme nécessairement, dans des événements si terribles, il entre beaucoup d'erreurs, de mal, de vices, même de crimes, allez-vous dire que les observer c'est de la satire ? Que cela n'est pas permis ? Que nous tomberons, si nous nous donnions cette licence, dans la médisance et la calomnie ? Mais alors, enlevant à chacun la liberté de juger, vous livrez cet arbitrage entre les mains de quelque inquisiteur ou de quelque délégué du pouvoir dont l'impartialité, dont la moralité ne vous sont nullement garanties.

Voilà pourquoi l'enquête a toujours été mal faite en France. On n'a pas rectifié le sens moral et le sens personnel, et l'on a confié le criterium tantôt à un confesseur, tantôt à un censeur, tantôt à un administrateur, quelquefois à un homme intéressé à fausser l'enquête. On est rentré ainsi dans l'exclusif ; tandis que le contrôle devrait être universel et se contrôler lui-même, on en a fait un apanage supérieur et le domaine spécial de quelques-uns. On a trop accordé au système, à l'absolu, à l'esprit, à la saillie, à la grâce, à l'élégance, trop peu à l'observation réelle et pratique. Ainsi l'un

des hommes les plus éminents qui figurent dans ces
rapports, ayant à rendre compte de la première apparition de Gustave Flourens sur le terrible et triste théâtre de l'Hôtel de Ville, dit presque en riant que, *rangeant
ses cantinières et disposant ses drapeaux, il offrait une
exhibition de militarisme très-piquant*. Mais Flourens lui-
même, qui est-il ? Ce jeune homme qui s'est assis dans
une chaire du Collège de France, où il faisait de si
étranges leçons, ce fils trop ardent d'un trop sage père,
qui était-il ? Cet homme qui revenait de l'Ile de Crète
insurgée, ce Don Quichotte des idées nouvelles, quelle
frénésie l'entraînait? Et ceux qui le suivaient? Combien
de tailleurs, de bouchers, de déclassés, de repris de
justice, de gens de lettres parmi eux? Qui étaient-ils?
Quels motifs poussaient chacun d'eux? Inventoriez donc,
cataloguez, étudiez les idiosyncrasies, les goûts acquis,
les façons de vivre ?

M. de Gubernatis se plaint de ce que l'Italie ne pro-
duise plus de bons romans. C'est naturel. L'intérêt de la
vie sociale en Italie s'est concentré et résumé à la dernière époque, dans l'expulsion des Allemands conqué-
rants et dans la lutte de l'ancien élément catholique et
pontifical contre le nouvel élément de pensée libre et
d'examen indépendant. Il y a là de quoi développer des
courages et des énergies soit intellectuelles, soit morales, et certes l'Italie n'en manque pas. Mais dans le choc
des partis, la variété des caractères et leur expansion
ne gagnent rien. On est Guelfe. On est Gibelin. Celui-ci
est partisan du Roi bleu. Celui-là est partisan du noble
et triste vieillard vêtu de blanc et couronné de la tiare.
On n'a plus le droit de juger ses amis, encore moins ses
ennemis. C'est la grande misère, un des plus douloureux
effets et peut-être le plus cruel résultat de l'esprit de

parti, qu'il détruit les caractères. Particularités et ori-
ginalités disparaissent. D'un côté, ceux qui crient : —
Vive le Roi ! et de l'autre ceux qui crient — Vive la Ligue !
Il est défendu aux hommes de l'Infaillibilité d'examiner
les Infaillibles et aux libéraux de juger les libéraux ou
de les peindre.

Cela tue l'Histoire et le Roman. Il n'y a plus que les
voyageurs qui nous renseignent. Aucun auteur italien de
fictions romanesques, nul publiciste, nul philosophe ne
nous donnent une vraie idée des mœurs, des caractères,
et des individus. Garibaldiens ou cléricaux, pontificaux
ou libres-penseurs osent à peine lever les yeux sur la
société qui les enveloppe. Ils servent les passions, celles-
ci ou celles-là ; elles leur viendront en aide. Ils ferment
donc les yeux sur les hommes. C'est plus commode et
plus sûr. Le meilleur livre qui ait paru en Italie récemment, livre parallèle dans un autre ordre au livre espagnol la *Fontana de Oro*, expose très-bien les conséquences
de ces éternelles hostilités de parti, couronnées de dégoût, d'indifférence ou de paresse profonde. Carlo Gozzi,
dans l'*Ozio in Italia*, « la Paresse en Italie, » a fait un
bon livre et une action courageuse, noble, utile ; il montre à nu cette grande plaie des vieux peuples, l'indolence.
Le Turc, le roi des races paresseuses, appelle cela son
Kiéf ; l'Italien a trouvé le beau vocable du *farniente* que
l'Europe lui a emprunté. Pendant que la critique s'éteint,
que l'examen meurt, que la vue se trouble et la raison
sommeille, la passion fume, grandit, bouillonne et éclate.
Dans le sanctuaire même du Vatican, sous l'ombre pacifique de la croix et dans des réunions solennelles sur
lesquelles doit planer la colombe sacrée, on se hait, on
se méprise, on se tend des piéges, et les scènes les plus
extraordinaires se passent. Il faut lire le *Journal du*

Concile du Vatican par le Dr Jean Frédérich de Munich, où se dessinent et se déploient jour par jour tous les personnages de ce théâtre sacré ; les plus élevés dans la hiérarchie, pleins de dédain pour ceux qui les suivent; tout respect des qualités, des talents, des vertus indivi- duels, disparu et englouti dans le titre et la classification sociale du possesseur ; une ardente compétition pour atteindre le pouvoir, descendant des premiers dignitaires aux seconds, de ceux-ci aux troisièmes, et finissant par peser sur le clergé inférieur et sur les ouailles. Étonnante scène, dont le détail est plus extraordinaire encore, l'absolu planant sur le tout, et la concession impossible entre gens qui tous possèdent l'Esprit-Saint! de même, la discussion et le doute sont impossibles sous le nuage divin et la foudroyante suprématie, sous l'irrésistible parole de celui qui est le *Verbe* même, le porte-voix de Dieu.

XI

ÉDUCATION COMPARATIVE DES RACES EUROPÉENNES

Quelles sont les nations les plus riches? c'est-à-dire celles dont l'actif dépasse et déborde le passif; celles qui ont un commerce d'exportation au delà de l'importation; celles qui, en dehors des conditions naturelles du climat et des faveurs de Dieu, jouissent le plus complétement du bienfait de la vie. Entrez dans une ville italienne des bords de la Méditerranée ou de l'Adriatique. Visitez avec les voyageurs modernes, avec Senior, Trollope, les Allemands Hasse, Rielh et Gregorovius; ou si plutôt vous visitez vous-même Pise, Pesaro, Ravenna, Otranto, si les banditti vous le permettent; Salerne, Fucina, la vieille Capoue, ou même les pentes qui conduisent à Trieste, à travers cette région bénie qui couronne l'Adriatique. Les marbres coudoient les ruines; les vieilles arcades sombres abritent des haillons jetés sur des corps de mendiants, aux membres magnifiques, à l'œil fauve, au cerveau déprimé. Du côté de Tarragone en Espagne, au sein des Castilles et de l'Estradamure; en Grèce, aux environs d'Athènes, à Marathon et dans l'Épire, le

spectacle est encore plus odieux et plus affligeant. Vous
vous rappelez le massacre de plusieurs touristes anglais
qui, l'année dernière, dans une des gorges de la Thes-
salie, ont laissé leurs cadavres. Il n'y a pas un an, le
train de voyageurs allant à Cadix a été arrêté par une
bande armée qui a dévalisé la caisse de la compagnie.
N'attribuez ces crimes ni à l'ardeur du climat, ni à la
violence des passions.

Les statistiques de Kolb, de Schæffle, de Schultz-
Delitsch, celles de M. Legoyt et de M. Block en France
vous renseigneront suffisamment. Les populations grecques actuelles, malgré les efforts courageux de tant de
philanthropes, comptent, et en confondant les populations épirotes, thessaliennes, celles des îles, celles qui
obéissent aux Turcs, à peine une personne sur mille,
qui sache lire, écrire et compter; il en est de même
de l'Italie grecque, de cette pointe que l'on appelle la
botte italienne et qui aboutit à la Trinacrie, à la Sicile.
On fut épouvanté, en 1861, lors du premier recensement
italien, d'apprendre que sur 100 indigènes il y en avait
80 d'illettrés, 80 pour 100. Le général Torre, qu'il faut
consulter là-dessus, vient de publier un rapport dans
lequel il indique le progrès, d'ailleurs assez notable, de
la lumière intellectuelle qui commence à pénétrer ou
du moins à effleurer l'Italie actuelle. En 1848, sur cent
conscrits, il y en avait encore *soixante* qui ne savaient
pas lire. En 1869, trois cinquièmes des mariages con-
tractés avaient lieu entre fiancés et fiancées qui ne savaient ni lire ni écrire; et cette ignorance crasse allait
en augmentant à mesure que l'on s'avançait du côté de
la Grèce et des beaux pays du soleil. Là, plus de littérature, pas même de romans; le brigandage dans toute
sa fleur. Plusieurs millions d'Espagnols aujourd'hui ne

savent pas l'alphabet. C'est la faute du clergé. On ne peut séparer l'idée religieuse de l'état des mœurs et des lettres. Quoi que l'on fasse, tout se tient : on publie maintenant des *chants populaires siciliens*[1], qui démontrent jusqu'à l'évidence le mélange de corruption et de sauvagerie que l'on a laissé croître et se développer, de manière à étouffer ces âmes, toujours religieuses de formule, abruties de fait.

L'éducation de ces races redevenues sauvages, comment s'est-elle faite? On les a rendues inconscientes et animales. Au lieu de les élever, on les a brutalisées; au lieu de les raffiner, on les a rendues grossières. C'est cette éducation qu'il faut épargner à nos enfants. Bossuet ne se doutait pas qu'en criant aux rois : *Vous êtes des dieux*, et aux peuples *obéissez!* il préparait la Révolution française. C'est ce que sentent très-bien ceux des catholiques qui, comme M. de Montalembert, le Père Hyacinthe et mille autres, repoussent l'inconsciente obéissance et la liberté chrétienne. Les hommes du Nord ont tous très-bien senti que cette abjection était contraire au vrai catholicisme. Pourquoi cela? c'est que la vieille éducation germanique, au lieu de les ployer de père en fils, leur a appris à avoir conscience d'eux-mêmes. Même l'éducation gallicane a laissé chez monseigneur Dupanloup une trace très-vive. Il faut voir avec quelle dextérité ce Gaulois, qui est le M. Thiers de l'épiscopat, se tire de ce pas difficile, affirmant que sur l'infaillibilité les grands esprits ne sont pas d'accord, et qu'il ne fallait pas susciter une telle et si dangereuse question. Eh! mon Dieu! c'est précisément pour avoir éveillé les consciences dans les *inconscients* catholi-

---

[1] *Sui canti popolari Siciliani* studio Storico di G. Pitré. Palermo.

ques que le concile est une grande chose. Quant à la
masse des populations, elle n'y pense même pas. Elle
vit et marche.

Du côté des libres-penseurs, on a essayé un anticon-
cile, qui a été une misérable farce. Il n'y a plus d'anti-
pape, parce que le vrai pape, celui du moyen âge,
n'existe plus. L'époque des cannibalismes intolérants
est finie; et c'est un cannibalisme de la pensée noble
que le dogme de l'unité immobile. Les deux Italies se
dessinent violemment; la papale immobile, l'antipapale
mobile.

Ne nous flattons pas trop. La France n'est qu'à un degré plus haut au-dessus de l'Italie. Descendrons-nous?
Monterons-nous? La vie sauvage a beaucoup de degrés.
Sur l'état des divers peuples actuels, il faut lire les voyageurs, les moralistes, les journalistes même; par exemple, M. *Caro* [1] et M. *Mézières* [2]; les tables statistiques
doivent y être jointes, et le tout nous apprendra quelles
sociétés montent, quelles sociétés descendent.

Le mouvement ascensionnel des sociétés est servi pro-
gressivement par diverses fractions d'hommes qui grou-
pent leurs idées. L'extrême ascétisme a eu son utilité.
Saint Jérôme en est l'expression. Robert Owen [3] a eu la
sienne. Les trappistes ont eu leur avantage et même touché leur but.

Dans l'éducation des peuples tout compte. Les Médicis devenus papes; Léon X avec sa politique vacillante
et sa vie voluptueuse, l'habitude de l'obéissance passive,
le fractionnement de la Péninsule, sans aucun lien fé-
dératif, surtout l'absence de conscience personnelle et

[1] *Études morales.*
[2] *La Société française.*
[3] *Robert Owen*, par Sargent, Londres, 1860.

de développement individuel, résultant du système de la
confession, et de la réduction des atomes humains à
une pâte molle et inerte, ont peu à peu affaissé et détruit l'Italie. Guichardin, dont les œuvres posthumes
ont été publiées par *Canestrini*, nous apprend comment
s'est opérée cette dissolution italienne. Par le gouvernement des prêtres, c'est-à-dire par la négation de la
conscience et de l'individu. C'est une des publications
récentes les plus curieuses. L'auteur, diplomate toute
sa vie et écrivain excellent quoique diffus et sans couleur, a passé cinquante ans à servir, sans conscience,
un pouvoir qu'il méprise; et, ce qui est singulier, il est
loyal serviteur, tout en méprisant ses maîtres. Il est un
exemple curieux de cette décadence. Extraordinaire et
bizarre intelligence, il dépend et aime l'indépendance;
il déteste la superstition et il croit aux esprits : il sent
les forces cachées de la nature, et il ne croit pas aux
miracles. Il abhorre les Médicis, et il est leur homme.
Il prétend que c'est le meilleur moyen d'être utile au
pays. Mais comment? et en quoi? Florence est-elle devenue libre? L'Italie a-t-elle été sauvée? La politique
d'expédients l'a au contraire perdue en l'avilissant. Il
y a un grand secret dont Guichardin ne se doutait pas,
c'est que chaque homme a une valeur, une conscience,
une âme, et doit les suivre. Si Guichardin était dans une
trop mauvaise époque, il pouvait se réfugier dans la
retraite et dans les lettres. Si vingt, trente Guichardin
avaient protesté, ils en auraient entraîné d'autres. Mais
pas un homme du Midi, Sarpi peut-être excepté, ne
comprenait que l'individu existe par lui-même et doit
marcher seul, à la lumière de sa conscience personnelle...

Mais si Guichardin ne devinait pas ce secret de l'édu-

cation individuelle, bien peu de personnes aujourd'hui
s'en doutent. Le gouvernement des prêtres le choque
et le révolte. Il ne voit pas qu'une conscience gouvernée
n'est plus une *conscience sibi conscire*, c'est savoir ce
que l'on est, ce que l'on pense et ce que l'on vaut. Les
premiers qui dans le monde moderne aient divinisé la
conscience, ce sont les quakers. Ils ont cru que le souffle
de Dieu est la conscience et qu'il faut lui obéir.

Guichardin, avec sa politique d'expédients, n'a fait
aucun bien à son pays; et sa vieillesse s'est passée,
comme celle de Galilée, dans le même village d'*Arcetri*,
probablement dans la même *villa;* car il y avait des
rapports nombreux entre Guichardin et Galilée. La
disgrâce et la tristesse ont couronné sa vie de diplomate,
comme la vie sociale de son pays. A quoi donc ont servi
ses sacrifices, ses expédients, ses concessions? à rien. Il
aurait fait plus de bien comme philosophe; et, en effet,
son histoire est lumineuse comme celle de M. Thiers.
Comme ce dernier, il favorisa la centralisation en ramenant les Médicis à Florence. En quoi cela lui a-t-il
servi? Le parallèle entre Thiers et Guichardin est frap-
pant. Indépendance intellectuelle et servitude morale.
Principes flexibles et flottants.

Il fut le défenseur enthousiaste de l'infâme Alexandre
de Médicis, parce que, dit-il, il faut toujours être *du
côté du plus fort*. On l'empêche ainsi de trop mal faire.
On ne l'empêche pas; on n'empêche rien? Pendant que
la destruction de la conscience nous apparaît chez ce
subtil homme d'esprit, la renaissance de la conscience
se faisait en Angleterre et en Allemagne, flamme individuelle suscitée par Fox, Penn, Barclay et les autres
sectaires du *libre esprit*. Il faut savoir se sacrifier. Il
faut le sacrifice au lieu de l'usurpation. Ce sont les

hommes nouveaux, rares mais possibles, sachant obéir
comme Catinat obéissait à son maître; sachant commander comme Washington commandait à ses troupes;
des hommes complets, non-seulement aptes à se conformer au nouveau moule, mais assez forts pour le
créer eux-mèmes si les institutions manquent. Rien de
cela n'est impossible, mais rien de cela n'est facile.

Il y a des races mieux préparées que d'autres. Par
exemple, certaines fractions de la famille française aux-
quelles de vieilles coutumes moins romaines ont appris,
non peut-être l'usage complet de l'individualité libre,
mais le juste respect de l'individu. En Alsace et en Lor-
raine, l'exclusif de l'unité antique n'a jamais pris le
dessus; ces pays, sans être républiques, se respectent.
Ces fortes régions, que la Némésis politique vient de
détacher de nous, pour un temps du moins, ont toujours conservé leur originalité personnelle, ce développement indépendant, que la vie antique n'a pas en-
tamé. Elles n'en sont que plus françaises. Ce sont les
pays où le jury fonctionne le mieux, où le foyer do-
mestique est entaché de moins de misères, ce sont aussi
les pays qui ont le plus de remords aujourd'hui, qui se
repentent le plus d'avoir cédé par amour pour la France
à l'impulsion latine, romaine, césarienne, de conquête
et de prétendue gloire, qui a changé en hontes passa-
gères et en âpres douleurs nos antiques et fières destinées. On vient de publier, sous forme de fiction contempo-
raine, un livre vrai et profond qui contient l'expression
ardente, intense du sentiment alsacien et lorrain, à propos des événements récents. C'est le plus étrange livre du
monde. Il est injuste à force d'équité. Il frappe sans pitié
sur les impérialistes, que je ne prendrai pas sous ma
protection, mais qui, étant un parti guerrier, une bande

16.

héroïque, un groupe belliqueux, font de leur mieux
pour vaincre, ont fait de leur mieux pour durer, nous
ont perdus en se perdant, et parmi lesquels il y a certes
de très-consciencieux esprits et d'honnêtes âmes. Parti
guelfe contre le parti gibelin; bannière gibeline contre
la bannière guelfe! Quand vos égoïsmes, vos ambitions
et vos personnalités envahissantes s'apercevront-ils que
vos appétits et vos combats assassinent le pays, et que,
vainqueurs ou vaincus, il n'y a pas de crime comparable
au vôtre?

Ce bizarre ouvrage qui est de deux auteurs, appartient à un seul. Il est écrit avec le cœur le plus français
et l'esprit le plus allemand qu'on puisse imaginer. Il
attribue tout au plébiscite, et ne laisse pas deviner que
le plébiscite n'est pas une cause, mais un effet. Se se-
rait-on adressé, pour obtenir ce suffrage, à des gens
que de longues années d'attachement à la France n'auraient pas engagés à confondre leurs pensées avec celles
que l'on attribuait à la France elle-même. Il serait
aussi injuste que faux de ne pas placer Erckman-Cha-
trian, l'auteur ou les auteurs de vingt volumes de
romans populaires, au premier rang des créateurs de
fictions modernes. Comme les Allemands, ils ne carac-
térisent et ne fouillent pas très-profondément leurs
personnages qui sont bien indiqués, heureusement et
franchement accusés, mais un peu amortis de contours
et sous le demi-nuage de l'estompe. Ils généralisent à
la française et s'enthousiasment vivement. Le piquant
et charmant romancier du langage Platt-Deutsch, Fritz
Reuter, leur ressemble; et, lui aussi, a décrit dans un
petit volume comique et tragique, plein de larmes et de
gaieté, l'invasion de son pays, le Mecklembourg, occupé
par les Français vainqueurs. Il est plus incisif sous

forme plus goguenarde; il cache le stylet d'une haine
et d'une vindicte plus acérées sous des apparences plus
niaisement moutonnes et patientes. Il déteste de toute
son âme les oppresseurs, les iniques, ceux qui abusent
de la force. Au lieu de tonner contre eux et de pleurer,
comme notre Erckmann-Chatrian, il les rend ridicules;
et pour cela il emprunte les airs de Jocrisse, et presque
la queue rouge. Emprisonné dans sa jeunesse, fort
maltraité par l'autorité prussienne, et presque passible
de la peine de mort pour avoir désiré l'unité de l'Allemagne, et battu en brèche les nombreux principicules
qui morcelaient l'Allemagne en l'étouffant, il voit aujourd'hui cette œuvre réalisée. M. de Bismark s'en est
chargé aux dépens de la vieille Gaule, qui aurait dû
marcher aussi dans le sens libéral de Fritz Reuter, et
d'Arndt, mais qui, trop docile et mal dirigée, démen-
tant ses antécédents et infidèle à sa mission, a négligé
de favoriser cette éclosion de la liberté allemande, qui
aurait assuré la sienne.

Fritz Reuter est plus grotesque; *Erckmann-Chatrian*,
plus sentimental. *Le Sérénissime* ou *l'Illustrissime*, un
des romans de Reuter, serait à peine lisible en français, tant le burlesque est versé à forte dose, ou plutôt
à pleines bordées, sur la tête de la malheureuse Excellence. Ce prince a peur de la foudre; et, pendant un
orage, ses sujets qu'il a le plus maltraités obtiennent
tout de leur prince. La nuée s'éclaircit-elle, il redevient
Jupiter. Le ciel menace-t-il de nouveau, le prince retombe au niveau du plus lâche, du plus tolérant et du
plus clément des hommes. Scarron barbouille à peine
de couleurs aussi follement cyniques, aussi vivement
satyriques, les caricatures de ses acteurs nomades.
Tout le monde, dans ces régions où le bas allemand est

parlé, a lu Fritz-Reuter, dont les œuvres ont eu des
éditions nombreuses, et qui a frayé la route au destruc-
teur de l'aristocratie princière, à M. de Bismark. Le
livre, intitulé *Le Sérénissime*, a surtout concouru à la
démonétisation de ces Excellences. La scène est placée
dans un repli ignoré du petit duché lilliputien de
Mecklenbourg-Strelitz. Les personnages sont les mêmes
que dans les étranges fictions de Jean-Paul : ce sont des
chambellans dorés sur toutes les faces circulant dans
des palais gardés par une armée de sept hommes et un
caporal ; le parlage insignifiant des bourgeoises, la
morgue des docteurs, et la stérilité des idées contras-
tant avec la hauteur et l'insolence des prétentions ; tout
dans cette parodie sérieuse de la grandeur est irrésisti-
blement comique. Le roman historique de l'invasion
française en 1812 offre un tableau d'un autre genre ;
c'est cet ouvrage qu'il faut mettre en regard de celui
d'Erckmann-Chatrian, sur l'invasion germanique. De
1812 à 1871, il y a plus d'un demi-siècle ; ces hussards
français qui brûlent aussi les villages et qui, s'ils le
peuvent, sauvent quelquefois les villageois ; qui chantent à la table des *co-recteurs* et des recteurs les égril-
lardes chansons de Piis ; dont toutes les filles raffolent,
que toutes les mères redoutent ; qui se connaissent en
littérature, et que de temps à autre les manants du
Mecklembourg font tomber dans un traquenard où on
les égorge sans pitié ; ces aimables enfants de Bellone,
suivant leur empereur à la victoire, ont laissé néanmoins après eux des vindictes immortelles et des rancunes sans fin qui devaient éclater un demi-siècle
après. Qu'est-ce qu'un demi-siècle pour la vengeance
des nations ? Le monde romain a mis plus de cinq cents
ans à se venger des Juifs qui, dit Tacite, méprisaient le

reste des hommes. Les Juifs en ont employé plus de mille à se venger de leurs oppresseurs.

Le cri, le soupir, l'angoisse, la rage, les malédictions populaires recueillies par ces deux auteurs, l'un, en 1871, Alsacien (car je regarde les deux romanciers d'Alsace comme un seul homme), — l'autre Allemand, et des régions voisines de la mer, en 1812; — ce double accent des misères que la guerre entraîne, se faisant écho à distance, des bords de la Baltique au pied du Jura, pénètrent le cœur d'une tristesse profonde. « Le père Jacob, un aubergiste de la petite ville de Detmold, ne peut pas reconnaître son fils Michel, tant ses haillons sanglants, sa balafre, et la faim qui l'a épuisé, l'ont rendu have et squelette. Il raconte à son père la déroute d'Iéna, et comment les vautours couraient après lui, le croyant déjà cadavre. » A soixante ans de distance, l'écho sanglant nous arrive avec le désastre français de Sedan.

Ce n'est plus 1812, c'est 1871. Et c'est la même chose.

XII

ENQUÊTE ESTHÉTIQUE SUR LES ARTS

Le même avantage que l'individualité apporte à la politique et à la théologie se représente dans l'esthétique des arts. C'est ce que prouve très-bien M. Holtzmann, professeur de théologie à Heidelberg, qui vient de visiter l'Italie. Son métier de théologien le préparait singulièrement à ce travail, et il a suivi, avec une exactitude scrupuleuse, le développement de cette peinture qui, d'Ange de Fiesole et de la croyance absolue, a fini par aboutir aux Carraches, c'est-à-dire à un réalisme mou et commun. Beaucoup de livres, ceux de Taine, de Ruskin, de Lübke ont traité ces matières. Deux vies d'Albert Dürer, par Mme Charles Heaton et M. William B. Scots, ont paru; lesquelles répandent un grand jour sur l'intellectualité rugueuse et comme noueuse du vieux chêne germanique. Même la catholicité s'en est mêlée; et Pie IX semble avoir encouragé ces recherches en suspendant au milieu du Vatican, le jour où le dogme de *l'Immaculée Conception* fut admis, un portrait *authentique* du Seigneur.

L'impersonnalité dans l'art a été poussée aussi loin que possible par les Byzantins. C'était une impersonnalité sacrée, consacrée, régulière, hiératique, conforme aux vues de l'État, à l'ordre de l'État. Le même mouvement, qui avait eu lieu chez les Hellènes, se reproduisit chez les Italiens. Et quand les Italiens eurent fait leur œuvre, une nouvelle personnalité naquit du côté du Nord; celle dont Memmling, Van Eyck, Albrecht Dürer furent les représentants et les symboles. La maison d'Albrecht Dürer, à Nuremberg, le représente bien; une petite maison rouge, modeste, subtile, ferme. Dürer ressemble à Michel-Ange en plusieurs choses. Il tend au mysticisme. Il aime l'homme intérieur. C'est par là que tout se renouvelle.

Jetez les yeux sur les tableaux gréco-russes, à fonds d'or. Ce sont les hiératiques. M. Didron, dans son *Histoire de Dieu*, a très-bien montré la transition, le passage, la succession de nuances et de métamorphoses que le christianisme des époques diverses a fait subir à l'idée de Dieu. Les mosaïques de Saint-Marc offrent encore un échantillon de l'idée primitive du catholicisme sacerdotal. C'est raide, c'est dur, c'est froid, cela se ressemble toujours; l'unité, l'identité, attestent la sainteté. L'homme ne reproduit pas sa conception, mais la conception pontificale. Il ne s'est pas émancipé du convenu. Or, il y a deux modes de convenu, celui de la barbarie et celui de la décadence; les imitateurs des Carraches ont le *convenu* académique, la religion des formes vulgaires et apprises. Les prédécesseurs de Cimabué et d'Ange de Fiesole professaient le culte d'un type unique imposé par l'autorité. La diffusion servile des derniers ne valait pas mieux ou valait moins que la servile concentration des primitifs; car il y a deux barbaries : l'une,

celle de l'ignorante enfance, qu'il faut conduire, et celle
de la débile vieillesse, qu'il faut soutenir. Tous les petits enfants sont allaités de même; tous les vieillards
décrépits sont alimentés de même et de même soutenus.
Le type uniforme, la tradition, l'arrangement commandé
aux Byzantins, représente la théocratie, c'est-à-dire l'u-
nité et l'autorité. L'homme qui veut reproduire les objets et sa pensée ne commence à vivre réellement que
lorsqu'il s'émancipe; la majorité donne la liberté pour
les peuples comme pour les artistes. Peu à peu, l'individu se dessine après s'être reconnu; il s'affirme par
un développement graduel. De même en tout. Les Américains, dès qu'ils se sont affirmés, ont vécu libres. La
France, qui aurait voulu vivre libre, n'a pas encore pu
s'affirmer. Ce même développement graduel s'opère dans
l'histoire des arts. On peut le saisir dans le beau livre
de M. *Moritz Carrière* sur les rapports de l'art avec la
civilisation. Il résulte de ces observations et de ces
études, que le milieu dans lequel vit un groupe social
y développe un certain germe qui lutte contre ce milieu, le transforme et finit lui-même par se renouveler.
La nécessité et le despotisme du germe sont évidents;
mais la liberté du développement, moins évidente dans
les végétaux, le devient dans les hommes. C'est une des
belles parties de la théorie curieuse de *Schopenhauer*,
qui présente la *volonté* comme dominant tout; Dieu,
suprême volonté, loi, crée le monde où l'homme, en
possession d'une volonté arbitraire plus ou moins forte,
le divinise et le relève plus ou moins. L'animal, possesseur de l'instinct, n'a qu'une volonté aveugle. La
plante, qui n'a qu'une sorte d'instinct aveugle, recule
davantage du côté des ténèbres et de la mort; où gît la
matière brute, condensation sans volonté.

La théorie de la liberté s'identifie à celle de la volonté. *Raphaël* est libre de tracer des dessins obscènes, grossiers ou d'imitation. Sa nature le porte à créer le beau, à le réaliser, à le raffiner. Chrétien et catholique, il pourrait s'en tenir à une complète copie de Cimabué ou de son maître même, le Pérugin. Il s'écarte; il diverge; il fait du christianisme, mais plein de beauté presque païenne. Il copie et idéalise la beauté, qu'il rend chrétienne. C'est sa volonté, sa conscience qui s'exprime, qui s'occupe, qui se caractérise. Or il a fait l'éducation de sa propre volonté. Sa grandeur est de ne pas rester passif.

Laboremus! disait l'ancien. Et le premier labeur, c'est de vouloir, c'est de s'imposer une loi, non de l'imposer aux autres. *L'initiative* fait tout dans ce monde. Prendre confiance librement, exercer sa force, sortir de la sphère sans air et sans volonté, agir, créer, vouloir, rejeter et briser l'inféodation de la formule, c'est se *réaliser* homme, c'est *être*. La *Renaissance* des arts n'est que le développement individuel des volontés, des capacités, des variétés, des *libertés*, naissant dans certains milieux pour les briser, comme l'oiseau brise sa coque. C'est ce que démontre *Jacob Burckhart* dans son remarquable livre sur ce sujet. Du temps de Charlemagne, le guerrier se confond avec le moine, et le moine avec le jurisconsulte; l'Église absorbe, concentre, égalise tout. Dans cette organisation théologique, la politique est la morale, qui est la religion, qui est l'art. Le second concile de Nicée déclare que « le peintre n'a pas le droit d'inventer l'image, qu'elle est une loi, une tradition, une prescription absolue, que l'artiste n'est qu'un ouvrier *d'exécution*. » C'est donc la liberté qui a fait même Ange de Fiesole et Orcagna. Ils ont diversifié

17

les expressions de la sainteté et varié les attitudes de l'ascétisme. Peu à peu, l'art moderne est entré dans la sphère plastique de la liberté; cela était arrivé en Grèce, et d'une manière équivalente, bien que diverse. C'est l'Hellade qui a donné le signal de l'individualisation, inconnue à l'Orient, pour laquelle elle était un crime. On peut consulter là-dessus, non-seulement Moritz Carrière, mais Grote, auteur d'une excellente *Histoire de la Grèce*.

Aussi a-t-on vu par degrés les écoles florentine, lombarde, romaine, bolonaise, vénitienne, se former, se grouper, s'arranger, se classer, donner l'expression des variétés italiennes.

La belle peinture! Ne pouvant s'expatrier et s'ébattre dans le monde des faits, l'Italie s'est réfugiée dans les apparences, dans la peinture, dans la musique. Les libres pays, Florence, Venise y ont surtout brillé. Dans un admirable ouvrage, intitulé *Cadore*, par un Anglais, nommé Gilbert, le grand-maître Titien est analysé, et avec une exactitude qui rejaillit sur toute l'école vénitienne et l'éclaire tout entière. Cette belle école du *Tintoret*, du *Giorgione*, de *Belin* et de mille grands maîtres inconnus, appartient à la race de demi-marchands, demi-princes, qui est venue peupler ces lagunes.

Ainsi une évolution nouvelle, celle de l'art, se manifeste avant celle de la charité opérée par les quakers, et celle de la politique active, que les Anglais, après Cromwell, ont si bien exécutée. Ici, comme toujours, c'est une libération. Les Michel-Ange et les Raphaël sont les sectaires de la libre forme, les Titien et les Véronèse de la libre couleur, comme les quakers étaient les sectaires du libre esprit et de l'âme délivrée. Ces

évolutions prouvent que le milieu ne peut pas tout et ne
satisfait pas à tout ; car le ciel était bleu pour Ange de
Fiesole comme pour le Corrége ; les matrones du temps
de Jules César, et les vierges du temps de Scipion ne
différaient guère des Romaines d'aujourd'hui. L'homme,
qui sous Charles Ier fonda le quakérisme, se nourrissait
des mêmes aliments qui, cent ans auparavant, entrete-
naient la vie chez le paysan et le moine. Aujourd'hui les
Italiens font du paysage. Au seizième siècle, Michel-Ange
le méprisait. C'était lui qui disait : « Les Flamands
mettent toutes choses à la fois dans leurs tableaux ; des
forêts, des maisons, des palais ; le tout pêle-mêle. Il
faudrait traiter chaque chose séparément, et l'on pourrait faire quelque chose de cette peinture. » C'est ainsi
que se marquait la diversité d'évolution nécessaire au
développement. La liberté faisait jaillir un rameau du
côté de l'unité, un autre du côté de la reproduction des
foules et des objets. L'art se bifurquait. Il s'affranchissait
par Michel-Ange en creusant les thorax, en fouillant les
muscles, en faisant saillir les veines, en mettant la vie en
relief ; en cherchant les raccourcis ; en exprimant les facultés et donnant leur accent aux énergies humaines. Il
allait s'affranchir par Rubens et Rembrandt ; il l'avait
déjà fait par Memmling et Holbein par les libertés de la
couleur, la variété des crépuscules, l'inattendu des re-
liefs, le travail de l'âme ressortant au dehors en accusant
les caractères et forçant la vie intérieure de se révéler et
de se manifester. Le milieu théologal pesait sur Michel-
Ange, il l'a brisé pour s'élancer vers l'inconnu. Le milieu vulgaire et grossier pressait Rubens, il l'a brisé
pour s'élever à une beauté éclatante. Les choses actuelles, s'ils s'y étaient servilement conformés, n'auraient fait de l'un que la contre-épreuve de ses prédé-

cesseurs hiératiques; de l'autre, qu'un moindre et plus
chétif Van Eyck. Ils auraient langui dans un milieu op-
presseur et non combattu. De même, Christophe Colomb
aurait toute sa vie refait les vieilles cartes géographi-
ques dans une cellule, s'il n'avait voulu découvrir son
Amérique.

Tout le monde a son Amérique à découvrir. Il y a
aujourd'hui à se délivrer de bien des choses. L'obstacle
est en nous-mêmes. Délivrons-nous nous-mêmes.

La mission de l'art est aussi accomplie; nous sommes
tous un peu artistes, comme nous sommes tous un peu
tolérants, un peu philosophes, un peu musiciens, un
peu poëtes, un peu politiques. Notre Amérique à découvrir aujourd'hui, c'est la régularisation et l'ensemble de toutes ces évolutions et le fruit de toutes ces
libérations. Ce que nous cherchons dans notre époque,
c'est son mouvement et son renouvellement.

Et la constitution générale et théorique d'un État, monarchie ou république, n'y fait rien; l'individualité y
est tout. La culture de l'homme intime est le but. Je
pense comme M. Coquerel, dont l'admirable Discours
coïncide avec les pensées juives de M. Crémieux, avec
les idées catholiques du Père Hyacinthe, avec les idées
de Fénelon : Faites l'homme intérieur plus fort; qu'il
résite aux influences et qu'il s'affirme pour le bien. C'est
la régle des arts, de la politique et de la science; et
M. Ruskin a raison de dire que l'artiste crée toujours
son œuvre d'après ce qu'il a de plus vrai lui-même dans
sa profonde conscience.

Voyez Raphaël. Il passe sa jeunesse dans les sauvages
vallées de l'Ombrie, en communion avec toutes les beautés originales de la nature. Voyez Titien; c'est dans le
Frioul, entre la mer et les Alpes Carinthiennes, qu'il passe

sès premières. années. Tous deux existent par eux-
mêmes. L'un se rend à Venise, l'autre à Florence et à
Rome. L'un vit quatre-vingt-dix-neuf ans, l'autre à peine
trente ans. Mais ils se ressemblent en cela : ils sont eux.
Que l'un profite de Jean Belin, l'autre de Pérugin, peu
importe. Ils veulent aller plus haut, plus loin, et créer
autre chose. L'un et l'autre voient les œuvres de Michel-
Ange, de Cellini, de vingt autres. Leur individualité
victorieuse se délivre néanmoins des chaînes du passé et
crée. Quelquefois l'individualité trouve des obstacles,
quelquefois non. Celles de Titien et de Raphaël montent
dans leur ciel, sans obstacles, sans nuages, et s'y soutiennent. Pourquoi? C'est que l'on était las de sophismes
de prêtres, de mensonges de politiques, et que la belle
peinture était un idéal et une vérité, que tout le monde
cherchait.

Aussi comme on respectait ces artistes qui représen-
taient l'indépendance par l'art! Ici, Michel-Ange, le républicain mystique, défendant sa chère Florence contre
les papes. Là, c'est le doux Raphaël qui, au lieu de subir la tradition, la réforme dans son miracle de Bolsena.
Plus loin, c'est Titien, que ni Charles-Quint, ni Léon X
ne peuvent arracher à sa chère Venise : cela ne l'empêche pas d'être souvent auprès de Charles-Quint; à Augsbourg, par exemple, où il rencontra Lucas Kranach.
Ainsi ces hommes, par la force et l'originalité de leur
génie, se libèrent tous, l'un après l'autre, dans leur direction propre. Amoureux du contour et de la vie exprimée par l'harmonie des belles lignes, Raphaël détruit
la raideur. Le mystique et musculeux Michel-Ange soulève les vieilles draperies ascétiques et montre le corps
humain représentant l'âme et l'exprimant sous toutes
ses faces. Titien va plus loin; il exprime tout le luxe

17.

extérieur de la vie, la séve, la flamme, l'éclat, l'ondoyant, la fête italienne de l'existence, comme Rubens
plus tard peindra la fête flamande et septentrionale d'une
vie plus épaisse, moins légère, moins aérienne, plus terrestre. Mais c'est toujours la fête et la vie; il y a toujours
la vie, toujours la vie. Albert Dürer et Holbein se donnent cette même fête dans les cavernes de la pensée,
sous les arceaux, sous les voûtes profondes, là où les
angles saillissent davantage, où les figures apparaissent
grotesques, où sous la lueur des flambeaux tout s'accentue plus savamment et plus âprement. Penser, c'est
encore se libérer. Jouir des beautés de la nature, c'est
se libérer. C'est secouer la mort, le néant, la paresse;
c'est se développer, c'est vivre. On peut exister sans penser; exister sans jouir de la vie, comme les manants
d'autrefois, hélas? comme les manants d'aujourd'hui,
manentes, *remanentes*, les « permanents, » les gens qui
ne marchent et ne se développent pas.

   Titien délivra l'art par la couleur.

   Mais où est la liberté? Ces gens qui, comme Alexandre
Borgia ou Léon X, croient commander, ne font qu'obéir
au grand courant. Lucrèce Borgia assistant aux fêtes de
ses noces couverte de perles et d'or, ne domine point la
situation. Ceux-là dominent, qui sont Titien, Raphaël et
Michel-Ange. Il y a bien autour de Lucrèce tous les éléments de l'art renouvelé; mais ce ne sont que ses éléments. Lisez *Cittadella*, Rawdon Brown, les Ambassadeurs, Marin Sanuto et les Rapports de San Prete. Là,
vous verrez s'épanouir la société supérieure du sein de
laquelle les Michel-Ange ont surgi. Elle est classique;
elle ne se libère pas. Devant Lucrèce on a joué *cinq* comédies de *Plaute*, en latin, le tout entremêlé de chants
et de danses, tellement libres que les ballets de M. de

Pourceaugnac ne leur vont pas à la cheville. La Renaissance y apparaît. On danse la Pyrrique. Le duc Alphonse
joue du violon à la tête de six exécutants qui l'accom-
pagnent. Le costume de Lucrèce est splendide. Elle teint
ses cheveux ; et tantôt blonde ou brune, elle laisse flot-
ter sur ses épaules sa chevelure incomparable. Tout est
désir de jouissance ; il faut en tirer l'idéal.

Ce qui rend la vie belle et superbe, c'est que tous
les épanouissements sont possibles aux races humaines.
Quand il y en a qui se contrarient, il résulte des monstres, souvent des monstres divins. Quel sourire que celui
de *Mona Lisa !* Et cette autre religieuse de Léonard de
Vinci ! L'œil est si bleu, si profond, si étrange ; la bouche
si riante, si fine ! et pourtant c'est si dangereux ! Versera-
t-elle le poison ; se privera-t-elle de tout pour les pauvres ?
On n'en sait rien. Tout est possible. Raphaël n'a pas senti
ni voulu rendre ce compliqué ; il est revenu à l'honnête
et robuste chasteté de la nature. On a fait à ses Madones,
à sa *Sainte-Cécile,* un reproche mal fondé : elles ne sont
plus des princesses, sans doute ; elles n'ont pas d'or dans
leurs cheveux ; elles tiennent leur petit enfant par le
bout du pied ; elles sont naïves, voilà leur mérite. Raphaël vous dit avec son pinceau : Celles-là n'empoison-
neront pas, n'écouteront pas Plaute, ne tueront pas leur
amant. Certes, ce ne sont pas des savantes ; leur âme ne
s'est pas encore émue, agitée ou attristée : ce sont des
âmes en repos dans des corps souples, beaux et vigoureux. La tête n'a pas encore pensé. Mais les rides ne sont
pas plus venues au corps que les douleurs à l'âme et les
sophismes à l'esprit. Raphaël a purifié tout, dégagé tout,
agrandi, libéré, épanoui tout, en détruisant les com-
plexités et les ambages de la vieille civilisation. Comme
on les retrouve dans le portrait de Lucrèce Borgia ! On

ne sait qu'en faire. Le nez droit et presque démesuré dans
sa longueur, le bas du visage peu développé, l'œil gris,
changeant, d'une proportion énorme, attentif, appliqué,
persévérant. Point d'attrait : un sphinx. C'est pendant
le cours du seizième siècle que s'est formé ce grand bizarre phénomène : la femme-homme-savant-courtisan-
poète — mystique — guerrier. Au commencement du
quinzième, la femme est encore un peu saine ; elle se
dégrade au seizième et se surcharge nécessairement des
vices de l'époque. En parlant de Ferrare et de son château sombre, un chroniqueur dit gravement que « c'est
un des châteaux les plus moraux de l'Italie; qu'on n'y a
pas commis de fratricides, assez peu d'assassinats et pas
beaucoup d'empoisonnements. »

Où s'arrête le platonisme? où commence le vice dans
la civilisation artificielle? On ne le sait pas. L'intimité
entre Bembo, par exemple, et Lucrèce a duré quinze ans.
Lucrèce lui écrit des lettres espagnoles; mais c'est une
Castillane mâtinée d'Italien. Comment la juger? Bien du
Nord chez elle. Le mystérieux sourire de Mona Lisa représente ces femmes. Tout devient incertain, coloré,
fuyant, miroitant, ondoyant, tant tout est compliqué. La
figure de Lucrèce n'est pas moins énigmatique. Ce
sphinx, qu'a-t-il? que n'a-t-il pas fait? Où est le bien?
où est le mal? où est le vrai? Qui le sait? Vous restez
stupéfait devant le chaos de ces confusions.

Ce qui est curieux, c'est combien nous-mêmes avons
pris de ces temps-là et combien, pour être quelque chose,
nous devrions les renier. Byzance sur Rome nous étouffe.
Se confondant avec la Grèce, elle nous a donné nos discours d'apparat, et nous avons honte de cette vaine phra-
séologie. Non-seulement au milieu de tous ces discours
et de ces phrases, il y avait des crimes, mais il y avait

des vertus et des talents. L'affreux Borgia nourrissait son peuple et Lucrèce protégeait les Juifs; elle était tolérante! Oh! comme l'intelligence et les sens s'étaient développés! Il ne manquait qu'un peu de vérité! Les arts l'ont donnée. Tout avait changé de nom et de place : les cardinaux faisaient l'amour et les papes la guerre. Lisez le récit du cardinal Hyppolite d'Este, courtisant une jeune femme et faisant crever les yeux à son propre frère! Ce ne sont plus des cardinaux. Le drame surabondait. Les hommes de talent ou de génie qui s'en sont emparés n'ont fait que l'affaiblir. Qui, par exemple, imaginerait la cage de fer où Guasconi le Français est suspendu et où il s'étrangle avec sa nappe! Et le comte Zurchi se noyant pour aller le voir. Au milieu de tout cela, la grande figure de louve de Lucrèce qui se dresse comme un sphinx! L'Italie, par les Borgia, était punie d'avoir subi l'Espagne. Mais les artistes réparent tout; ils sont les honnêtes, les vrais, les bons. Voyez Kranach! quelle belle et noble vie! Et comme tous ces artistes suivent librement leur route personnelle!

Ce que nous abordons maintenant, c'est l'esthétique des beaux-arts. Nous commençons par le mouvement musical étudié dans la littérature récente de la musique.

Nous avons assisté précédemment aux révolutions littéraires. Nous allons assister aux révolutions des arts. Ne blâmons pas le changement que subit le monde; cette variation, qui ne cesse pas et que nous avons étudiée déjà sous le nom de révolution politique, de romantisme littéraire, de métamorphose des sociétés, ce mouvement qui est à l'œuvre en Europe, ce mouvement, il est inutile de le louer et absurde de le flétrir, puisqu'il en est la nécessité; — j'en ai plus haut montré

les sources. Je l'ai suivi dans son cours. Je cherche
maintenant comment il a pu et dû agir sur les arts, et
spécialement sur la musique. On a publié, depuis cinq
ans, à peu près quinze cents volumes, biographies,
notes, commentaires sur ce curieux sujet, sans compter
de nombreux articles de journaux, qui doublent à peu
près ce nombre. On peut donc, en les parcourant, se
faire quelque idée des modifications subies, des évolutions nouvelles, des pensées éveillées ou amorties dans
les âmes et les esprits, des accroissements ou des dimi-
nutions de sensations et de sentiments qui se sont introduits dans cette sphère spéciale.

Elle est très-délicate; on ne l'aborde qu'avec peine.
Qui voudrait réduire l'art musical à la sensation ani-
male se tromperait; elle va plus loin que les fibres cor-
porelles, et pénètre jusqu'à la moelle de la vie morale.
Qui voudrait en faire une pure chose de sentiment
moral se tromperait aussi; l'ébranlement physique du
système nerveux précède toute impression psychique
causée par la musique. Elle est de l'âme, elle est du
corps; c'est ce qui la rend si puissante; elle se balance
sur les deux domaines. Elle est l'aiguille électrique qui
les réunit; et, par un phénomène presque mystique,
elle a sa base cachée dans les plus profondes assises de la
géométrie même et du calcul. Plus cette base est solide,
plus les cimes et les rayonnements de cet art extraordinaire sont lumineux et mobiles, car ils se dirigent,
en se pliant comme l'aiguille aimantée, avec une subtilité incomparable et une persistance passionnée dans
toutes les directions des nationalités variées; la musique, incapable, d'une part, de changer ses bases, qui
sont celles du nombre immuable, éternel, indélébile,
est, d'un autre côté, incapable d'être infidèle aux

variétés des temps, des races, des mœurs, des milieux,
qui sont l'infini. Aujourd'hui, les peuples, en se visitant mutuellement, commencent à comprendre ce mystère.

Il y a, on le sait, une musique en Chine; elle est hor-
rible pour nous. Il y en a une dans les Indes Orientales;
nous la trouvons somnolente. Ceux qui ont vécu en
Europe depuis cinquante ans, se rappellent l'époque où
la GAZZA LADRA de Rossini était sifflée par les Parisiens,
inaccoutumés à ces broderies de sons fugitifs délicatement enlacés dans la passion. Les plus âgés se rappellent aussi que Mozart, à Milan, vers 1815, passait pour
un compositeur barbare, dont la musique, *troppo ro-
busta*, disait le critique italien Baretti, « ne plait pas aux
rossignols qui chantent, mais aux ânes qui *brayent*. »
Cependant les principes de toutes ces musiques sont
les mêmes : des vibrations numériques, identiques au
fond, diverses néanmoins.

Il faut aussi se l'avouer, c'est peut-être cette sérénité
mélancolique de Virgile, de Raphaël et de Mozart, qui
rend beaucoup de nos contemporains insensibles aux
charmes de leurs génies pondérés. Par quelle progression la fièvre a-t-elle saisi et enfin dominé les âmes?
Vous avez là l'histoire même de l'Europe depuis cent
ans. Nous l'avons suivie plus haut dans la politique et
dans le roman; la voici qui se montre dans la musique.
L'Europe, entre 1750 et 1870, va de Turgot à Mazzini;
de la douce raison qui libère à la fausse idéalité qui
évapore et détruit. Elle va aussi du peintre David à Eugène Delacroix, de la ligne antique à la ruine de la
ligne; elle va de la fine poésie grecque d'André Chénier à l'effréné souvent sublime, toujours extrême, de
Victor Hugo. Enfin, dans la sphère musicale, elle va de

Mozart à Wagner. La course est longue et l'espace par-
couru immense. Les étapes sur cette route sont nombreuses; elles s'appellent Beethoven, Rossini, Weber,
Verdi, Meyerbeer, Wagner. Elles se nomment aussi
Rameau, Gossec, Méhul, Grétry, — puis Hérold, Auber
et Berlioz. Ce mouvement, qui peut l'arrêter? qui peut
le suspendre? Personne. Et qui peut empêcher aussi les
vieux, les anciens, les Nestor, de pleurer sur les phases
disparues de la vie antique? Elle est disparue! L'aurore
a fui; et maintenant le soleil se couche dans les nuages
sanglants. Demain il reparaîtra, voilé peut-être, et sous
des nuages noirs; mais cette éternelle roue de la vie,
qui entraîne les peuples comme les hommes, et les
âmes comme les globes, il faut la subir, et ne pas s'é-
crier que c'est la mort. Michel-Ange de Caravage et
Salvator Rosa, peintres furieux et secondaires, succè-
dent à la placidité profonde de Léonard de Vinci, à la
grande pureté de Raphaël. Laissez s'opérer cette réno-
vation éternelle. Dante, qui disait : « J'ai vu *Cimabué*
éclipsé par *Giotto*, » ne s'en plaignait pas. Laissez donc
se manifester et se développer toutes les forces virtuelles de l'humanité, même inférieure.

C'est ce que comprenait admirablement un des hommes les plus notables des temps derniers, Sainte-Beuve,
qui avait le tort, néanmoins, de tout confondre, c'est-à-
dire de niveler les moindres talents et les plus grands
génies, d'étudier Mozart sans admiration, comme il
aurait étudié Trissotin sans colère, et de retomber dans
le défaut matérialiste de l'époque, défaut que nous
avons observé chez le romancier Balzac. Oui, il faut
tout comprendre. Oui, l'humble caillou de la route, et
l'infusoire caché, qui existe dans la profonde mer, ont
droit à être observés. Ils sont de la création. Ils lui

appartiennent; ils en sont dignes. Mais si vous les placez au même niveau, vous détruisez la création même
et son ordre. Le diamant n'est pas le strass, et la fange
du ruisseau n'est pas la source pure. De même l'époque
du byzantin Phocas ne vaut point la belle époque des
Antonins. Dans la vie morale, l'inégalité des valeurs se
manifeste encore davantage et éclate bien plus vivement. Non, Socrate n'est point Tibère, Vadius n'est
pas Virgile. Et ici je m'arrêterai un moment, quittant
la sphère musicale, et sans m'éloigner du sujet de
mon étude, pour approfondir cette question, la première de toutes, la plus vitale pour le présent siècle.
La mobilité des phénomènes de la vie en détruit-elle la
réalité? Bien que tout apparaisse *relatif*, y a-t-il un
absolu? Si la musique change de peuple à peuple et
d'époque, a-t-elle une base, et est-elle une vérité?
Faut-il, avec les bouddhistes, entrer dans le *nirvâna*,
dans la croyance à l'illusion universelle.

C'est l'avis de Sainte-Beuve, sur lequel je conseille à
tout le monde de lire et de méditer un livre vraiment
admirable, celui de M. Levallois, qui vient de paraître.
« Le principe fondamental de la vie, dit Sainte-Beuve,
dans son journal intime, *c'est que tout revient au même.* »

Ainsi pensent toutes les nations orientales. Où sont-
elles? Que sont-elles devenues. Non, non, tout n'est pas
équivalent. Il n'est pas indifférent d'être Lacenaire ou
d'être Malesherbes. Encore une fois, ce que nous étu-
dions, c'est notre époque approfondie dans les livres;
ce que nous cherchons dans notre époque, c'est son
mouvement; dans ce mouvement, les causes, puis les
effets, la progression, la rapidité. Les rivages de 1750
ont fui. Où sont-ils? Nous ne les voyons plus. Quels
rivages avons-nous quittés? Quels rivages atteindra le

vingtième siècle, qui approche? Et aussi, avec quelle
vélocité effroyable, à travers les courants, les rochers,
les récifs, sous mille orages, notre vaisseau sans cesse
brisé, sans cesse réparé, brisé de nouveau, de catastrophe en catastrophe, de progrès en progrès, a-t-il
marché? L'esprit humain, maitre et créateur de la civilisation, comment a-t-il fait son œuvre? Mesurez l'espace; il est immense; rien ne s'est conservé intact. En
1750, la maladie d'un roi couvrait de deuil le pays, et
remplissait d'une douleur religieuse toutes les âmes.
En l'année 1872, celle où nous sommes, la religion monarchique, respectable en elle-même, se concentre dans
un étroit sanctuaire, qui ne comprend pas la dix-mil-
lième partie du pays. En 1750, le souverain pontife,
solidement assis sur son trône moral catholique, trai-
tait non d'égal à égal, mais en père, les souverains du
monde. Aujourd'hui le bâton pastoral se courbe et est
près de se briser sous le sceptre. En 1750, Londres était
distant de Paris, de huit ou dix jours au moins. Nous
irons dîner à Londres demain, si nous voulons. Le Français qui, à Madrid, aurait mal parlé de l'Inquisition,
aurait été brûlé vif en 1750. Aujourd'hui l'Espagne
craint seulement les bandits et les révoltes. L'Amérique
de 1750 appartenait à l'Europe. En 1872, l'Amérique
républicaine demande des comptes stricts à sa vieille
aïeule. L'Europe a changé. Tout catholique, reconnu
pour tel, en Angleterre, il y a un siècle, courait risque
d'être assommé dans la rue. En 1872, les catholiques
siègent puissants à la Chambre haute et à la Chambre
basse, et demain ils seront peut-être ministres. Ce qui
s'est opéré de changements depuis un siècle dépasse
donc ce que, dans l'ancienne histoire, nos ancêtres ac-
complissaient en vingt siècles.

Partout s'accuse cette vélocité de mouvement. Nous allons la voir se manifester dans la musique. Si vous visitez un de ces répertoires d'antiquaires curieux, assez nombreux aujourd'hui, où se conservent les débris et les témoignages des âges passés, vous y trouverez la petite épinette aux sons aigus et faibles, et la mandoline, dont les accords ressemblent aux cris du grillon dans les blés; et la flûte aux douces et légères insufflations. Les vibrations que ces faibles moyens imprimaient aux vagues de l'air suffisaient aux émotions musicales de nos aïeux. Si vous feuilletez le cahier qui est resté ouvert sur quelque pupitre depuis l'époque de Gluck, vous y trouverez les mots *comodo, dolce, sostenuto, comodamente,* et même *con galanterie* « aller commodément » (*galamment*). — Miséricorde! qui donc songerait à jouer *commodément* aujourd'hui du Wagner ou du Berlioz? Nous sommes parvenus à vivre d'une vie trop pénible et trop émue pour rien faire de très-doux ou de très-commode. Ce qui est devenu lent pour nous était vif pour les contemporains de Jean-Jacques Rousseau; et comme de même qu'ils mettaient un mois à attendre la lettre que nous recevons en deux jours, ils se contentaient d'un diapason modeste, contenant quelque cent vibrations par minute, tandis qu'il nous faut, à nous, cinq cents vibrations, pour que la sensation musicale nous arrive. Le passionné Verdi leur aurait semblé le plus intolérable des hurleurs, et leur orchestre à trois violons et deux hautbois nous aurait fait rire. Ainsi le thermomètre de l'émotion dans le monde civilisé et de ses variations se trouve dans l'histoire de la musique; — des réponses à l'opinion de Sainte-Beuve, que tout revient au même, par M. Charles Beauquier, en France, dans sa *Philosophie de la musique;* par *Helmholtz,*

en Allemagne ; *Ambros*, du même pays ; et par l'Anglais
John Hullah, qui, dans son *Histoire de la musique*,
vient d'approfondir ces mystères physiologiques de
l'art le plus prestigieux et le moins matériel que les
hommes aient pratiqué. Chaque année, en Europe, voit
paraître de nouveaux traités d'harmonie, d'esthétique et
d'analyse musicale. Tous les raffinés s'en occupent, tous
les civilisés en raffolent. La musique est devenue la
théologie de notre génération blasée. C'est à cette
ivresse de l'harmonie et de la mélodie que nos cœurs
desséchés vont s'étancher et se rafraîchir. Quelques-uns
des meilleurs écrivains des races européennes présentes : *Riel* (de Potsdam), notre *Théophile Gautier*,
Ruskin, l'Écossais *Carlyle*, se délectent à écrire sur la
musique. Les dernières évolutions de cet art ont ainsi
été escortées par une foule considérable de commenta-
teurs habiles et de penseurs savants. Il faut lire sur ces
évolutions et sur les annales de la musique, depuis
Gluck et Mozart, l'Italien *Scudo*, le Français *Gautier*,
les Allemands *Moritz Hartman* et *Langhans*. Un fait
bizarre en émane. Un point de connexité étrange rattache le vaste mouvement révolutionnaire des temps modernes au développement actuel de la musique.

Je dis que nous vivons plus vite aujourd'hui que jamais ! Notre musique aussi a pressé le pas. Les pulsations
de la vie sociale se sont passionnées, activées, enflammées.
La vapeur ardente nous promène en sifflant, et nous lance
à travers l'espace ; le rhythme des idées populaires est
devenu fébrile, furieux, violent ; les relations privées et
publiques s'entrechoquent, mobiles, précipitées. Cet ac-
croissement d'émotion a gagné la musique. Les peuples
d'Europe ont tous haussé leur diapason et précipité le
mouvement musical. La tonalité des âmes s'étant élevée

a entraîné la tonalité harmonique; le *Stimmung* moral, un mot superbe des Allemands, — la base des accords moraux, ayant changé de niveau, a transformé le *Stimmung* mélodique, et déplacé la base des accords musicaux. Aujourd'hui plus de mélopées lentes, plus de petites chaconnes galantes, comme Rameau les composait; plus de languissante *viole d'amour*, soupirant ses tendres plaintes; plus de ces petites phrases brèves, simples et nettes, qui se retrouvent même chez Haydn, trop concises et trop puériles pour nous; plus de ces mélodies légères et enfantines de quatre mesures, qui satisfaisaient nos aïeules. Par degrés, nos nerfs se sont tendus, surexcités et enflammés; ils ont répudié les vieilles mesures tranquilles, comme une douairière serait chassée par un blasé; la sarabande majestueuse n'est plus; l'élégance composée du menuet fatigue; la grâce de la musette nous ennuie; la chaconne semble prétentieuse. L'oreille s'est tapissée de bronze; l'âme a durci. Il nous faut des tons de plus en plus éclatants, des rhythmes de plus en plus violents, des accents de plus en plus frénétiques, un diapason de plus en plus strident. Cette marche ascendante du diapason, marée montante des sonorités en progrès, s'est imperturbablement continuée; elle se prononce à mesure que la démocratie s'accentue davantage, et que le flot écumant des masses populaires monte et envahit le rocher monarchique. La note *ut* (ou le grand *ut*), qui, du temps d'*Euler* (en 1739), comptait 118 vibrations, en compte aujourd'hui 140. En 1802, Chladni n'en trouvait encore que 128. Vivant double, nous doublons la course ardente de nos orchestres.

Comparez les simplicités et les abandons de Mozart à la mise en scène, à l'énorme prétention des musiciens

18.

des temps nouveaux. L'espace est immense. Le compositeur Wagner, aujourd'hui, bâtit pour lui seul un théâtre, où les partitions de Wagner seules, seront représentées; Wagner s'enferme avec un roi dans une ile où personne n'aborde; Wagner fait des programmes politiques et écrit des brochures. Wagner attaque la France, comme s'il était Obotrite ou Wende. La vieille prépondérance de notre race le fatigue, l'irrite, le provoque. Dès 1868, avant la fatale guerre, il pousse son cri de fureur contre nous et notre ascendant. Il faut lire sa brochure, intitulée : *Art et Politique*, et imprimée en 1868, pour bien connaître toutes les visées de Wagner. Il se porte athlète et champion du génie allemand, bat en brèche la civilisation française, associe dans sa haine furibonde les petits princes d'Allemagne et la démocratie française, et se fait chef de croisade contre nous. Quel étrange et profond ridicule! Il y a cependant des lueurs curieuses dans ce livre. Wagner, qui prétend représenter l'esprit allemand, complet, vante beaucoup la grande tenacité de ce génie teutonique à ne pas lâcher ce qu'il a une fois saisi; il ne cache pas le désir et l'espérance d'une énorme absorption du monde par l'Allemagne. « C'est, dit-il, la mission sublime de la Germanie de prendre le monde. » Mais pourquoi donc lit-on si peu en France, et pourquoi réfléchit-on si peu? A travers l'emphase, la pose et les incantations ridicules de Wagner, on aurait, dès 1860, vu la nécessité pour l'Europe de ne pas laisser se creuser l'abîme effroyable de haine. Car il fallait deux choses : pacifier les âmes et armer ses arsenaux ; préparer la sympathie libérale des races, et se préparer ainsi à tous les événements de la guerre. C'est le contraire qu'on a fait. On a aigri les deux races et désarmé la

France. On a vidé les arsenaux et provoqué ceux qui haïssaient. Quelle faute!

Depuis Napoléon Ier, avant Wagner, Weber, Spohr, Beethoven, avaient donné le signal de cet antagonisme dans le domaine de l'émotion musicale. Mais on est aveugle. On n'a pas vu que la guerre de Napoléon Ier a semé une étincelle, qui a grandi, s'est étendue, et est devenue un immense incendie de haine: Haydn aimait peu la France; Beethoven, encore moins, Weber encore moins. Races latines, si vous vouliez rester les maîtresses, il fallait garder votre supériorité. Qu'avez-vous fait? En vous affaiblissant par les mœurs, vous avez négligé de vous rendre fortes par les armes. Même vos accents musicaux sont abrutis ou effrénés. Races latines, réveillez-vous!

XIII

ENQUÊTE CRITIQUE, PROGRÈS DE L'ANALYSE

J'ai cherché dans les chapitres précédents à dé-
terminer les progrès que l'éducation, la tolérance,
la charité et les arts ont pu faire dans l'Europe civilisée, ou du moins les traces de ces progrès que l'on
peut reconnaître dans la production littéraire des derniers temps. Je voudrais maintenant me rendre compte
des efforts tentés et des résultats obtenus dans le domaine de la critique; quels livres ont traité la question
de la recherche de la vérité? et où cette recherche en
est-elle à travers toute l'Europe et dans le monde que
la philosophie éclaire? Quelles nations savent le mieux
chercher la vérité?

. Il y en a qui commencent par la théorie. Celles-là se
trompent. Elles professent la synthèse de l'absolu. Elles
supposent. C'est, comme nous le disions dans le premier chapitre, le système de l'hypothèse. Or l'hypothèse peut être une erreur; et comment distinguera-t-on
l'hypothèse vraie de l'hypothèse erronée? Comment dis-
cerner.le vrai d'avec le faux? Des vérités acquises com-

ment se porter aux vérités à acquérir? Comment fixer invariablement la certitude de la ligne qui rattachera les unes aux autres? L'éducation actuelle, en France par exemple, est-elle de nature à diriger les esprits dans le sens de la recherche de la vérité? Cette éducation nous donne-t-elle la conscience de notre faiblesse individuelle? Et, par conséquent, nous encourage-t-elle à raffermir nos idées, à donner de la vigueur à notre personne morale, à renforcer par la sympathie et l'intelligence notre individualité? Nous apprend-on à juger par nous-mêmes et nous donne-t-on comme règle un *absolu* qu'on nous impose? C'est cette dernière méthode que l'on suit et que je blâme. Elle est contraire à Bacon, à Galilée, à Descartes, à Mill, à Bain, à Hamilton, à tous ceux qui se sont occupés avec bon sens et profondeur de cette vaste question. Excepté en mathématiques, il ne faut point enseigner l'absolu. Le chiffre n'est pas une hypothèse, et la révélation est une hypothèse. En dehors de l'un et de l'autre il n'y a rien que de flottant et de multiple.

Pendant des siècles on a envisagé le magnétisme comme un état simple et *absolu*, la propriété de l'aimant attirant le fer. Eh bien, cette propriété est absolument fausse. Il y a deux états magnétiques. Il y a attraction et répulsion. La faculté est corrélative. Deux corps manifestant la propriété magnétique, s'ils sont dans le même état, se repoussent. S'ils sont dans un état contraire l'un à l'autre, ils s'attirent. L'antique professeur qui annonçait et commentait la propriété absolue était dans le faux. Le professeur nouveau, organe de la science en progrès, indique les propriétés contradictoires. Il ne présente pas le dix-huitième siècle comme exclusivement vicieux et galant, ni comme exclusivement philosophique et bienfaisant. Les deux pôles ne s'annullent pas, mais se balancent. L'idée de Malesherbes galantin, de Monthyon érotique, de Mirabeau séducteur ne serait qu'un *absolu* menteur. Mais l'idée de Malesherbes impeccable, de Monthyon également chaste, de Mirabeau infaillible serait fausse, bien que l'un possédât la plus pure des âmes, le second la plus charitable des vies, et le dernier le plus fier des courages. Les anciens qui faisaient de l'art ne voulaient voir que l'*absolu ;* de là le singulier règne des éloges, c'est-à-dire de l'*art* de louer sans rien blâmer.

Voilà pourquoi la polémique n'est utile que lorsqu'elle est double, contradictoire et libre, c'est-à-dire complète. Voilà pourquoi les revues et les journaux ne servent que si elles montrent les objets sous toutes leurs faces et ne s'inféodant pas exclusivement à tel intérêt et à tel groupe. Vantez l'idée de liberté sans l'idée de devoir, vous arrivez à la barbarie sauvage. Préconisez l'idée d'autorité sans l'idée de liberté, vous arrivez à une autre barbarie, celle du pouvoir absolu. Le point de vue borné des Asiatiques est l'autorité absolue. Le point de vue borné des sauvages de l'Australie est la licence *absolue.* Quiconque voit un seul point, sans corrélation avec l'ensemble, est incapable de trouver la vérité. C'est pour la bien comprendre que j'indique chez les quakers du dix-huitième siècle l'insurrection pacifique contre le mal social ; chez Henri Heine la fantaisie insurgée contre la régularité factice ; chez Benjamin Constant les vues saines du publiciste, alliées aux travers du civilisé des salons ; chez Stendhal-Beyle les raffinements du psychologue unis aux bizarreries volontaires de l'homme. Toutes ces manières d'être ne sont que des variétés relatives d'un même sentiment, le dégoût d'une civilisation excessive. Rien de tout cela ne se ressemble, et tout cela est analogue. Qui donnerait à chacune de ces révoltes une approbation sans mesure se tromperait. Toutes ces révoltes sont corrélatives; elles s'expliquent l'une par l'autre; elles émanent d'une même source, la vieillesse et l'ennui d'une société qui veut changer de peau.

Quand cette société ressent le besoin de la transformation, elle se révolte contre elle-même. Ou plutôt quelques-uns de ses membres se chargent de protester et de renouveler. Quelques-uns le font hardiment, d'autres follement, d'autres avec barbarie. Beaucoup se trompent; beaucoup, en croyant servir la perfectibilité humaine, qui est le vrai caractère de notre race, la font reculer. L'histoire de ces développements est encore à faire, bien que Buckle l'ait tentée, mais en se restreignant dans des limites mauvaises; car il n'a voulu tenir compte que de l'influence des milieux sur l'homme et non de celle de l'homme sur ses milieux. Établir des faits distincts, qui se relient à un autre fait corrélatif, c'est la critique. Il n'y a de critique et de jugement sain et valable que dans la corrélation qui retient un ensemble de propriétés et en accuse le total. Aucune de ces parties n'est *absolue;* aucune n'est le tout. Celui qui s'en tient à un *absolu* prend la partie pour le tout. Qui prend pour un homme politique Benjamin Constant prend la partie pour le tout.

La méthode *a priori* ne peut pas plus embrasser l'ensemble et saisir toutes les parties, que le voyageur se tournant du haut du Saint-Gothard vers l'Italie ne peut voir Munich, Saltzbourg et la Baltique, qui sont derrière lui. La méthode *a posteriori*, au contraire, analyse la carte, visite chaque endroit, le note, le caractérise, et des diversités calculées et observées conclut à la totalité. C'est le particulier qui permet de généraliser; c'est par l'étude analytique du spécial que l'on arrive aux corrélations qui sont la vérité même. Mais la vérité n'est jamais *une;* elle n'est jamais absolue. Les girondins sont morts bravement, mais ils n'ont pas assisté à un dernier banquet. Le Parc-aux-Cerfs a existé, mais les conditions étaient autres. J'ai dit que la résistance aux milieux était bonne, je n'ai pas dit que la révolte fût excellente. J'ai dit que l'éducation moderne laisse beaucoup à désirer, non qu'il fallût laisser les enfants sans éducation. J'ai dit que l'absolu des *doctrines* avait nui à la France, non que les doctrinaires fussent des méchants ou des sots. Tant que l'on ne tient pas compte de ces nuances, on possède un tableau, vu d'une certaine hauteur, on n'a pas d'histoire. On a une fraction ; l'ensemble manque.

Il faut séparer pour analyser. Vous séparez l'oxygène de l'hydrogène qui composent l'*eau.* Vous l'analysez. Si vous sacrifiez l'un des éléments à l'autre, vous n'avez plus d'eau. Mais une juste analyse étant opérée, rien de plus facile que d'arriver à la synthèse, et de cette dernière on marche à des analyses nouvelles. Une synthèse qui s'arrêterait serait l'immobilité et la mort; un principe *absolu* qui ne considérerait qu'un point nous aveuglerait sur les autres. De plus, le principe *absolu* conduit à des classifications fausses et empêche que l'on tienne compte des changements éprouvés par les êtres et les espèces. On est dans le faux, si l'on classe Byron d'après sa vie en Grèce qui a été héroïque; dans le faux, si on juge Benjamin Constant d'après sa faible et lâche conduite des Cent Jours. C'est la vérité dans l'étude qu'il faut chercher; et cette vérité n'est que dans la complexité analysée. Si, par exemple, un juré ne se rend pas un compte

très-exact des éléments dont se compose un fait criminel,
comment se décidera-t-il? Il sera ému. Un avocat habile concentrera sa pensée sur un point; et, faute d'analyser, il tuera un innocent ou absoudra un parricide.
Cet incomplet, se croyant complet, est très-dangereux.
Tout est incomplet dans ce monde. C'est cette modestie
que je prêche, et je commence par moi-même. En regardant son incomplet comme complet on prend la
partie pour le tout. Quand, au contraire, on convient
de l'incomplet des choses, on cultive l'individu, et on
ne prend pas la périphérie qui enveloppe les individus
pour les individus eux-mêmes.

C'est là ce qu'exploitent les fripons; le fripon est le
pôle corrélatif de la dupe. Il n'y a pas de dupe sans fripon, et il n'y a pas de fripon sans dupe. Renforcez donc
l'analyse chez l'individu. Donnez-lui plus de raison, plus
de force morale. La masse est toujours portée à la synthèse. Elle ne juge pas, elle se passionne.

La diversité des œuvres et des jugements prouve la
grande quantité des pôles contraires : qui décidera sur
Homère? entre Platon et Aristote? entre Shakespeare et
Sophocle? Personne. C'est qu'ils sont corrélatifs. L'absolu de Platon et l'absolu de Sophocle ne sont que des
erreurs et des mensonges. La vérité est Aristote balançant Platon, et Dante balançant Homère. Le cercle se fait
ainsi.

Mais la connexité dont miss Somerville a donné une
si admirable exposition n'est pas la confusion. La confusion c'est le communisme. Lisez le nouvel ouvrage de
Noyes, l'un des réformateurs communistes. Vous verrez
que c'est l'absence de l'individu qui les a tués. Lisez
l'histoire des communautés religieuses, vous verrez que
c'est l'individu qui les a soutenues par sa force propre.

19

Voyez donc les différences; analysez. L'homme est perfectible; le singe ne l'est pas : voilà la différence. Il a un cerveau, comme l'homme, c'est la ressemblance. Le chien ressemble au loup; il a d'autres mœurs. Pourquoi? On croit que la variété doit être abolie ; mais c'est l'uniformité qui n'existe pas. Partout contraste, harmonie, antériorité, postériorité, pôles contraires, contradictions, mais balancement. Les anciens n'avaient pas cette science; leur enseignement était synthétique : il n'y avait qu'une race. Aujourd'hui, depuis le mélange des races, tout progrès est analytique. Il doit distinguer le présent du passé et de l'avenir. C'est ce qu'expose Chevreuil dans son admirable livre!!!

XIV

GUICCIARDINI

Les livres, je le crois, n'ont guère d'influence sur la moralité que lorsqu'ils amusent; souvent aussi, lorsqu'ils amusent, ils corrompent. Une grande partie de la société moderne s'est modelée sur Balzac. Balzac était un voyant, un halluciné, qui a surtout reproduit la société comme elle voulait être, et des désirs de chacun a fait un personnage. Après l'avoir lu, on a essayé de réaliser ce personnage. Il y a donc eu action et réaction.

Chacun des méchants livres qui paraissent aujourd'hui a son école; l'Idéal nous manque. Un bon livre serait celui qui entraînerait les âmes vers un idéal à la Tocqueville, à la La Fayette, à la Bailly, à la Turgot. Il n'y a que des dissertations pédantesques qui ne charment et ne séduisent personne. Dans la fluctuation moderne, comment atteindre un type unique? Dans l'ancien monde vous aviez, sous Louis XVI, le *patriote;* sous Louis XIV, l'*honnête homme;* sous Henri IV, le *raffiné.* Maintenant vous avez le succès. Un remarquable petit volume, qui vient de paraître à Lyon, la *Comédie humaine*, donne une description très-comique et très-animée de la mobilité de notre époque française (page 89). De là l'influence des petits journaux ; les clowns ont pris les premiers rangs, avec la Duchesse de Gerolstein et Offenbach. De là le règne de ce que l'on a appelé la *blague* et que Heine décrit si bien. (Lutèce, page 229.) De là cette double danse, celle des pédants qui ne veulent pas se dérider, et celle des singes qui cabriolent avec indécence. Heine en fait un double et admirable tableau. Ceux qui ne voient dans Heine que des phrases, qui n'y aperçoivent pas l'histoire, les mœurs, la vie, qui demandent si l'étude de ces écrivains est de la littérature étrangère, sont étrangers à la littérature. La chaîne qui relie l'étude de Heine à celle de *Holtzmann* et de *Leckie* est une idée de morale, l'*individualité* cultivée ; l'homme amélioré dans ses forces intimes. Le culte même du beau dans la forme tient à cela. Aujourd'hui le caractère manquant, il n'y a plus de style. Prenez un de nos moralistes ; vous le confondrez avec son voisin. C'est qu'il n'y a plus de caractère propre.

Il faut donc relever les caractères ; mais par quel moyen ? Par l'indépendance qui se discipline ; c'est-à-dire par la volonté qui a conscience de sa force et qui veut se soumettre à l'ordre. L'art ayant conscience de lui-même, c'est *Titien* ou *Praxitèle*. L'esprit observateur ayant conscience de lui-même, c'est *Shakespeare*. Vous retrouvez donc partout le *moi-même* qui sait se dompter. C'est donc par le *self*, se gouvernant, que se produisent toutes les grandes révolutions des arts, comme des peuples.

Les Italiens, en perdant le *self* dans la politique, l'ont conquis dans les arts. Entre Ange de Fiesole et Corrège, ils se sont incessamment diversifiés dans l'art et *uniformisés* dans l'action politique. La mobilité efface les caractères aussi bien que l'immobilité. En général, l'excès d'un de ces éléments appelle l'élément contraire ; et l'atténuation des énergies personnelles, puis enfin leur destruction en résultent.

On peut étudier ce mouvement dans la vie et les œuvres de Guicciardini, né en 1483, mort en 1540. Il aimait beaucoup à écrire et notait toutes ses pensées. C'est le doux Franklin de l'immoralité politique. Il est bon de voir dans ces quatorze volumes comment les caractères périssent. Puisque nous désirons connaître comment les caractères peuvent se faire, ne négligeons pas de nous instruire de la manière dont ils peuvent se défaire. Le plus complet exemple de caractère détruit est le fameux Procope, qui, lorsqu'il était mécontent de l'impératrice, allait écrire sur son compte des indignités, touchait ensuite sa pension et revenait flatter à la cour. Guicciardini n'en est pas là. Il est seulement double. Il n'est pas *Tacite*. Ce même Tacite, avec Thraséas et quelques honnêtes hommes, ont concouru à relever les caractères romains qui, sous les Flaviens, sous les bons empereurs, ont eu une excellente période. Il faut rendre hommage à M. Gaston Boissier, notre nouveau collègue, qui récemment a réhabilité Tacite, attaqué par M. Stahr et Carsten. Cependant je crois Tacite plus sévère que ne le croit notre collègue. Dans Agricola, il a voulu montrer comment un grand homme peut honnêtement, mais avec prudence, se maintenir sous de méchants princes. Dans l'ouvrage sur les *Mœurs des Germains*, il a voulu indiquer à ses compatriotes quelles vertus leur manquaient. Malgré les philosophes tels que Tacite, après les Flaviens, l'intrigue et la bassesse re-

19.

prirent leur cours, les caractères continuèrent à baisser, et la décadence se précipita.

Dans toutes les directions, Tacite a résisté à son milieu. Dans toutes aussi, Guichardin a subi son milieu. Il
est son temps même. Tacite le dépasse. Il a d'un côté
Lucain, qui loue et flatte l'empereur, tout en conspirant;
il a d'un autre le pâle sénat, composé d'adulateurs lâches; il s'oppose aux uns comme aux autres. Tacite est
resté supérieur à ses contemporains; Guicciardini les
a suivis. Il est devenu maître de toutes les habiletés
subtiles que l'on admirait alors; et, pénétré de tous les
arômes dépravés, de toutes les mauvaises influences de
l'époque, il s'en est laissé vaincre, tout en les jugeant.
Il les a même répandues, encouragées et fait fructifier
avec une réserve en faveur de son intelligence qui restait
amoureuse du beau, du bien et du juste. Comme Procope, il s'enfermait dans son cabinet d'études et répandait son âme sur le papier, se consolant ainsi de ses indignités d'action; semblable à ce conventionnel que j'ai
connu et qui, devenu sénateur, s'enfermait en face d'une
petite statue de la Liberté que Robespierre lui avait donnée. Ces esclaves de la politique et de l'expédient trouvent moyen de tout concilier. L'âme s'avilit; les actions
sont serviles. Au premier étage et au pied de l'édifice
tout est ténèbres. Mais le sommet s'éclaire; la tête
de Guicciardini reste lucide. Il se voit lâche, il ne se
blâme pas, car il se croit forcé à la bassesse; et comme
cette situation le fait souffrir, il croit que sa souffrance
le rachète. Voilà ce que ses manuscrits, publiés après
trois siècles, nous apprennent. Ne pas conformer ses actions à ses idées, ni ses principes à ses faits, c'est perdre
l'unité du *moi*, c'est renoncer au caractère. Guichardin
n'en a pas. Il a, d'une part, beaucoup d'intelligence;

d'une autre, beaucoup d'active énergie. Mais il emploie
son énergie à suivre son milieu, non à le vaincre. Il n'y
a pas de drame plus curieux que cette révélation.

Il y a quelque chose d'effrayant dans cette docilité
aux actes coupables et cette sévérité de l'esprit critique.
Guichardin n'est pas, comme un inquisiteur, offusqué
par une théorie; il voit clair, aspire au bien et se conduit comme un misérable. Où est le caractère? Il est
dans Tacite. Esprit, âme, conduite, tout s'accorde. Il faut
bien que justice se fasse. En vain on a calomnié Tacite;
en vain on a blanchi Guichardin.

Il avait, comme le grand Galilée, comme Lucrèce Borgia, des excuses à faire valoir. Dans quelle mobilité qui
avait réduit les âmes en poussière avait vécu l'Italie!
Que d'intrigues! de trames! de complots! de guerres!
de luttes! Comme on avait dû perdre tout caractère et
toute moralité!

C'était surtout à Florence que régnait ce génie de l'intrigue. Les *Popolani* ou bourgeois faisaient la guerre
aux *Albizzi* ou guelfes. La famille de Guichardin appartenait à la bourgeoisie, aux *Popolani*. Florence prise,
délivrée, reprise; les Médicis maîtres, puis chassés; les
longues contradictions de la politique avaient amené
l'atonie, l'anémie, la fatigue, surtout dans les familles
longtemps mêlées aux affaires. François naquit dans une
de ces familles. L'argent devint tout, le succès aussi; le
principe rien. Il est d'abord professeur, puis veut être
d'église, par ambition. Le père, homme de l'ancien régime et plus moral, s'y opposa. On envoya François en
Espagne, avec la mission spéciale de tromper le roi le
plus rusé de son temps, Ferdinand. Il y résida une année et étudia la plus délicate politique.

La république de Florence tombe aux mains de Léon X,

qui la fait gouverner par son neveu Laurent, et qui désirant se former un vaste domaine dans l'Italie centrale, charge le jeune François, revenu de son ambassade, de lui préparer les voies et d'aller gouverner Reggio et Modène. On voit que c'est de vraie politique moderne; quelque chose comme M. de Norvins allant gouverner Rome, ou comme un bon préfet officiant pour ses maîtres. Ainsi débute Guicciardini, dont le père était mort. Le jeune homme poursuit ses études, continue à aimer théoriquement et platoniquement la liberté, raisonne philosophiquement, sert les voies tortueuses de son maître, est parfaitement mercenaire en réalité, parfaitement vénal, ne flatte jamais, garde sa dignité personnelle, instrument de l'ambition d'un autre et philosophe pour lui seul. Supposons le fils d'un homme honorable, de Turgot, Bailly, Ducis, d'un de ces honnêtes et intègres qui se sont tenus debout sous les mauvais souffles; il survient un maître. On ne pense pas comme lui. Il faut servir, par exemple, la conscription, que l'on réprouve, ou conduire madame de Staël à la frontière. On obéit avec activité, résolution et vigueur; on a, comme on disait récemment, *de la poigne.* Mais rentré chez soi, on relit Tacite et on se fait libre, *caractère* fréquent aujourd'hui : destruction du caractère. Cependant il n'est pas servile; seulement il fait deux parts de son *moi*, et par conséquent il le détruit. Rien ne finit par anéantir la moralité comme ces mutations et ces divisions. Renversé par Adrien, restitué par un Médicis, Clément VIII, il alla gouverner la *Romagne*, et s'y montra très-grand, très-personnellement courageux, très-fidèle au maître, imperturbable dans ses poursuites contre les ecclésiastiques coupables, mais emporté dans le courant d'une mauvaise politique, dont le résultat fut le sac de Rome

et l'emprisonnement, etc. Pourquoi donc s'y mêlait-il?
C'est qu'une fois engagé dans ce tourbillon sale et brû-
lant, on brûle et on se salit, sans pouvoir le quitter ni
s'en débarrasser.

Voilà une belle éducation de sa pensée. Voué à une
politique qu'il blâme, il ne peut pas même donner de
bons conseils. Que nous sommes d'étranges personnages! Cet homme qui se dédoublait ne se méprisait
pas. Et que la vie elle-même est étrange! et son drame
singulier! Pendant ce même temps, l'art s'affirmait
avec Raphaël et Michel-Ange, Guichardin, le politique,
perdait possession de lui-même; eux en prenaient possession dans l'autre domaine. Guichardin était comme
un cuisinier qui fabriquerait des mets empoisonnés,
pour l'usage d'autrui, et qui s'en laverait les mains.
Mais l'individualité de Michel-Ange, celle de Raphaël,
ne se disjoignent, ne se scindent pas. Guichardin se
fait de la morale à lui-même; il agit immoralement; il
juge des maîtres immoraux en les servant. De là naît
la diffusion de son style, qui ressemble à celui de Thiers
et des Byzantins, tandis que l'unité individuelle, la
cohésion de caractère de Tacite et du moderne Froude,
admirable historien, respirent dans leur œuvre. Buffon
a raison, le style, *c'est l'homme.*

La fausse et criminelle théorie de la souveraineté du
but s'annonce avec Guichardin. Agent des Médicis, il
pactise avec les Médicis. Républicain de Florence, il
détruit la république. Homme d'expédients, il sait bien
que les expédients ne le sauveront pas, et il en use avec
une dextérité, une énergie admirable et stérile. La
théologie fausse du catholicisme mal entendu avait cal-
ciné et pétrifié la moralité individuelle. Il obéissait et se
croyait disculpé; mais il obéissait surtout à l'état social.

On ne tenait plus ses engagements envers personne. On se demandait, en toute circonstance, ce que l'on gagnerait à telle ou telle action. La personne humaine n'avait plus de valeur, mais seulement la souvraineté du but. Le but, pour Guichardin, avait été de conserver l'autonomie de Florence. Mais tous ses expédients le mirent mal avec tous les partis. Et de Bologne à Florence, également mal accueilli par les républicains et les Médicis, il courait et languissait comme un spectre errant autour de l'asile où il ne peut plus rentrer. Enfin le pape Clément le fit rentrer en grâce et l'employa.

Mais, ce qui est étrange, Guichardin, si habile dans l'administration, courageux, spirituel, fécond en ressources, obéissant, docile et même patriote à sa façon, voyait faux. Il lui manquait cet esprit philosophique que l'on ne garde guère quand on manipule les hommes et les affaires. Dans quatre dissertations qui nous sont restées, il essaye de prouver que l'Italie du seizième siècle peut être gouvernée comme Venise. Il méconnaît son temps.

Raphaël, Michel-Ange, Titien, ne se trompaient pas sur le leur. Voyez Raphaël, jeune, courant les campagnes, cherchant la beauté partout. Le génie italien, asservi du côté des mœurs et de la politique, se délivre du côté de l'art. Guichardin est le compère dupé des politiques de son temps ; mais Titien n'est pas trompé par la couleur, ni Raphaël par la belle idéalité.

Familiarisés avec l'intrigue, démoralisés par la mobilité des choses, rassurés par la pétrification des croyances, aiguisés dans la subtilité, devenus de vrais condottieri en toutes choses, ne croyant qu'à l'habileté et à l'adresse, les Italiens de ce temps eurent pour flexible et aimable représentant Guichardin ; mais il

souffrit beaucoup, comme un homme qui aimerait une
femme angélique et qui épouserait Dulcinée, une cui-
sinière. Quand il défend le dépravé et l'odieux Alexandre de Médicis, il est impardonnable. Il veut, dit-il,
sauver son pays. Tous les tyrans ont voulu sauver leur
pays, et Héliogabale aussi. Mais il défend une mauvaise
race, il centralise contre la morale et l'honneur de son
pays, il introduit le principe erroné et dangereux de
l'arbitraire centralisé. Il sacrifie son pays à une famille
ambitieuse avec laquelle il n'a jamais pu se mettre bien.
Que cette vie de l'homme politique est triste et mauvaise! Qu'elle rapporte peu de fruits! Celui-ci protége
toutes les infamies, joue le rôle du pâle Fouché, met
Côme sur le trône et finit par être congédié. A quoi bon
toutes ces odieuses et subtiles horreurs? Ce qui est curieux, c'est qu'il alla passer sa vieillesse dans une retraite, disgracié, à Arcetri même, village où Galilée a
été interné. C'est là qu'il a fait son histoire, qui n'a
point d'âme, mais qui est si diffusément lumineuse et
intelligente. Ah! que la vie si courte de Raphaël est
plus belle! La vie de Michel-Ange aussi! — Le culte de
l'habileté, la souveraineté du but, à quoi arrivent-ils?

Cette destruction du caractère a tué son génie, car
son histoire, toute lumineuse et intelligente qu'elle
soit, ne se place qu'au quatrième ou cinquième rang.

Elle est sans caractère, parce que Guicciardini n'a pas
tenu compte de l'emploi des forces humaines.

Il n'y a jamais au monde qu'une même somme de
forces intellectuelles. Elles ne se perdent pas, elles se
déplacent. C'est un des principes suprêmes de la science,
que nulle force ne se perd. Aujourd'hui, au dix-neuvième siècle, les forces et les talents se portent du côté
e la combinaison matérielle, l'usage des éléments de la

nature employés. Au seizième siècle, en Italie, les meilleurs se consacraient aux arts. Peut-on comparer à Titien, à Véronèse, à Raphaël, à Michel-Ange, les hommes politiques du temps?

Mais que c'est difficile l'histoire! Comment dans chaque siècle s'opère la répartition des forces? Singulière question qui n'a pas été posée. Au seizième siècle, les forces se dirigeaient vers la théologie et les arts, vers deux espèces d'idéal. Aujourd'hui le concile œcuménique appelle tous les croyants et ne réussit à rien. Et lui aussi s'excuse par la *souveraineté du but*, que Guichardin a inventée; c'est entre les Borgia et Léon X que cette théorie a paru. C'est celle du bagne même; on a publié depuis quinze ans les Mémoires de Vidocq, ceux de Canler, ceux de plusieurs criminels, une vie de Lacenaire, et les documents ne manquent point pour établir l'idiosyncrasie du crime. Elle est la même que celle de la politique réussie. C'est l'égoïsme qui sacrifie les autres à soi: Cela s'appelle la *souveraineté du but*. Que la légèreté gauloise ou la profondeur italienne se mêlent au crime, peu importe; il se résume dans le *moi*, tyran, envahisseur, souverain, absolu. La vraie morale se constituera un jour; car on sait tout aujourd'hui, ce que les politiques et ce que les brigands font. Mais cette science doit mener au mieux. Élevons donc la pensée plus haut!

C'est cette épuration de la pensée que ne donnent ni la guerre, ni la politique. Par Guichardin et Machiavel, l'intrigue, l'égoïsme se sont répandus dans l'Europe entière. L'histoire de cet envahissement de l'immoralité par la *souveraineté du but* serait curieuse; elle s'est répandue même dans les armées. Il n'y a rien de plus intrigant et de plus servile qu'une tente d'état-major.

Lisez les Mémoires de Brandt et ceux de Fezensac. La faveur y est tout. Kléber est dédaigné de M. Thiers parce qu'il n'est ni esclave ni tyran. Ainsi l'indépendance personnelle est négligée pour la discipline. Mais disciplinez-vous donc vous-mêmes. C'est cette discipline de soi-même qui fait du grand artiste quelque chose de si supérieur au chef de bureau le plus obéissant, au soldat le plus astiqué, au politique le plus consommé. Tous ces habiles obéissent. L'artiste n'obéit qu'à lui-même. Le philosophe qui cherche la vérité, comme l'artiste cherche le beau, n'est rien s'il obéit et s'il imite. Le politique n'est rien s'il n'obéit pas à son maître. Quand l'artiste est Cottin, et qu'il obéit à la mode, quand il est un pauvre peintre, pastichant David ou Delacroix, il n'est rien. Quand il est Titien, il est tout. Washington, en politique, est ce que Titien ou Phidias sont dans l'art. S'obéir à soi-même! En Italie ce n'était pas facile. Burckhard, Savonarola, Arioste, Tasso, Aretin, Campanella, Galilée, ne l'ont pu qu'à moitié. Ils étaient comprimés. *Fra Paolo Sarpi* y est arrivé jusqu'à un certain point seulement.

Mais comment, dans ces époques et ces pays, résister au milieu absorbant; — ici à Rome papale, là aux petits princes! surtout à l'atmosphère universelle? Comment pouvait-on s'obéir et non aux autres? Où trouver l'indépendance? Dans les arts seuls. Sous Charlemagne, on la trouvait dans *l'Église;* sous Léon X, dans la peinture et la sculpture; aujourd'hui, dans le métier d'ingénieur!

XV

LE ROMAN DANS LA POLITIQUE

Lothaire, le roman de Benjamin Disraëli est dédié au duc d'Aumale, victime des récents mouvements de 1848 et de 1852. Cependant, Disraëli, jeune, était l'ami de Napoléon, en Angleterre. Maintenant qu'il a soixante-cinq ans, il proteste contre les tendances impériales. C'est une espèce de testament politique.

Singulière fusion, ou confusion. Profession de foi publique et démocratique du chef des tories. Moi, qui ai parlé récemment du grand mélange des choses et de la greffe universelle qui se fait aujourd'hui, quel plus fort exemple que celui-ci ! Un roman idéal, dont tous les personnages sont vivants ; une poésie presque lyrique, donnant accès à toutes les réalités ; une fiction pleine d'acteurs connus de tout le monde. C'est une grande idée d'avoir représenté par des hommes et des noms toutes les diverses forces élémentaires en lutte. On a voulu voir dans *Lothaire*, lord Bute. Oui, certes, comme Lamartine pouvait représenter la poésie, et comme M. Guizot peut représenter l'histoire. Mais les

hommes, aujourd'hui, sont plus complexes que cela.
LOTHAIRE, c'est le peuple, la masse, *Liud-Heer*, « l'armée des leudes, » l'universalité. Les trois femmes qui
se disputent Lothaire, sont le catholicisme, la révolution et le protestantisme. Disraëli vote pour ce dernier.
Mais il le fait avec ce que les Allemands appellent une
grande *génialité*. C'est le beau et facile développement
des forces personnelles et des grandes énergies prenant
leur essor.

Ce qui frappe pourtant, c'est que c'est un ouvrage
jeune. Que diriez-vous de M. Guizot, écrivant un vaudeville, et de M. Thiers, donnant un volume d'élégies? Ce
serait inconvenant! Et pourquoi pas? Toutes les antithèses s'accumulent dans cette œuvre; roman comme il
faut, et cependant populaire. Poëme chimérique et cependant réel. Traité de morale didactique, mais qui
amuse; œuvre où l'on cause beaucoup, mais sans frivolité. Il y a de la passion ardente, mais naïve. Fraîcheur, nouveauté, versatilité, originalité, tout Disraëli
y est. C'est un livre d'aventure, comme l'auteur. Il
n'atteint pas la perfection comme certaines œuvres,
dont la perfection de forme n'est qu'une pauvreté de
fonds. Il est tout moderne. L'épigraphe est un axiome
toujours applicable : *Omnia nôsse, hæc salus est adoles-
centulis;* — on peut ajouter *senibus et viris.* Hommes,
jeunes gens, vieillards, il faut connaître, il faut savoir. Le vieillard peut regretter de ne pas en savoir
assez ou de ne plus avoir la force d'apprendre; mais
le combat de l'homme mûr a pour arme le savoir;
et quand le jeune homme use ses puissances, sans enrichir sa pensée, c'est tant pis pour lui. Disraëli, qui
est à la fois, comme Henri Heine, épigrammatique et
élégiaque, dit, quelque part, que *la jeunesse est un*

pillage, l'âge mûr une lutte, la vieillesse un regret. Je ne
vois pas pourquoi la jeunesse ne serait pas une conquête, l'âge mûr un triomphe, la vieillesse un repos.
Lui-même le prouve. Il est un type-de ce temps-ci,
aventurier, positif et romanesque.

Phœbus est un type de l'Italie moderne. Il a épousé
une Cantacuzène, c'est-à-dire la Grèce. Il a refusé la
dot grecque, c'est-à-dire qu'il s'est détaché de l'Église
grecque et a embrassé le catholicisme. Sa religion est
païenne. Les personnifications de la vertu et des idées
religieuses sont toutes physiques. Son opulence immense est consacrée aux arts. Son but de peinture est
une personnification magnifique et presque idéale dans
sa grâce et 'sa richesse, dignes du Titien et de Véronèse.

Nos études précédentes nous ont conduits à une appréciation littéraire de cet étrange mouvement du
monde actuel qui greffe chaque littérature sur une
autre, chaque nationalité sur une autre, et qui vient de
donner à l'Afrique même, à l'île d'Haïti, des élégies
françaises noires dans le style de Lamartine. J'ai lu à
l'un de mes cours une de ces œuvres singulières tout
inondées de soleil tropical. J'aurais pu continuer et
éclairer ce travail, en lisant aussi les journaux de la
république noire de Libéria, les sermons catholiques
publiés par un Africain, à Boston, et un journal de
Californie, publié exclusivement par des noirs.

Mais ce mouvement d'expansion universelle est loin
de s'arrêter là. Les classes ouvrières se greffent sur les
classes aristocratiques; la politique, sur le roman; la
théologie, sur la politique. S'il est difficile d'introduire
de l'ordre dans cette fusion immense, il est impossible
d'en arrêter l'expansion, et d'empêcher ces rayons d'é-

lectricité puissante de se pénétrer, de se mêler et de se
combattre. Je sais qu'il y a des peuples chez lesquels
tout mélange passe pour illicite et adultère, mais ces
peuples sont condamnés. Les races soumises aux castes
ne peuvent prospérer; celles qui n'admettent que des
partis sont également frappées. Je lisais, dans un nouveau livre de Taxile Delord, cette étrange parole : *Tout
écrivain doit compte de ses opinions à un parti.* Cela
n'est pas vrai. Tout écrivain est un homme, et tout
homme doit compte de ses opinions à la justice. Un
homme singulier, qui a été libéral, conservateur,
poëte, Disraëli, le dit bien; cette fusion est le sujet de
son dernier et étrange livre : *Lothaire.* Je ne sais si les
journaux et les livres français en ont parlé; mais, selon
ma coutume, comme c'est un des ouvrages les plus
caractéristiques de notre époque, je vais en parler.

L'*épigraphe* est excellente, et pourrait servir de de-
vise à ces études : *Omnia nôsse, hæc salus adolescen-
tulis.* Ce mot est de l'esclave Térence; et, comme je
l'ai dit souvent, si c'est chose triste et douloureuse
d'être persécuté, c'est chose excellente et féconde pour
le genre humain que la persécution ; depuis Job jusqu'aux époques les plus nouvelles, le persécuté a servi
ses semblables ; l'arbre qui recèle des sucs précieux à
l'homme, a besoin d'être blessé, comme dit Bacon.
M. Disraëli l'a été, puisqu'il a été renversé du ministère. A soixante-deux ans, il a fait un roman comme il
en a fait un à vingt-deux ans. *Vivian Gray* lui a été
payé à peine deux mille francs; on prétend que *Lothaire* lui a été payé deux cent mille; en rabattant seulement de moitié, il y a encore un fort beau chiffre.
Qu'est-ce donc que ce livre? C'est tout, *omnia.* C'est le
miroir chimérique, idéal, positif, statistique même de

20.

ce monde confus et de ce temps confus. C'est une lanterne magique de l'avenir et du présent. Que cela nous étonnerait! Cependant rien n'est plus naturel que d'avoir des idées quand on écrit. Mais notre culte de la rhétorique fait que nous ne pensons guère qu'aux phrases. Qui sait même si, en me lisant, vous n'imaginez pas, étant habitants de Paris, que j'ai quelques visées particulières, que je fais allusion à des espérances, à des idées, à des regrets personnels. C'est une erreur, et c'est un de nos grands malheurs de ne pas vouloir croire à une philosophie, à une littérature désintéressées. Nous avons trop vécu dans la polémique.

Je ne vois nulle part l'explication des caractères et des types du roman; cependant quiconque a étudié l'Europe moderne, les comprendra et les devinera parfaitement. *Lothaire*, c'est le peuple, la masse des régions civilisées, soumise à des impressions et à des impulsions violentes, instinctives, fugitives. Deux jeunes filles d'une beauté accomplie, lady Corisande et Claire Arundel, reçoivent tour à tour ses hommages. L'une est l'ange sacré de la catholicité mystique, l'autre est l'ange du protestantisme nouveau. Miss Arundel la catholique va reconquérir son pouvoir sur lui; et c'est ainsi que le roman se termine, c'est-à-dire la catholicité reprend son pouvoir sur les masses, sur Lothaire. Le roman de Disraëli est une œuvre politique. Qu'est-ce que la vie politique? Ce n'est pas la morale, ce n'est pas le vice, c'est le succès. L'œuvre politique ne peut donc pas être désintéressée. Elle ne peut être que honnête tout au plus.

Cherchons, dans les biographies de Sainte-Beuve, de Gentz et de Daniel de Foë, lesquels, tous les trois, ont pris part aux luttes politiques, en quoi le contact de

cette guerre de partis a servi ou desservi leur talent ou
leur fortune. De Foë, auteur de *Robinson*, y a le plus
perdu.

Au commencement de sa vie, il prit les armes sous
Monmouth, et échappa. Il était fils de dissident, c'est-à-
dire protestant avancé. L'absolutisme était représenté
en Angleterre par ce que l'on appelait le papisme, et
soutenu par ce pauvre Jacques II, que Louis XIV reçut
à Saint-Germain-en-Laye. L'Église anglicane exprimait
la liberté-modérée et le *Dissent* la (Dissidence) exprimait le libéralisme le plus indépendant. Ce fut de ce
dernier côté et sous cet étendard que de Foë dut marcher. On ne se figure pas l'auteur de *Robinson Crusoë*,
à cheval, pistolet au poing, tantôt mêlé aux troupes de
Monmouth, qui vient renverser Jacques II, et qui est
décapité sur la colline sanglante de la Tour, tantôt
allant à la rencontre de Guillaume d'Orange, qui réussit dans cette œuvre vainement essayée auparavant par
Monmouth. Cependant, c'est là le vrai de de Foë, le de
Foë réel. On ne se rappelle plus que celui qui a écrit
Robinson. Trop préoccupé des affaires publiques pour
songer à ses affaires, il fit une banqueroute très-honorable, non-seulement paya ses créanciers, mais, son
concordat une fois obtenu, satisfit intégralement ceux
qui n'auraient pu recevoir de lui qu'une faible partie
de la dette; honnête homme, s'il en fut. Mais toujours
la chose publique le préoccupa plus que la sienne propre. Tour à tour bonnetier, propriétaire d'une fabrique
de tuiles, et armateur, il donna trop de temps et de
travail à ses idées politiques. Elles entraînèrent sa ruine
commerciale, réitérée. S'il n'avait fait que se battre
ainsi pour et contre les anglicans, on ne se souviendrait
guère qu'il a existé. C'est *Robinson* qui le sauve. Il y a

.quelques années, des ouvriers terrassiers furent chargés d'exécuter des fouilles, à Tilbury, dans l'endroit où
la fabrique de tuiles avait existé. Les *navviés* anglais
sont bien les hommes les plus ignorants du monde.
Quand on leur dit que les fragments de pipes qu'ils
retiraient de terre avaient appartenu au père de Robinson, et que c'était lui qui avait été propriétaire et
fondateur de cette fabrique, ces hommes grossiers
furent émus. Les grands intérêts éternels et universels
sont servis par ce beau livre. Mais quand de Foë, pour
servir le roi Guillaume, défend les armées permanentes,
ou quand il répond par une vive satire à ceux qui ne
veulent pas d'un roi étranger, ou quand il ne veut pas
que les dissidents se rattachent à moitié aux anglicans;
il est partisan, soldat d'une armée. Il sert des intérêts
passagers, discutables, éphémères. On ne peut pas le
blâmer. Il est enrôlé dans une troupe et sous un drapeau.

De même pour Gentz. De même pour Sainte-Beuve.
Comme en faisant la guerre on s'habitue à mille faits
que la morale ordinaire condamne, on ne tolère pas, en
étant actif dans la lutte des partis politiques, on affaiblit
ou l'on perd le sens moral. Cependant de Foë le garda.
Ami et confident de Guillaume III, il n'usa pas de cette
situation pour s'enrichir. Seulement la mort prématurée
de Guillaume coupa sa carrière en deux, et l'arrêta. Il
ne semble pas douteux que si Guillaume eût vécu il eût
occupé une haute position. Mais Guillaume meurt, la
reine Anne lui succède. Le whiggisme protestant, c'est-
à-dire le libéralisme bourgeois et avancé, mais non républicain, semble insuffisant à défendre le trône. Une
femme vient l'occuper : les femmes aiment la force ; et
la reine voulut en user, en ressuscitant le torysme. L'es-

sence de la politique, c'est la variation : il s'agit de gouverner sa barque et de faire face à des vents contraires,
d'éviter des écueils et de doubler des caps. De Foë resta
whig et combattit la reine. Ici commence sa période de
chagrins et d'ennuis. Moraliste comme Cervantes, il attaque les vices, fait des vers contre les abus et les excès,
demande que les dissidents ne soient pas maltraités, et
attire sur lui la malveillance et la vengeance. Bientôt,
comme Wilson et Lee le racontent en détail, il provoque le ressentiment le plus violent par son ouvrage :
« Comment il faut s'y prendre et en finir avec les Dissidents. » — (*Shortest way with the Dissenters.*) C'est là ce
qu'il a fait, après la légion, de plus extraordinaire et de
plus puissant. Aussi le met-on au pilori.

Reconnaissant envers le roi qui l'avait protégé, il est
comme Cervantes et Shakespeare, le contraire du talley-
randisme. Le peuple, par un mouvement admirable, fait
de son pilori un triomphe : il y trouve le sujet de son
admirable *Hymne au pilori*, de même que le pauvre André Chénier doit à l'échafaud ses plus beaux vers. Mais
il est ruiné, et comme il ne défend que la vertu et le
bien, rien ne le sauve. Avec une femme et six enfants,
emprisonné, ruiné, il refuse les offres du gouvernement
et du duc de Nottingham qui vient le visiter et veut le
séduire. Il résiste. Il ne veut pas trahir la mémoire de
son vénéré maître. C'est à Newgate qu'il crée la *Revue*,
fondée en 1704, c'est-à-dire vers la même époque que
le critique Bayle, le prédécesseur et le précurseur de
Sainte-Beuve. Ce fut l'œuvre de ce grand esprit, qui
resta une année et demie en prison, sans crime, sans
faute, trois fois au pilori.

La reine Anne apprit par Godolphin ce qui s'était
passé : en vraie femme elle eut pitié de ce pauvre homme

de génie si cruellement traité. La gratitude la plus ardente et la plus profonde s'empara de lui, et il voua à son bienfaiteur Harley un dévouement extrême. On ne se souvient plus de tous ces noms aujourd'hui, et on ne sait pas ce que Harley, Godolphin, Halifax ont représenté. A peine sait-on ce que voulaient et faisaient Martignac, Chateaubriand, M. de Villèle. Ces noms de gladiateurs disparaissent. Il s'attache à un ministère dont les opinions sont les siennes et continue bravement sa Revue. Il contribue à un grand acte politique, l'union de l'Écosse et de l'Angleterre. Sa *Revue* continue. On lui tend des guet-à-pens et l'on veut l'assassiner. On essaye de faire tomber sa *Revue* et de la supprimer. Il soutient le combat. Mais cette intégrité ne le mène à rien. En Amérique, il aurait été ministre.

C'est le modèle des écrivains politiques. Il a voulu allier l'honnêteté à la politique. Il y est parvenu, mais à quel prix? Swift et lui furent également mal récompensés. Swift devint idiot. Quant à Harley, c'était un très-grand esprit et un politique supérieur. Il attacha à son service tous les hommes de lettres de talent : Addison, Prior, Swift, de Foë. C'est du temps de de Foë et au milieu de ces mouvements tumultueux que l'impôt du timbre a été inventé. Toutes ses vues sont en avance de son époque. Il veut que, malgré la guerre, les nations belligérantes laissent la liberté au commerce. Enfin il déplait à tout le monde, et les whigs l'attaquent, lui qui n'est pas tory. Il est une seconde fois condamné. Harley, qui l'a déjà soutenu, lui fait accorder sa grâce. Mais il en résulte que ni les tories, ni les whigs ne l'accueillent.

Ballotté ainsi, il est six fois mis en jugement; et souvent pour des choses qu'il n'a pas écrites. C'est alors

que le garde.des sceaux ou chef de la justice, Parker, a
pitié du grand homme, et, sans faire grâce à de Foë, le
raye de la liste des accusés. Ce Parker avait eu envers
de Foë des torts considérables. Il eut des remords. Il alla
chez Townshend, le ministre, fit sa confession. De Foë
n'était pas du tout partisan des tories. Il resta whig. De
même que la guerre permet une foule de stratagèmes
pour tuer l'ennemi, voilà de Foë qui, sous le masque,
toujours whig et fidèle à ses principes, agit contre les
tories qu'il déteste. Il n'est point vénal. Il n'est point
traître. Il n'est point perfide. Mais il trompe, il dissi-
mule. Il cesse d'être un honnête homme.

C'est là que le philosophe est mené par la vie politique. Ce n'est pas toujours l'ambition qui le mène. Il
veut le succès de sa cause. Est-elle la justice? On
n'en sait rien. Il n'en sait rien. Moi je le sais et je le
blâme.

Mais ces mécaniciens politiques, comme Émile de
Girardin, ne se soucient guère d'être noircis, salis,
graissés et tachés. C'est leur métier. En définitive, de
Foë a créé la *Revue politique*, tandis que Bayle créait la
Revue littéraire. Il a créé le *leading article*, le *premier-
Paris*, un des engins les plus redoutables des temps
modernes. Mais joindre la philosophie à l'action guerrière n'est pas possible. Voilà pourquoi son œuvre intellectuelle se borne à *Robinson Crusoë*, le livre immortel traduit en arabe, en abyssinien et en mandtchou.
C'est la glorification de la force humaine, de l'action,
du déploiement de la force individuelle dont de Foë
lui-même, modèle de Voltaire, a été l'expression la plus
étonnante. De Foë a fait aussi une *Vie de Charles XII*.
Son immense intérêt aux choses du présent a fait tomber de sa plume trois cents volumes au moins; son be-

soin d'exertion lui a fait commettre une faute immense :
celle de se cacher pour mieux déjouer et frapper ses
ennemis.

Mais c'est un des hommes qui ont le plus contribué à
former le monde moderne.

XVI

MOUVEMENT RELIGIEUX DES ESPRITS

Les diverses enquêtes rentrent les unes dans les autres, et ce serait une grave erreur d'espérer les soumettre à une classification fixe. Ainsi les brochures qui éclairent le concile sont innombrables : les unes sont de théologie, les autres de voyage ou d'histoire; toutes se dirigent vers un centre, le mouvement religieux des esprits à la fin du dix-neuvième siècle. Mais de combien de côtés ce même mouvement peut-il se contempler! Une excellente brochure[1] rattache la question religieuse à la question politique et prouve que Rome n'a pas cessé de vivre, que le patriciat d'autrefois a jeté de trop profondes racines pour ne pas durer toujours.

La vie *politique*, la vie de la cité (*polis*), s'éclaire ainsi[2]. Comment se distribueront les groupes humains? Le suffrage universel est une solution violente; mais c'est une solution purement théorique qui n'est pas encore réa-

[1] L'aristocratie romaine et le Concile (anonyme).
[2] La Cité antique, par Fustel de Coulanges.

lisée. La concentration des forces éparses, c'est l'*aristocratie*. Aujourd'hui les forces se sont tellement dissé-
minées et subdivisées que l'ancienne concentration d'un
tout petit groupe n'est plus possible. La transformation
s'opère sous nos yeux, et s'opère difficilement. Ce qui
embarrasse le plus les naturalistes ce sont les transi-
tions, les métempsycoses, la manière dont la vie en se
perpétuant se renouvelle et se transforme. De même
dans les races. C'est ce qu'il faut étudier dans Juvénal,
dont M. Widal[1] vient de donner un bon commentaire.
Il demande aux Romains du temps des Césars ce qu'ils
ont fait de la vieille sève. Elle s'est corrompue sans
doute. Mais en se corrompant elle a duré. Il faut lire
là-dessus M. Galton qui ne voit que la préservation de
la sève, et n'en voit pas les changements. *Commode* était
dur comme Scipion; et *Héliogabale* dévot comme Caton.
Mais c'étaient des dévotions différentes et des âpretés
diverses.

Quand la race purement romaine s'est durcie jusqu'à
la dernière folie et la dernière cruauté, elle a donné
pour produit *Néron*. Alors sont arrivées en scène les
races italiennes, formant une nouvelle aristocratie. Elle
donna de bons empereurs, et, quand ceux-ci furent
épuisés, on alla les chercher en Orient. Il y eut des
Illyriens, des Syriens sur le trône. L'auteur de la trans-
lation définitive de Rome à Constantinople était un Illy-
rien, Constantin. M. Albert de Broglie[2] a fait cette histoire, mais beaucoup trop peu sous le rapport politique.
Julien était le passé, le patriciat, l'aristocratie antique.
Une aristocratie qui ne se renouvelle pas est morte : de
sa nature l'aristocratie est absorbante et cupide. En

[1] Satyres de Juvénal, par Widal.
[2] Histoire de Constantin le Grand.

France elle a absorbé la nation; et à son tour elle a été dévorée par le trône. Alors le peuple a mangé le trône, comme le démontre M. Thierry dans son *Histoire du Tiers-État* .

La *vie politique des papes*, par *Baxman*, ne déduit pas avec la même force et la même clarté que la brochure anonyme les progrès de l'aristocratie romaine renouvelée par le plébéianisme chrétien, maître de la papauté.

C'est honorer la papauté que la détacher des crimes, que dire la vérité sur la politique de Rome entre le sixième et le seizième siècles. La religion et la catholicité ne gagneront rien à se porter responsables des vieux scandales; il faut les restituer à la politique. Que l'on ait admiré les Romains pour avoir soumis le monde; que le patriciat ait été vanté par Polybe, Plutarque, Montesquieu; que cette farouche domination ait semblé belle, je le veux bien. Mais alors admirez les troisièmes Romains, qui sont les papes, et ne faites pas peser sur la religion l'anathème moral qui, si vous êtes philosophe, doit frapper à la fois l'aristocratie romaine, l'aristocratie italienne et l'aristocratie pontificale, universelle. Gilbert le Protestant, dans le *Papal Drama*, a curieusement développé tout cela.

Les malheurs de l'Italie émanent de l'aristocratie ancienne. Comme elle n'avait pas su faire l'éducation des masses et en détacher l'individu, ces masses flottaient, et le premier maître venu les prenait. Aussi de l'aristocratie des Scipions à celle qui s'est incarnée dans les Césars, et à celle qui s'est incarnée dans les papes, il n'y a eu aucun changement dans les individus, dans les hommes. Or, c'est l'individu, c'est la personne qui constitue l'humanité. Du temps de César, la populace ro-

maine était-elle apte à prendre le pouvoir? Y avait-il des
hommes? Non. Virgile lui-même flattait Auguste; Lucain lui-même flattait Néron; Horace lui-même était un
parasite charmant. Les plébéiens, qui mouraient en martyrs sublimes, fondaient le christianisme par leur héroïque dévouement. Mais, hélas! il n'y avait que la mort
qui individualisât. Les courages n'étaient bons qu'à cela,
tant la formation du caractère s'opérait lentement. S'il
y avait eu parmi les chrétiens d'autres courages que ceux
qui meurent avec stoïcisme, les affreux empereurs n'auraient pas si longtemps désolé le monde. Mais les Romains chrétiens étaient encore des Romains, c'est-à-dire
qu'ils étaient pliés parfaitement à la discipline romaine.
Qu'étaient-ce que Sénèque[1] et Thraséas mourants? Des
martyrs païens. Chez les modernes Germains, chez les
Anglais, on a procédé autrement. Le duc d'Albe a tué le
comte d'Egmont, mais non comme une victime résignée;
ne pas se résigner individuellement, c'est le monde moderne. Les anciens, reconnaissant le beau et le juste,
mouraient. Les modernes, reconnaissant les mêmes vérités, doivent combattre et combattent. Lisez *Lothrop
Motley*, dans son *Histoire des Pays-Bas révoltés*, bien
meilleure que celle de Schiller[2].

Ce développement de l'humanité est nouveau. Je ne
dirai pas qu'il soit totalement chrétien, mais le christianisme l'a favorisé. L'homme se détachant de la masse,
contrairement au panthéisme antique, c'est Luther, c'est
Dante, c'est Savonarole, c'est l'examen, c'est le jugement. Comment la domination universelle, unique but

---

[1] *Sénèque et saint Paul*, par Aubertin.
[2] *History of the rebellion of the Netherland*, by Lothrop
Motley.

de la politique romaine, aurait-elle toléré le jugement
personnel, c'est-à-dire la révolte?

Voilà donc ce qui s'agite encore aujourd'hui. C'est la
grande ombre de l'aristocratie romaine, de l'ancien patriciat, qui s'insurge, sous les draperies pontificales,
contre la démocratie moderne. Cette naissance et cette
successive génération des peuples et des formes politiques est souverainement bien indiquée dans les œuvres
de *Cornwall Lewis*[1], de *Gladstone*[2], et de *Niebuhr*[3], ainsi
que dans celles de *Guillaume de Humboldt*, traduites
récemment en français. La première vie des hommes,
solitaire et sauvage, se change en monarchie; on obéit à
un chef. La seconde est une aristocratie. On aboutit enfin à l'individu qui se rend compte de lui-même. C'est un
cercle dont l'individu brute est le point de départ, et
dont l'individu cultivé et ayant conscience est le point
d'arrivée et le dernier terme.

Le patriarcat est une étape; la féodalité une autre;
le patriciat, une autre; la monarchie, une autre; l'im-
perium, une autre. C'est la théorie de Darwin agissant
sur les peuples. Le patriciat ecclésiastique romain, très-
distinct de l'idée religieuse, a été merveilleusement soutenu par les jésuites[4] et combattu par les jansénistes,
dont le vrai but a été de ramener un peu la religion dans
la conscience et d'échapper au patriciat. Il était naturel
que ce beau sujet tentât l'esprit de M. Sainte-Beuve, si
amoureux de fine psychologie[5]. En effet, chaque nature
se développe délicatement dans l'austère liberté de ce

---

[1] *La meilleure forme de gouvernement.*
[2] *Juventus mundi.*
[3] *Histoire romaine.*
[4] Histoire des Jésuites, par Crétineau-Joly.
[5] Histoire de Port-Royal.

demi-protestantisme, que les papes et Rome n'ont pas toléré; et le curieux chimiste des annales intellectuelles s'est complu à peser, analyser et vérifier ces modifications. Elles sont politiques. Le protestantisme était politique. Mais surtout Rome moderne est politique. Et c'est ce que fait très-bien sentir, dans le meilleur livre que l'on ait écrit sur l'Italie, le président de Brosses. Ils sont au courant de tout, les Antonelli, les Sciarra. Ils savent l'Europe. Mais pour ces derniers gardiens de l'arche sacrée, ces derniers défenseurs du patriciat romain veulent rester fidèles à leur devoir et à leur poste. Ils demandent l'infaillibilité, parce qu'ils ne veulent pas perdre la suprématie italienne. Réussiront-ils? Tout patriciat qui se détache du mouvement général est condamné.

Je ne crois pas que le Midi se protestantise; mais il se détachera nécessairement chaque jour davantage du patriciat, assumé par ses prêtres; et l'éducation virile des nations nouvelles la fera pencher vers la culture de l'homme individuel. Déjà le Nord la pénètre et l'entame; on s'en plaint fort au Midi. Oh! ces PIÉMONTAIS! disent les chansons siciliennes, ils viennent nous apporter des lois et des chaînes! Ce mouvement se voit dans les lettres de *Cavour*, dans les romans de *Guerazzi*[1], dans les œuvres de Massimo d'Azeglio [2]. Tout ce qui est religion résiste; tout ce qui est patriciat tombe. L'*Histoire de l'Église chrétienne*, par Schaff, et l'*Histoire de la* LATINITÉ *chrétienne*, par Milman, ainsi que l'*Histoire des Conciles*, par Hefele, doivent être consultées. On reconnaîtra que toute la papauté a été politique.

[1] *Beatrice Cenci.*
[2] *Rinnovamento dell Italia.*

XVII

LE CONCILE

Le Concile et la science moderne, par l'abbé Michon ;
— *La lettre sur le futur Concile œcuménique*, par M. l'É-
vêque d'Orléans ; — *Le Concile œcuménique, ou les Droits
de l'État*, par .... — *The Church's creed and the crowd's
creed, a letter to Archbishop Manning*, by E. S. Ffoulkes,
— sont les principaux livres où la question religieuse
vient d'être traitée. C'est historiquement qu'elle a de
l'intérêt. La partie argumentative a peu d'importance.
Institutions humaines, instruments imparfaits, ces assemblées ne réussissent que très-incomplétement à réaliser l'idéal de grandeur, de charité et de lumière qu'elles
se proposent. On se rappelle les fureurs des conciles
de Nicée et de Constantinople ; les meurtres, les trahisons, les intrigues de Constance et d'Éphèse ; les horreurs que le patriarche de Constantinople reprochait à
celui de Florence ; le sang versé à Trente et les luttes
violentes qui remplissaient les rues de carnage. Que
fera-t-on dans le nouveau concile? Il est probable que
l'esprit du temps le pénétrera. On a entendu déjà les voix

indépendantes du comte de Montalembert, mourant; du
prince de Hohenlohe, en Bavière; de MM. Dupanloup et
Maret, en France; de Laino, en Espagne; de Ffoulkes,
en Angleterre; de Dœllinger, Janus, en Allemagne; de
l'abbé Gratry, de l'évêque de Derry. Une faction impérieuse et active l'emportera-t-elle? J'en doute. Déjà la
lumière pénètre dans les fissures du concile. Si autrefois Athanase et Paphnuce à Nicée, saint Thomas d'A-
quin à Lyon, saint Anselme à Bari, Salmeron à Trente,
ont fait subir à des prélats âgés, chargés de préjugés lo-
caux et écrasés sous la tradition, l'influence d'intelligences supérieures, pourquoi le même résultat ne se
produirait-il pas? Pourquoi l'Esprit-Saint ne soufflerait-il
pas sa vigueur sur l'esprit humain? Pourquoi mille abus
ne seraient-ils pas réformés?

Il faut, pour cette réforme, que la parfaite liberté et
la parfaite publicité assurent les débats. Ce sera une
grande chose alors, que ces sept cents évêques débattant
les grands problèmes. On verra des faits se dégager des
phrases, et des améliorations pratiques avoir lieu. Autrement, ce sera la pompe creuse, le vain simulacre, l'enveloppe extérieure d'un concile; on a dit du synode de
Dordrecht :

> Dordrechti synodus, — *nodus!* — Chorus integer — *æger !*
> Conventus— *ventus !* — Sessio, stramen — *amen!*
> Synode ou *synodus*
> N'est autre qu'un *nodus;*
> Un *nœud* inextricable!
> Et ce corps vénérable
> Qui veut nous rendre la santé,
> Est bien malade, en vérité!
> Par un phénomène admirable,
> *Integer* est *æger ;* — *Conventus* est *ventus;*
> Adieu, respectables élus,

Unis par un lien de paille!
Synode ou session qui ne fais rien qui vaille,
Sessio, — stramen!
Amen!

Ainsi, dans tous les temps, la controverse a remué et
agité; l'examen et le jugement public ont passé au crible les synodes et les conciles. Mais aujourd'hui la discussion est devenue universelle, publique, générale.
L'air entre de partout; le jour vient de tous les points,
En même temps que l'infaillibilité papale, on remettra
en discussion le célibat des prêtres, le régime monasti-
que, le degré d'autorité du temporel sur le spirituel, le
mariage civil, les mariages mixtes, l'éducation confiée
soit aux laïques, soit aux ecclésiastiques, toutes les
questions de l'Irlande seront remises sur le tapis.

Le débat engagé ainsi pénètre bien plus avant: Con-
serve-t-on les prétentions antiques? Que faire de la bulle
In Cœna Domini? Les prétentions d'Hildebrand seront-
elles soutenues ou abandonnées? Le passé des pontifes,
bons et mauvais, la Saint-Barthélemy ornant les murs
du Vatican, et le reste!

On a tort de punir les hérétiques! — On a tort de les
tolérer. — *Les gouvernements sont indépendants du pape.*
— La loi chrétienne soumet les gouvernements au pouvoir spirituel. Que croire? Dupanloup et Doyle[1] disent
que le *Syllabus* se trompe. La *Civilta cattolica* et *Schraa-
der* affirment qu'il est la vérité même. Où s'arrêtera la
tolérance? Les protestants honnêtes et sincères seront-
ils sauvés? ce qui reviendrait à donner la complète liberté de pensée. Est-ce que Rome va sanctionner cette
liberté? Elle prononcerait l'arrêt de mort du passé et le

---

[1] *Fitz-Patrick's*, life of Archbishop Doyle's.

sien même. Les anathèmes du concile de Trente seront-ils conservés et continués? Les autorités civiles se chargeront-elles de faire et de maintenir les bons chrétiens? L'organisation des sociétés modernes est toute remise en discussion : laïque ou religieuse? civile ou catholique? Dieu et l'Église? ou bien l'homme et la conscience? Que fera-t-on de l'enfer? et du purgatoire? Chaque pierre du puissant édifice tient à l'autre, et si l'une bouge, toutes les autres tremblent[1].

Voilà ce qui résulte de l'ébranlement de la clef de voûte. Ou l'autorité, la tradition, la loi immuable; ou la liberté, le renouvellement, la variété. Il n'y a pas de milieu possible. L'oracle du Vatican va-t-il parler sur l'esclavage en Amérique, par exemple? sur le communisme et ses droits? sur l'état social présent? sur les prétentions et les droits des femmes? Tout cela ressort du spirituel, puisque le spirituel est tout.

Mais voici la difficulté majeure. « L'Église catholique ne traite pas des phénomènes; elle ne les détruit pas, dit l'éloquent apologiste Newman[2]. La substance, la matière, elle ne les déplace et ne les dérange pas. Comme les plus grands philosophes, elle ne sait absolument ce que c'est que matière et substance. Ce dont elle traite est ce que sur la terre personne ne pénètre et n'éclaircit, c'est le surnaturel. » Très-bien. Mais si la substance est un mystère pour les plus grands philosophes, et si personne sur le globe ne sait rien du surnaturel, il en résulte que sur rien on ne sait rien. C'est donc au concile de trancher et de décider toutes les questions. Et les indulgences? qu'en fera-t-on? Philippe de Néri, le saint, à qui l'on demandait, sur les milliers de personnes présentes au grand

[1] Lecky's, European Morals. Voisey, évêque de Natal.
[2] Newman. Of Logic, p. 575. Pusey's. Eïrenikon.

jubilé de Rome, combien seraient à même de profiter des indulgences, il répondit, après une assez longue méditation : — « *Deux personnes; moi et une vieille femme.* »

Ainsi se replacent sur l'enclume tous les problèmes antiques.

En Allemagne, on a déjà remué tous ces sujets; car c'est en Allemagne que le développement civilisé est, non pas le plus brillant, mais le plus profond. Si en Italie, en Espagne et dans le midi de la France le culte de la Vierge Marie a presque supplanté le culte de Dieu; si elle y est regardée et implorée comme *co-rédemptrice* et plus qu'égale du Sauveur, l'Allemagne, avec son vieux besoin de préciser, son particularisme ne se laisse pas entraîner si facilement. Il y a bien de la distance entre les barbares théologiens keltiques, accomplissant le pèlerinage de Lóngh-Derg, aboli en 1497, puis en 1522 par ordre d'Innocent VIII, mais qui dure encore, et la foi éclairée des catholiques de Bavière. Notre-Dame de Lorette, à laquelle croient les Italiens, sera-t-elle acceptée[1]? sera-t-elle consacrée par Rome? Et le Nord y croirat-il?

L'enquête théologique, de tous côtés poursuivie par *Renan*[2], *Strauss*[3], *Dœllinger*, l'évêque *Colenso*, appuyée par les historiens de Rome, *Grégorovius*[4], *Pfaffencordt*[5], *Reumont*[6], laissera-t-elle subsister cette vieille superstition du Vatican? Elle séduit par son éclat même les

---

[1] *Rome as it is,* by O'Donovan.
[2] *Vie de Jésus. Les Apôtres.*
[3] *Vie de Jésus.*
[4] *Geschichte von Rom.*
[5] *Id.*
[6] *Id.*

hommes du Nord. Le juif protestant Heine, devenu luthérien, ne peut passer devant le Vatican sans émotion[1].
Mendelsohn, autre protestant juif, suspendu sur une
échelle pendant la messe papale, pénétré d'émotion, est
tenté de se faire catholique[2]. Je défie à un protestant,
même le plus sévère,, de demeurer dans ces belles îles
de la Méditerranée qui ne sont ni italiennes ni espagnoles, dramatiques régions, aussi catholiques que possible,
et de conserver intact l'élément puritain d'analyse, de
critique, d'examen, d'enquête. Il se dissout, il se fond
sous le soleil. Là on lirait en vain l'histoire tragique
des pontifes et de Rome aux quatorzième et quinzième
siècles, sans cesser de croire à la sainteté des papes.
Le parfum des grands rosiers et des cactus vous eni-
vre. On se livre avec extase à un idéal de poésie sen-
suelle, et les hypostases paraissent naturelles. On est
tenté de croire que Galilée a eu tort; de peser les valeurs respectives du soleil et des planètes; à quoi bon
cette recherche? Savoir que le centre solaire est immobile ou tourne sur lui-même, à quoi bon? Est-ce utile
au bonheur de cette présente vie ou au salut de l'autre?
Non. Eh bien, tout livre doit tendre à l'un de ces deux
buts; autrement on les condamne au sein du palais apos-
tolique du Quirinal, et on les montre au doigt; on en fait
un *Index*. Darwin, Benjamin de Tudèle, les romans, tout
ce qui ne contribue pas à la sainteté y est pêle-mêle en-
tassé; ne lisez aucun de ces livres; vous ne déplairez
pas et serez sauvé. Les hypocrites aiment beaucoup ces
index; cela les sauve. Ils s'appuient avec délices sur le
passé et la tradition.

---

[1] *Nachgelassene Werke,* p. 193.
[2] *Mendelsohn's Briefe. — Apologia,* p. 403.

« L'intelligence humaine, dit Newman, est agressive
et destructive. Le mécanisme de Rome la repousse et la
refoule, et l'empêche de tout bouleverser dans le cours
des affaires humaines. Les sciences séculières, telles
qu'on les possède aujourd'hui, sont toutes neuves; il faut
du temps pour que l'Église leur livre passage. » Voilà
pourquoi les *Principia* de Newton ont été publiés par les
jésuites à titre d'hypothèse. C'est aussi comme hypothèse
que l'on a voulu que Galilée fît paraître ses *Dialogues*,
où le soleil, « hypothétiquement, » est présenté comme
pouvant régir les planètes. Le dogme seul est donc immuable; la science est au contraire une inutile hypothèse.

Le concile changera-t-il tout cela? Il signerait l'abdi-
cation de la puissance papale, s'il ne maintenait pas le
dogme infaillible. Il cesserait de reconnaître le pape et
Rome comme guides de la chrétienté.

Et que d'autres questions, sur la Vulgate, sur les Apo-
cryphes?

Il faut bien se souvenir que l'enquête sur le concile
est la recherche de l'état des races. Comment vivent les
races du Midi? Où en sont-elles? Malheureusement elles
ne sont pas encore régénérées. Je recevais d'un spirituel
Florentin une lettre dans laquelle la spirituelle indifférence du génie national est admirablement exprimée.
Les derniers voyageurs en Italie pensent de même; l'Espagne ne se détache pas de l'Italie. Les classes inférieures, plus qu'en France encore, sont détachées des
classes d'en haut. Toute la crête du Midi est couverte
de neige du Nord. M. Lorenzana, dans la *Revista de
España*, a exprimé les opinions les plus avancées de son
parti; elles ne dépassent pas le jansénisme.

Le parti contraire, dirigé par l'évêque d'Urgel, les
archevêques de Tolède et de Valence, a ses journaux,

la Regeneracion, la Esperanza. Bálmés, apologiste catholique, d'une grande valeur, ressemble à M. Auguste
Nicolas. Depuis lui, ce ne sont que des traductions et
des redites. La pensée moderne, si variée et si forte, est
attaquée par l'unique colosse de l'Église. Le père Claret
et la sœur Patrocinio, matérialistes catholiques, comme
on sait, ont détruit et effacé les dernières traces du
catholicisme mystique. On a osé mettre en doute *l'immaculée* Conception dans les Cortès même. Le cœur
espagnol s'est fendu.

Ceux qui ne voyagent pas ignorent ce que sont les
populations chrétiennes du Midi. La patrie, pour elles,
c'est l'hypothèse, c'est la foi. Don Quichotte a toujours
sa Dulcinée. Les brahmanes sont de même; ils supposent. L'usage et l'extension de la raison, c'est la civilisation. On ne vit pas quand on ne sait pas analyser. Nos
paysans ne le savent pas. Qui respecte plus un prêtre
que le penseur? Qui le déteste plus que l'Italien et l'Espagnol? C'est que l'Église leur a tout promis et ne leur
a rien donné. Ils abhorrent les prêtres comme des sujets
malheureux abhorrent un mauvais ministre. De tous les
drames, c'est la *Devocion de la Cruz* qui émeut le plus
profondément le peuple. De même que l'Italien est artiste avant d'être Bolonais ou Napolitain; de même que
le Français est soldat avant d'être Toulousain ou Parisien, l'Espagnol est catholique avant d'être homme. Le
but serait de refaire des hommes! mais comment? L'é-
ducation des peuples est lente et ne se reforme guère. Le
protestantisme ne fait beaucoup de progrès ni parmi les
Espagnols, ni parmi les Italiens. Pourquoi penser? C'est
fatigant. L'époque où la foi et l'amour se fonderont sur
l'examen est encore éloignée; depuis si longtemps, il n'y
avait pour base que la foi dans les hypothèses précon-

çues d'où l'on déduisait la raison. Il faut donc renverser
la pyramide; c'est difficile. Mais en France, n'avons-
nous pas la même expérience à faire? Combien d'hommes
de nos campagnes savent ce qu'ils doivent au pays? Leur
sang? Oui, ils le donneront; ils sont soldats. Mais l'exercice de leur raison? Cela les fatigue trop. J'en conclus
que toutes les races du Midi sont à refondre de fond en
comble. Il faut leur apprendre à bien croire et à bien
aimer. Quand vivent-elles? Car ce n'est pas vivre que
d'être isolé de la grande communion européenne de
ceux qui pensent et qui jugent. On aurait grand tort de
croire que ces races ne se relèveront pas. Les Ariens
brahmanes se relèvent bien. — Il est vrai que de toutes
les fatigues, la plus terrible est de penser. Voyez Hamlet,
voyez Pascal. J'étais à Messine l'année dernière. Quel
spectacle que celui du *Corpus Christi!* J'étais à Rome
aussi. On vit dans un rêve. Les fumeurs du hachish religieux s'exténuent et ne savent comment sortir de leur
somnambulisme qui est doux.

C'est encore à l'enquête religieuse qu'appartiennent
les Mormons; ils ne sont qu'une révolte contre l'esprit
démocratique des États-Unis et un retour à l'unité, à la
compression. Lisez les derniers *Voyages dans la Mor-
monie.* Intéressez-vous à tout; Pascal l'a dit. Les nations
latines ne se mettent pas en peine de comprendre les
choses humaines et vivent sans y penser. La France a
une voie pour sortir de ce malheur, c'est la science. On
ne peut pas, avec la science, ne pas penser. Or, comme
l'a dit *Lavoisier*, il n'y a pas de science qui puisse marcher avec des hypothèses. Le *Postulatum* d'Euclide, que
trois angles d'un triangle sont égaux à deux angles
droits est un fait; mais quoique ce fait ne puisse être
prouvé, il est un fait. Quand Bossuet nous dit que le roi

est Dieu, où est le fait? C'est une folle hypothèse. Croi-
riez-vous que l'enquête qui a quitté Naples et le Midi,
se propage dans l'Hindoustan? Lisez les excellents livres
de M. Garcin de Tassy; ses rapports annuels; vous verrez que l'on soutient, dans les nombreux journaux du
pays, une controverse animée, violente, pour savoir si
l'on parlera et écrira la langue des musulmans ou celle
des nouveaux indigènes, *l'urdu* ou *l'hindi.* C'est un spectacle extraordinaire que l'enquête du Nord entamant
l'insouciance des Hindous brahmaniques. Sociétés, journaux, encouragent même les voyages des Hindous. La
fusion de l'Europe et de l'extrême Asie se prépare, et il
faut la voir dans les rapports de Garcin de Tassy,
admirables rapports. Le pape fait très-bien de s'occuper
de ses fouilles; mais s'il voyageait un peu, cela vaudrait
mieux. L'Espagne et l'Italie sont plus bas que l'Hindoustan. Lisez *Henn* et *Steinert.* Il n'est pas vrai que le
Concile soit un événement sans importance, car il éveille,
même dans les républiques latines de l'Équateur, des
sentiments et des idées d'enquête. Je tiens là un excellent petit volume, écrit, je pense, par un curé ou évêque
de l'Amérique du Sud, lequel résume puissamment le
mouvement nouveau suscité par le concile.

Dès qu'une race veut connaître, comprendre, s'analyser, détailler, elle est plus scientifique. Peu à peu,
elle devient capable du régime parlementaire, c'est-à-
dire de la discussion, du combat réglé des opinions.
Peut-être l'art s'en accommode-t-il moins que la science.
Quand on a vu, en France, tant de formules, tant de
phrases, tant de vaines fêtes, on a pu désespérer de l'accomplissement et de la réalisation de nos destinées li-
bérales. Ce sont des Hollandais, modestement vêtus, des
puritains simplement accoutrés, des Flamands, en cos-

tumes sombres et sobres de paroles, qui ont délivré
leurs races; dans les derniers temps, M. Lainé, M. de
Tocqueville, Royer-Collard, étaient des hommes fort
simples. « *Voilà le maître*, » disait Tocqueville en voyant
entrer après le roi, les pairs et tous les habits brodés,
la foule des députés en frac. La rhétorique, coquetterie
de paroles, mensonge de passion, doit disparaître avec
la galanterie, autre fille des nations méridionales, mensonge d'amour et d'attachement. Elles cultivent toutes
deux la formule et la forme, l'extérieur et l'apparence.
Par l'enquête, on va plus loin. Non-seulement on tourne
un objet, mais on veut le percer à jour.

Il y a plusieurs espèces d'enquêtes. La vie extérieure
d'un seul côté; tous les aspects successivement exami-
nés, la destruction par l'analyse ne suffisent pas; il faut
encore aller jusqu'à l'essence, jusqu'au fond, et trouver
la raison des choses. Ainsi, au milieu des torrents de
vie et des millions de germes, semés à travers le monde,
Pasteur et Pouchet ont soutenu l'enquête et touché le
point définitif, — que la vie est partout.

Comment prient et que croient les peuples? Que deviennent les sectes? Il y en a, le quakérisme, par exemple, qui ont tout à fait épuisé leur mission, complété leur
œuvre, et qui, comme certains ordres religieux, n'ont
plus de raison d'être. Ils représentent un certain ordre
moral, un certain élément qui a produit son action. Le
quakérisme est la démocratie de l'esprit, s'emparant de
tout, détruisant les formes et laissant l'Esprit-Saint
souffler. C'est le pôle opposé à l'unité de l'Esprit *saint*
animant le pape et concentrant en lui toutes les forces
de la chrétienté. Chez le quaker l'esprit choisit qui il
veut, une servante, un banquier. « Cherchez la lumière
au dedans de vous-même, s'écrie Guillaume Penn. » Et,

22.

en effet, c'est le but du monde moderne. Beaucoup d'ouvrages récents éclairent la destinée du quakérisme, qui n'est qu'une individualisation de l'Esprit-Saint. — L'âme individuelle, en se consultant, possède Dieu. Voilà le quakérisme.

Cette grande enquête théologique sur l'état des races se continue d'autres côtés; quels sont les modes de religions et d'existences qui conservent le mieux et préparent le mieux les races? Quelle est, par exemple, l'influence du célibat? C'est une question religieuse et militaire. Le régime moral qui, sous l'ancien régime, c'est-à-dire sous la réglementation ascétique de saint Jérôme, privait de famille des milliers de jeunes gens, les uns comme moines, les autres comme soldats, ce régime est-il bon? Il a pu l'être à une certaine époque, car on devrait voir que les systèmes et les institutions sont d'époque. L'*Imitation* du Christ a été un livre d'époque, qui a pu avoir son utilité mystique et ascétique, en opposant les tendres vertus d'abnégation et de solitude aux férocités, aux violences, aux fureurs; et les sacrifices personnels aux égoïsmes usurpateurs. De même le célibat des soldats était une nécessité, quand il fallait organiser des armées immenses pour repousser des hordes sauvages. Aujourd'hui cela est-il nécessaire? J'en doute.

Sur l'état moral des nations civilisées, d'excellents ouvrages ont paru. Je cite spécialément et honorablement M. Maurice Block : *Europe politique et sociale*, et M. Leckie, *Histoire des idées morales en Europe;* enfin les excellents travaux tout récents que M. Maxime Du Camp a publiés [1]. Les paysans les plus instruits sont ceux

_____

[1] *Paris*, etc.

de la Scandinavie et de l'Allemagne, mais après les *États-Unis*. La Grande-Bretagne, qui adore la liberté, a presque tout à faire. La proportion des meurtres est énorme dans les pays catholiques : en Italie, 57 ; en Espagne, 80, sur un million d'individus. L'éducation de l'hypothèse favorise les passions. L'hypothèse n'étant pas appuyée sur une preuve, s'enflamme aisément ; c'est un gaz qui n'a rien de solide et qui prend feu. On peut donc distinguer les nations hypothétiques des nations raisonnantes. Si le premier *postulatum* est une fiction, ou du moins une supposition non prouvée, les arguments qui suivront seront tous débiles ; et jamais l'intelligence humaine ne s'en relèvera. Pour chaque intolérance, il y a un *postulatum*, une base ridicule, c'est celle-ci : *je suis infaillible*. La vraie base devrait être, au contraire, la modestie de l'espèce humaine. Que vaut-elle ? que sait-elle ? Presque rien. Cet atome ose tuer quiconque ne pense pas comme lui, sous prétexte qu'il a la science infuse et que Dieu lui a ordonné de tuer cet autre atome mal pensant. Les protestants ont rivalisé de barbarie avec les catholiques. Lisez le livre de M. *Édouard Dunlop*, intitulé *l'Église sous les Tudors*[1], et les beaux volumes de M. *Froude* sur les règnes d'Élisabeth d'Angleterre et de Henri VIII[2] ; vous y verrez combien de flots de sang humain ont coulé sous l'hypothèse des rhéteurs qui ne croient qu'à eux-mêmes. Aujourd'hui, ce ne sont plus des historiens graves ou des théologiens moroses qui nous donnent l'histoire des anciens conciles. Celui-ci se photographie sur place. Des milliers de protestants y ont assisté. Des centaines de dames anglaises,

---

[1] *The Church under the Tudors*, by E. Dunlop.
[2] *History of England*, by Froude.

avec leur fureur de *sight seing*, s'y attroupent et en ont
écrit à leurs parents; les bébés sténographient; le
chemin de fer descend des Arméniens aux bains de Ca-
racalla, et un évêque américain correspond avec Boston
par le câble transatlantique. Ainsi le présent marche et
l'avenir fait irruption et effraction dans le grand mau-
solée. Que devient le mystère? Pauvre péché! La lumière
l'inonde. Vieilles ténèbres! des rayons scientifiques les
pénètrent de toutes parts! On parle de l'immobilité de
Rome, on se trompe. C'est un pas immense que le concile, un pas fait vers la consécration d'un passé immense, pour fixer ce qui était douteux et rentrer dans
le domaine scientifique. En effet, Rome n'a pas tort. Le
pouvoir politique ne peut, pour elle, s'appuyer que
sur Dieu. Il faut qu'elle remonte jusqu'à lui, de pape
en pape, à travers Jésus-Christ et sa mère divine, mais
pure. La chaîne est logique et inévitable. De l'hypothèse, elle fait un dogme; de la poésie, une science. En
effet, la vérité logique se retrouve d'anneau en anneau.

Mais l'acceptera-t-on, cette chaîne? Et de plus la pro-
posera-t-on? la laissera-t-on voir? Les intrigues, dont
les races latines ont la triture si profonde, sont ici en
jeu et se démènent. Sous les splendides costumes, sous
le calme, sous la grâce, sous le cérémonial, sous la
convenance de ces cinq cents personnes vénérables se
tapissent les conflits et les manœuvres les plus animés.

Jamais président de chambre politique, jamais ministre, n'ont inventé de rails plus habiles pour y faire
cheminer la discussion. Le pape dirige. S'il a des propositions à faire, on les soumet à quatre commissions
ou comités. Ces commissions sont nommées par le pontife. Si les amis et les sujets du pontife l'entendent

ainsi, c'est-à-dire s'ils jugent que le souverain sera
satisfait, on lui défère les propositions, qui, ainsi épu-
rées, reviennent à l'assemblée, où on peut enfin leur
donner une sorte de publicité. Quelle liberté! Quels
débats! Cela fait sourire. De même pour le latin, seul
idiome dont on usera. Mais quel latin! Les Orientaux le
comprennent mal; les Anglais le prononcent mal; les
Allemands ont un accent qui le déguise. Ainsi la variété bannie, la discussion exilée, rentrent par toutes
les portes. C'est une pierre de touche extraordinaire à
laquelle le Siége de saint Pierre s'est soumis. Combien
la parfaite unité est impossible, c'est ce que l'on re-
connait; combien le progrès du genre humain est
attaché non pas à la réduction de la variété et à l'absorption des nuances par l'unité centrale, mais au contraire à la réglementation des variétés pondérées, équi-
librées, et se reconnaissant mutuellement.

Le système contraire ne peut vivre que dans les
ténèbres, s'appuyer que sur la fraude, se maintenir
que par une succession d'hypothèses, et se perpétuer
que par le mystère. Plus de mystère aujourd'hui. Au
moyen de quelques fils électriques dans son cabinet, le
pape correspondra, quand il voudra, avec ces patriar-
ches lointains, quelques-uns demi-nus, quelques-uns
sans le sou, qu'on a fait venir à grands frais de toutes
les zones; des Asiatiques qui grelottent sur les marches
du Capitole; et des Anglo-Américains qui, habitués aux
ablutions confortables de la race anglo-saxonne, sub-
sistent à peine au milieu de la cendre des vieux morts
détrempée, et des intolérables senteurs que la pluie
arrache à ce cimetière sublime. Ce qu'il ne faut pas
oublier, c'est qu'il y a aujourd'hui un grand concile,
qui se tient à travers le monde, c'est celui de la raison

humaine, qui s'exprime par la presse. Améliorera-t-on la race humaine ? Peut-on l'améliorer? M. Galton, dans un excellent livre, intitulé : le *Génie héréditaire*[1], l'affirme. En effet, les races, en parcourant les siècles, se transforment. Comment faut-il élever nos fils? Il y a là-dessus un bien remarquable volume de M. Michelet[2], décousu à son ordinaire, mais bien remarquable. Il y en a un autre de Jean Paul, qui, je crois, n'a pas été traduit en français[3], *Levana*. Je cite encore, sans l'approuver, le livre à la Berquin de M. Legouvé[4]. Je n'approuve pas le fonds des idées de ce dernier auteur. Il croit que l'on fabrique les hommes au tour, comme un joujou d'ivoire. Cela est faux. Comment les Turcs, avec leur religion et leurs mœurs, auraient-ils fait autre chose que la guerre et le harem? Aujourd'hui des conférences se tiennent à l'université de Constantinople, et tous les ulemas y affluent. Ainsi ces Turcs commencent à s'enquérir; ils ne pensent pas, avec l'auteur de l'*Infaillibilité du Pontife romain*[5], le docteur Manning, que toute la science possible et permise soit renfermée dans une seule tête couronnée de l'auréole divine. Le tableau des mouvements nationaux actuels serait curieux; même les idiomes changent. Au temps de Ronsard, on disait la *royne*; sous Louis-Philippe, la reine. On a beau faire, des mots nouveaux naissent. Un savant belge a recueilli quelques mots nés depuis le dix-septième siècle[6]. Il y a encore des gens

[1] *Hereditary genius, its laws and consequences*, by F. Galton.
[2] *Nos fils*, par Michelet.
[3] *Levana*, par Jean-Paul F. Riether.
[4] *Les Pères et les Fils*, par M. Legouvé.
[5] *The infaillibility of the Roman Pontiff*.
[6] *Trubner's Record*.

qui croient à la fixité, à l'immobilité des choses ; mais
ces gens-là sont débordés et dépassés. Tel ministre qui
avait exprimé en 1852 une opinion, est emporté par le
courant et professe aujourd'hui le contraire. Les musulmans, autrefois, eussent regardé comme un forfait
d'examiner les traditions sur Mahomet. Voici que l'on
annonce dans un journal oriental que *Saïed Ahmed
Khan Bahadour* publie deux volumes d'exégèse maho-
métane, sur le Prophète, avec l'idée arrêtée de séparer
les légendes fabuleuses des traditions historiques.
C'est l'invasion de la critique dans la foi et de la lumière dans l'hypothèse.

Où le rayon ne pénètre-t-il pas ? Voici M. Finlay, qui
découvre en Grèce les mêmes lacustres [1], dont la décou-
verte en Suisse a fait tant de bruit. Sous nos yeux, le
globe change : les gazons d'Angleterre tapissent les
déserts salés de l'Australie ; nos rosiers poussent dans
la Nouvelle-Zélande ; le cheval sauvage, qui galope
dans les Pampas, est de race andalouse ; et ce sont des
jardiniers assyriens et persans qui, les premiers, ont
greffé la pêche savoureuse. Cette éducation matérielle
se continue avec l'éducation morale et intellectuelle. Il
y a une poésie mystique très-élevée, mais très-fatale,
dans saint Siméon Stylite, que le saint-père imite, quand
il dit que les affaires du monde ne le regardent pas.
L'hostilité des choses de la terre et des choses du ciel
est-elle prouvée ?

Je vois, au contraire, les affaires de l'âme et celles
des finances marcher du même pas dans tous les pays ;
les assassinats pulluler là où l'hypothèse du sang de
saint Janvier triomphe, et les mauvaises mœurs être

[1] *Observations*, etc. Athènes (V. Academy n° 4), p. 401.

effroyables partout où l'on ne s'embarrasse pas d'examiner ce que l'on croit. Voilà les lumières que nous apporte cette enquête ethnographique dont on ne peut arrêter les progrès, et dont le concile lui-même n'est qu'une des formes, puisqu'il met en présence tous les évêques de la chrétienté, et que l'effet inévitable de cette juxtaposition est de faire ressortir les énormes variétés de l'espèce humaine, d'activer la liberté, de forcer l'étincelle de jaillir du sein des masses, et de contraindre l'unité factice à reculer. L'unité est factice. La variété est la vie.

XVIII

A QUELLES RACES EST L'AVENIR?

J'ai suivi le mouvement chez toutes les nations civilisées pendant les dix dernières années seulement; car il est absurde de les diviser en régions et de les découper en zones. Les nuances qui les séparent ne les empêchent pas d'être *unes*. En réalité, le groupe de civilisation s'est uni; il a effacé les vieilles hostilités, répudié les vieux antagonismes, du moins en partie. Ce qu'il a opéré dans le sens de la fusion est grand, ce qu'il annonce est plus grand encore. Si l'on imagine que la guerre sera longtemps en honneur, on se trompe; la marche du genre humain suivra une autre route; quiconque fera exclusivement la guerre sera banni ou réprimé. Même dans la littérature, l'époque de la critique finit. La polémique s'en va. Il n'y a plus de place pour la conquête, la féodalité et même la chevalerie. IL FAUT BATIR, SEMER, GROUPER, RÉGULARISER.

Tout homogènes que deviennent les intérêts et les idées du monde civilisé, les nuances tranchées se con-

servent, et donnent la variété nécessaire au groupe ou
à l'armée des penseurs et des écrivains.

Le premier groupe se rapporte au passé. Il comprend
toutes les nations latines et grecques, l'action exercée
par elles, leurs souvenirs, toutes les races qui ont cultivé et embelli les bords du grand lac de la civilisation,
la Méditerranée. Toute la vie antérieure se résume là.
Ce sont les tombeaux des ancêtres; je ne penserai jamais à les déshonorer ou à les mettre en poudre. De ce
côté, j'agite la terrible question du temporel et du spirituel. Quand le monde était enfant, il était naturel de
lui enjoindre l'obéissance envers la tradition; ses langes
hiératiques l'enveloppaient; cela devait être. Ces langes
le sauvaient.

Il se fait aujourd'hui un grand mouvement. Le passé
lui-même se détache. Une fraction importante du roma-
nisme catholique glisse sur la pente d'une libéralité
tolérante. Cette controverse, toute du Midi, n'est pas
seulement religieuse. Elle est politique, elle est morale,
elle est historique. L'ancien monde, représenté par
Rome, gardera-t-il l'autorité? Cela ne peut être. Jamais
le fleuve ne remonte vers sa source. On peut, en com-
primant, opprimant, réprimant, et à force de travail,
de digues, d'artifices, d'efforts, combiner par des ingénieurs habiles, refouler la masse des flots, et conquérir, en faveur du passé, un peu d'espace, un peu de
temps. Cette tentative bornée est éclose d'une fausse
conception de la vie. Elle n'est point durable. La vie
n'est pas clouée, rivée au passé. Le passé a beau être
grand, il peut éclairer. Il n'enchaîne pas. Il peut enfanter, et il est fécond, mais sous la condition expresse
de mourir lui-même.

Ce n'est pas qu'il ne demeure du passé tout ce

qui est bon, tout ce qui est grand. Personne ne voudrait écrire l'histoire aujourd'hui, comme Thucydide, ni résumer, dans des oraisons monumentales, les opinions et les luttes des contemporains. L'art s'est isolé de la science. En respectant l'art, nous marchons vers la science. On a surtout besoin de vérité. C'est la plus grave et la plus funeste des erreurs de confondre l'analyse avec la satire, et la critique avec le dénigrement. L'analyse est indispensable à la vérité. La controverse religieuse nous montrera l'analyse, l'esprit du Nord, l'esprit germanique, continuant leur œuvre en Allemagne, en Angleterre, en Amérique, en France ; la controverse religieuse tend au même but : connaissance absolue et intime, atteindre le vrai, tolérer la recherche chez les autres, faire l'enquête, ne point entraver l'enquête d'autrui. Le même résultat qui se manifeste quant aux idées théologiques et au gouvernement des âmes se manifeste relativement à l'étude des chefs-d'œuvre antiques. Moins de superstition, plus de clarté. On les comprend mieux. Est-ce les aimer moins ?

Les nations nouvelles et spécialement germaniques, celles dont la mer du Nord baigne les cités et les fondations se déversent et se mêlent chaque jour dans le courant antique, celui qui vient de Grèce et a son origine au berceau des civilisations, ce nouveau courant frais et vif est critique et analytique. La controverse ne s'attaque plus seulement aux idées religieuses. Dans ce monde du Nord, on ne réclame plus contre l'autorité monarchique dans l'Église ; c'est une victoire assurée depuis longtemps. Ces races se sont mentalement délivrées ; et voilà pourquoi elles sont maîtresses du présent. La controverse politique leur appartient. Ce sont

ces races qui travaillent à rendre le sort des faibles
moins misérable et moins abject.

D'une part, nous les trouverons actives à régénérer,
ranimer et exciter le monde du Midi ancien, au point
de vue religieux et moral; d'un autre, à faire entrer
dans la vie civile la charité, la tolérance et la liberté.
Ici la marche ascendante des idées de liberté touche à
toutes les questions sociales : l'Allemagne en est le
centre intellectuel, l'Angleterre le centre exécutif et
actif. Ce mouvement comprend toutes les luttes importantes et majeures : éducation, suffrage universel, grèves
d'ouvriers, fonctionnement des élections et des chambres, droits politiques des femmes. Les races du Midi
qui gardent leur supériorité en histoire et en archéologie ne font, sous le rapport des questions sociales et
politiques, que marcher dans la voie et sur les traces
des nations germaniques qui chaque jour les entament
et les pénètrent.

Les sciences naturelles tendent seulement à la lumière. Elles font connaître tel ou tel point du vaste
monde. L'œuvre intellectuelle et littéraire fait désirer
surtout la charité. Dans la production intellectuelle de
nos jours, œuvre presque infinie, quelles œuvres, quelles
plumes concilient, fondent, établissent, organisent?
Celles-là sont les bonnes et fortes plumes. Ce sont les
maîtres et les guides entre le passé et le présent, entre
les antiques et les modernes, entre les hommes du Nord
et les hommes du Midi. Apportez-vous la paix ou la
guerre? Conciliez-vous ou armez-vous les esprits? Êtes-
vous pour la libre discussion qui amène les solutions
favorables, ou pour la compression et l'autorité qui
provoquent les explosions fatales? En vérité le monde
en a assez de la guerre et de la violence : il donnerait cent

maréchaux de Saxe pour un Vincent de Paul et des milliers de Fréron pour un Montesquieu.

Je veux donc préciser l'histoire de ceux qui ont « avantagé » l'esprit humain pendant notre dernière époque; je veux tirer de pair et signaler ceux qui ne se sont pas contenté d'écrire pour s'enrichir et briller, ou pour servir leur parti, mais qui ont aidé la marche générale des âmes. La France est singulièrement située : à mi-côte des régions du Sud et de celles du Nord, elle est pour ainsi dire en équilibre entre la foi et le doute. Les vieilles lois latines l'écrasent, les vieilles traditions ont achevé son éducation. Mais la vivacité de son ardent génie la porte ailleurs, et, après avoir payé sa dette au passé, à l'autorité, à la routine même, elle se retourne tout à coup et se retrempe dans les eaux vives de la critique et de l'avenir. Il n'y a pas de plus étrange et de plus dramatique témoignage de cette élasticité gauloise que l'histoire de Sainte-Beuve et de ses évolutions successives. Sainte-Beuve, que la faveur publique et privée a inégalement couronné, est un vrai type de nos variétés et de nos involontaires souplesses. On lui a beaucoup pardonné parce qu'il a beaucoup aimé. Ses amours sont des infidélités sans doute. Mais ce ne sont pas des trahisons.

On connaît aujourd'hui les noms de ceux qui ont combattu la servitude fondée sur l'idée de l'inégalité ; ils resteront éternellement gravés dans les annales humaines. Ce sont de vrais et immortels bienfaiteurs. La première pensée qui se présente à l'homme sauvage est celle de sa force, et son premier besoin est d'en abuser. De tous les fruits de la civilisation, le plus exquis, le dernier est de lui apprendre à respecter le

23.

faible. Mais l'étude des races sauvages est très incomplète.

Pour l'achever il faut lire les bons voyageurs et les bons
voyages, entre autres, l'excellent recueil des *Mitthei-
lungen de Perthes* qui paraissent à Gotha. On y verra,
ainsi que dans les récents voyages de *Specke*, de *Living-
stone*, de *Bahrdt*, que l'état des noirs ne constitue point
une différence, encore moins un contraste d'organisation, mais est exactement le même que celui de toutes
les races humaines à la première époque de leur croissance. Il y en a même, comme en Australie, aux îles
Fidji et ailleurs, qui montrent beaucoup plus d'aptitude
à la culture que les noirs. Tous les défenseurs des opprimés ont été pour les noirs. J'ai connu l'un des plus
déterminés, l'excellent et admirable Grégoire. Ne croyez
pas ce que vous lirez sur son compte dans les biographies; tous ces recueils n'ayant été créés que comme
arsenaux de guerre pour les partis, entre autres, la
Biographie Michaud.

Après Guillaume Penn, Wilberforce, Romilly, c'est
Grégoire qui a le mieux soutenu la cause des noirs.
Ceux-ci ont-ils atteint leur développement complet?
Certes, non. Mais la question ethnologique de la fusion
des races n'est pas résolue. Et la question de l'éducation, l'est-elle? Non, certes; elle ne l'est pas pour nous-
mêmes. Notre éducation est-elle bonne? Celle des noirs
l'est-elle? Le progrès de l'idée d'égalité est parallèle à
celui de liberté, et tous deux enfantent la civilisation.
Nous sommes soumis au développement. Les noirs le
sont aussi, c'est la loi. Ni l'Éthiopie, ni l'Abyssinie, ni
l'Égypte, ni les races berbères et carthaginoises ne furent incivilisées. L'histoire des races humaines est encore à faire. Quelles sont les races perfectibles? Y en

a-t-il qui ne soient pas perfectibles? Peut-être les Peaux-Rouges, précisément parce qu'elles ont accompli un certain cycle de civilisation et y sont restées longtemps : le régime guerrier, le régime de la force, exclusivement adopté par elles, les a envahies et tuées. Elles font admirablement la guerre, et si elles avaient nos engins, elles seraient redoutables à l'Europe. Lisez Catlin à ce propos.

Toutes les races qui à l'activité de l'esprit préféreront l'aveuglement de l'obéissance, toutes celles qui banniront la critique et se contenteront des satisfactions de la matière sont inévitablement condamnées. Mais pour la France on ne sait jamais trop que dire. Quand elle a dormi un bon somme, de Louis XIV à Louis XV, elle se réveille terriblement. Il ne faut jamais croire qu'elle soit tout à fait endormie. Aussi Sainte-Beuve que l'on pouvait croire très-assoupi, et que sa qualité agréable de sénateur ne satisfaisait pas entièrement, a rebondi tout à coup et épouvanté les pères conscrits de sa parole indépendante, et l'Église même de sa mort. La France revient toujours de la foi à la critique, et quand elle a abusé de celle-là, elle revient s'endormir sur l'oreiller de la foi. C'est un Français, Blondel, qui a le premier renversé l'édifice de l'infaillibilité papale en décousant tous les faux autographes isidoriens, et cette vaste fabrication sur laquelle on appuyait l'autocratie de Rome, est tombée. Il y a un danger dans cette manière de procéder; elle expose le cavalier à mille accidents; mais enfin on arrive.

De même que le chaînon intermédiaire du passé a été l'histoire, le point de transition entre la seconde partie consacrée au présent et la troisième, sera consacré aux voyages. Ici nous entrons dans le monde de l'avenir.

C'est une extraordinaire combinaison, je ne veux pas
dire du hasard, mais de la destinée humaine, qui a
voulu que les trois mers devinssent le siége et le symbole des trois modes successifs de civilisation. La littérature de l'Amérique entière est en état de formation
comme le pays. Je ne prétends et ne désire pas rédiger
ici plus qu'ailleurs les catalogues exacts de tous les ouvrages parus. Je ne ferai que caractériser les génies, en
choisissant quelques traits significatifs et quelques œuvres notables. En Amérique, la vie la plus effervescente
et la plus bouillonnante, celle des journaux et des revues, est aussi celle qui écume pour ainsi dire sur les
bords de la chaudière. Si l'on compare aux excellentes
œuvres archéologiques italiennes, les journaux populaires qui s'impriment aux États-Unis, on touchera les
deux pôles de la production intellectuelle, — la plus hâ-
tive d'une part, la plus pétrifiée d'une autre et la plus
savante. L'une appartient trop à la vie, et l'autre trop à
la mort. Ce point de contact nouveau et extraordinaire nous fait toucher au Japon, à la Chine, aux îles
Fidji; la Sibérie a aussi sa littérature; et c'est chose
étrange de retrouver le plus antique monde se re-
joignant, par exemple, à Sacramento avec le plus
jeune monde. Celui-ci est encore dans les langes;
l'autre est dans le linceul. Ici, singulier fait, les deux
extrêmes de la critique se rejoignent. L'archéologie
antique et la liberté moderne se donnent la main;
on fait justice des faux autographes et des fausses im-
putations. La calomnie historique ne trouve plus de
place.

Les races noires, plus souples et plus sympathiques,
peuvent cultiver, semer, et se livrer aux arts. Elles ne
sont pas exclusivement guerrières. C'est ce qui les rend

plus perfectibles. Le développement des Chinois s'est
arrêté faute d'alphabet et d'analyse. L'évolution des
races arabes s'est élevée plus haut, mais la guerre
nomade et religieuse l'a entravée. L'analyse et la charité ont aidé la marche des Aryens. Maintenant ce sont
les Aryens, c'est-à-dire les populations les moins hai-
neuses et les moins stupides du globe actuel, qui
reviennent donner des leçons au monde noir. Ils re-
connaissent qu'ils sont identiques par la pensée. Le
monde s'élargit donc, et la science atteste cet élargis-
sement.

Comment se fera le nouveau mouvement? Des races
très-nobles, les Peaux-Rouges, ont été absorbées. Tout
est expérience; et la science, comme le prouve très-
bien M. Herbert-Spencer, n'est qu'une accumulation
d'expériences. L'identité du génie humain nous est
attestée par la publication récente de ce recueil de
fables des côtes africaines, les *Contes du Renard*.
C'est exactement la même idée que le Renard teutonique.

L'éducation de toutes les races n'est pas faite. Et
croyez-vous que la nôtre soit achevée? Lisez Michelet,
il vous dira pourquoi elle ne l'est pas! C'est que, dans
la famille même, l'individu donne des conseils mauvais
à ses enfants; c'est que les âmes sont devenues faibles
et molles. J'ai l'air arriéré en parlant ainsi; nos pères,
Turgot, les amis de Mirabeau et de madame de Staël, ne
comprendraient rien à une prétendue civilisation, pétrifiée et mathématique, qui ne veut pas comprendre ni
aimer l'humanité. Ne tombons pas dans une âpre folie,
celle de la dureté et de la cruauté. Comment contri-
buerions-nous par ces ridicules ironies à la civilisation
du monde? Comment continuerions-nous l'éducation de

l'humanité? Et l'éducation de l'humanité est le grand
but. Elle se fait par le déplacement des centres. Le premier centre a été l'Asie, et ce centre a été double, la
Chine et l'Hindoustan. L'Europe a hérité de l'Asie ; l'A-
mérique et l'Afrique hériteront de l'Europe. Il y a du
trop-plein en Europe ; elle a vingt-quatre habitants par
kilomètre carré ; l'Asie n'en a plus que DIX. L'Afrique
en a DEUX, l'Amérique en a UN, l'Australie un neuvième.
C'est donc à l'Afrique de se peupler aujourd'hui, c'est
à l'Europe de se dépeupler. Les grandes migrations font
cela ; l'Europe a donné et donne continuellement à
l'Amérique. La variabilité est donc la grande loi. Déjà
M. Best a annoncé la formation d'un grand centre autour des Antilles. Car tout se reforme, tout change.
C'est la loi. Dans le journal, ou la Revue de *San-Fran-
cisco*, intitulé : *La Revue californienne*, se trouve
tout le tableau de ce mouvement. Il est infiniment curieux.

C'est le devoir des philosophes, des écrivains et des
orateurs de favoriser le croisement international. L'œuvre de cette fusion s'est faite aussi au premier siècle de
l'ère chrétienne. Saint Paul était Grec de naissance, Asiatique d'origine, Romain officiellement, juif d'éducation,
chrétien de choix et universel. Tout homme supérieur
aujourd'hui est universel. Voyez Renan. Ce qui s'opère
aujourd'hui s'opérait au premier siècle sur une plus
grande échelle.

Merivale, Mommsen, Renan nous instruisent sur ce
grand mouvement et cette fusion des races. Au premier
siècle, c'était le vieil Orient et le judaïsme qui sont venus envahir Rome. Renseignons-nous dans l'histoire des
Juifs, telle que Joost et Ewald l'ont faite. On y voit la
pourriture de la pauvreté sociale enfanter peu à peu la

fécondité. De même, les noirs aujourd'hui sont destinés, en se groupant autour d'une Antille, qui est Haïti, à jeter un élément nouveau dans le monde. Comment se développera-t-il? Je l'ignore. Tout le monde l'ignore. Mais qui donc aurait imaginé que du fond des sales faubourgs habités par les Juifs sous Auguste, César et Domitien, on verrait sortir le christianisme? Les renouvellements se font toujours ainsi. Maintenant le berceau d'un monde inconnu, du monde de l'avenir, se fait d'une façon non moins extraordinaire. Ce n'est plus l'Asie qui revient envahir moralement l'Europe, comme on l'a vu entre les règnes de Tibère et du dernier Romulus; c'est l'Amérique, mordue par l'Europe, qui s'empare à son tour de l'Europe. Le livre de Neyes sur les socialismes américains, ceux de Dixon et de Dickens le prouvent assez. Quel est le secret lien, quelle est l'essence de doctrine qui, aujourd'hui, cause ces phénomènes et qui, demain, en fera naître de nouveaux? C'est la charité. Saint Paul, dont trois Vies nouvelles viennent de paraître, l'une par M. Renan, l'autre par un Allemand et une troisième par un Anglais, n'a fait que prêcher l'union et l'égalité des races. Comment, en effet, saint Paul a-t-il réuni autour de lui tant de partisans? Par les mêmes discours et les mêmes motifs qui ont donné aux abolitionistes une force victorieuse; en répétant à l'humanité souffrante, aux opprimés, aux malheureux, qu'il y avait un Dieu pour les protéger et des cœurs humains pour rétablir l'équité dans le monde. Mais c'est surtout maintenant que la charité l'emporte ou doit l'emporter. L'ère de saint Pierre ou de la tradition absolue et tyrannique est finie; celle de saint Paul ou de la justice sévère et de la liberté en lutte va finir. Celle de *saint Jean* ou de l'amour pour les semblables est la vraie tendance et le

vrai but. C'est l'Évangile de l'amour qui appelle les
noirs à la jouissance égale et équitable de tous les
biens; c'est lui qui a inspiré les abolitionistes et les
négrophiles. Ainsi l'intérêt pour les noirs est-il la marque la plus certaine du progrès fait par le monde, progrès des idées de charité.

CONCLUSION

Les affaires de ce monde sont connexes. Rien ne le prouve mieux que l'influence du dernier concile sur le monde, le rebondissement de la vie sociale italienne agissant non seulement sur la vie littéraire, sur la fiction, sur l'histoire italienne, mais sur les évêques italiens et de là sur les évêques allemands, sur le catholicisme allemand, sur la Prusse protestante, sur les intérêts politiques, sur M. de Bismark et sur la Chambre prussienne. Quelle chaîne de causes et de conséquences ! Elle est indubitable ; car nous l'avons sous les yeux. Que l'on ne parle plus de romans bizarres, de fictions intéressantes, de théâtres gros de péripéties et de catastrophes surprenantes. Voici mieux. L'ultramontisme comme on le nomme (ou Rome si l'on veut) se dresse gigantesque, sortant du concile, vêtu de l'étole sacrée, portant le sceptre de l'absolu, attire et groupe une partie considérable de l'Allemagne catholique, provoquant un schisme dont le chanoine Dœllinger se fait le promoteur à Munich. Tout le catholicisme de la Germanie s'émeut. Le terrible protestant Berlinois, le prince de Bismark,

24

ministre impérial, le plus dévoué à la cause protestante
qui soit au monde, s'en effraye. Un rôle curieux que celui
de Bismark ! Aristocrate, il démocratise l'Allemagne
par l'unité ; protestant, il soutient la complète et impériale unité monarchique. Ce contemporain redoutable,
qui a déjà son blason et dont par parenthèse le père a
été gardien d'une forteresse d'État, M. le prince de Bismark est aujourd'hui l'énigme humaine qui met à son
service les facultés les plus étranges. L'histoire aura
à les éclaircir. Il pourrait remplacer ses armoiries par
un *Sphinx d'argent sur champ de gueules*.

Il n'est pas temps encore de juger ce sauvage Richelieu de la Baltique. Mais ce qu'on ne peut pas lui refuser,
c'est une pénétration que ses voyages, ses observations
de jeunesse ont servie, que son séjour en France a
aiguisée, que son audace et sa brusquerie indigène, vou-
lue ou naturelle, aident merveilleusement, et qui lui
permet de manier — je ne veux pas dire de tromper les
hommes. Quand il s'occupait à renverser l'échafaudage
des antiques petites principautés féodales de l'Allemagne, on l'a cru démocrate, et les démocrates se sont
hâtés de marcher à sa suite. Quand ensuite il a fait valoir
les vieux griefs de la royauté prussienne *contre nous* et
qu'il a suscité la frivole querelle espagnole des Hohen-
zollern, si follement acceptée par les représentants et les
maîtres de notre France, alors les Prussiens féodaux, le
prenant pour le plus royal des royalistes et le plus dévoué
des féodaux, ont combattu avec lui comme un seul
homme. Cette série énigmatique de problèmes n'est pas
finie. Il continue à les résoudre et son génie se développe
avec plus ou moins de vérité et de clarté dans le recueil de ses discours et de ses lettres, dans sa vie par
M. Bamberger, dans deux autres ouvrages par un Israé-

lite et un Anglais, livres consacrés à son éducation
personnelle. Aujourd'hui, ce n'est plus le Démocrate, ce
n'est plus l'Aristocrate, ce n'est plus le Royaliste qui se
montre. En sa personne, apparaît le bon Protestant Évangélique. Tour à tour, il a frappé le radicalisme, le
communisme, la France; Bon Protestant maintenant, il
s'inquiète du Concile du Vatican, de la prépondérance
acquise au Catholicisme, de son influence sur l'éducation
et les écoles. Il demande donc à ses amis les Protestants
de s'unir à lui, de repousser l'envahissement catholique,
et de soumettre l'instruction du pays, publique, primaire, moyenne, supérieure, à un contrôle sévère, pro-
tecteur, de l'intérêt libéral évangélique protestant. Notez
que ce sera l'État qui protégera l'éducation et que
M. de Bismark l'aura dans sa main. C'est ce que vous
pouvez lire dans une curieuse brochure intitulée : *Sau-
vegardez la Science*, publiée à Berlin. C'est aussi ce dont
témoigne le hardi et ironique discours tenu à la Chambre
haute par le grand chancelier, tout à coup libéral,
tournant ses armes contre ses vieux amis, les conservateurs, alliés aujourd'hui aux catholiques et se repliant sur les chers libéraux évangéliques, devenus
sa troupe de réserve. Je n'entre pas, pour mille motifs,
dans le détail polémique de cette séance, victorieuse
encore pour M. de Bismark ; la minorité catholique
battue, en dépit de la bienveillante alliance que lui ap-
portaient les anciens conservateurs de Bismark; ceux-là
protestants, mais absolutistes ; ce champion inattendu
de la liberté d'examen, ce hardi et facétieux antagoniste
de ses amis naturels, osant tout, raillant tout, bravant
tout et réussissant toujours — voilà certes une scène
curieuse, des acteurs ou plutôt un acteur sans exemple
dont nous ne pouvons encore que saisir au hasard et

comme au vol quelques mouvements et quelques évolutions. Le rideau est à peine levé. La comédie n'est pas
jouée. Une des meilleures parties du dialogue est assurément la déclaration faite par le noble chancelier aux
bons Berlinois, qu'il agit en cela non pour lui, mais contre la France et qu'il attaque le clergé catholique fran-
cais, ligué avec les catholiques de Munich et du Tyrol,
de Vienne et de Souabe ; qu'il craint de voir renverser le
trône impérial et détruire l'unité allemande. C'est pour
cela qu'il donne l'éducation à l'État, dirigée par lui. Sur
la situation des diverses communions et de l'idée religieuse en Germanie, toute la controverse de Dœllinger et
de Ketteler, le livre de Janus et l'Histoire du Clergé
allemand pendant les cinq dernières années sont bons
à consulter. Quant au prince de Bismark toute une littérature lui est aujourd'hui consacrée. Il est le Dieu. Plus
de cinq cents ouvrages, écrits et imprimés en son honneur attestent son apothéose, et essaient de le faire bien
comprendre. Les fragments de sa correspondance publiés
par Heseckiel, offrent jusqu'ici le meilleur commentaire
de cet esthéticien cuirassé, de ce diplomate sous le heau-
me que Disraeli appelait récemment un Machiavel à
cheval. Il y a dans ces fragments quelques gouttes du
génie piquant de Heine, de sa verve brusque, de son dégoût des hommes et des choses, de son pinceau bizarre
et reproduisant la nature à la façon de Salvator Rosa.

Puisque j'étudie psychologiquement les œuvres et les
esprits, je ne pouvais négliger ce héros, notre ennemi, que
nous aurions dû mieux combattre avec les armes mêmes
qu'il nous a empruntées de la sagacité politique et de
l'à-propos. Pendant que l'Amérique septentrionale bâtit
trois villes en son honneur : — Bismarckhein, Bismarck-
Town et Bismarck-City, — le grand-duché de Posen vient

aussi de fonder, Bismarckdorff, il s'aperçoit, lui, que tout n'est pas fini. En supposant l'unité politique créée, il se demande où est l'unité morale allemande. Ici, le néo-catholicisme de Dœllinger ; là, le catholicisme romain des Infaillibilistes ; plus loin, le Luthérianisme presque catholique de certaines régions germaniques. Ces nuances, quelques-unes voisines et à peu près analogues, mais d'autant plus ennemies, contrarient fort son plan.

Puis il se demande quel sera l'effet de la guerre et de la victoire récentes sur l'éducation publique. Il craint, pour ses concitoyens, l'affaiblissement de l'esprit scientifique et la recherche trop vive des jouissances matérielles. A tort ou à raison, il pressent un changement et le redoute. Ces flots germaniques, dont il a inondé notre territoire, sont-ils rentrés les mêmes dans leur lit naturel, n'ont-ils pas subi les variations, les altérations en bien ou en mal que ni les armées de notre premier Empire, ni celles de l'Espagne, victorieuses en Flandre, n'ont pu éviter ? La vie intellectuelle, l'étude, le travail, auxquels ce pays doit bien plus qu'à son organisation militaire, vont-ils plier et faiblir ? D'après l'auteur d'une statistique publiée, il y a quelques mois, à Berlin, les crimes y sont devenus plus nombreux, l'intervention de la loi est devenue plus nécessaire, plus âpre et plus fréquente. Un autre document tout récent, les *Lettres sur l'éducation à Berlin* (Briefe über Berliner Erziehung), confirment les assertions du précédent ouvrage. Il semblerait que l'esprit militaire, si étroitement allié à l'esprit de conquête, eût déjà commencé ses ravages secrets dans le cœur de la vie civile allemande ; mariages légitimes moins fréquents, le ton général de la société transformé, l'intelligence abaissée, tels seraient, selon ces deux pes-

24.

simistes, les incontestables symptômes du mal qui s'ag-
grave. Ces pessimistes, ces *voyants*, dont la lunette est
noircie, il faut les écouter. A travers leur misanthropie,
ils aperçoivent les choses plus clairement, comme, pour
contempler avec exactitude un phénomène astronomi-
que, on obscurcit le cristal à travers lequel la vue pénètre. Qui donc a bien vu et compris le dix-huitième
siècle? Ni Dorat, ni Grécourt, ni M. dé Choiseul. —
Montesquieu et Mirabeau père, attristés comme Cas-
sandre, ont prévu la chute, et, comme disait Mirabeau,
la culbute, et ils l'ont prédite.

Sans attaquer M. de Bismark et sa politique, ces gens,
qui ne sont que des philosophes, ont peur de ce qu'ils
appellent le Bismarkisme. Ils signalent, dans leur pays,
une certaine tendance nouvelle à rendre l'éducation
esclave et à imiter, en cela, ce qu'ils blâment amèrement
dans notre monde français : l'artificiel, le mécanisme, la
destruction du sentiment personnel, de l'étude pour
l'étude; le besoin d'aller en classe pour avoir un
grade, pour être étiqueté socialement, pour avoir son
rang, son chiffre et remplir sa case. Ils affirment que le
professorat allemand, jusqu'ici libre, très-honoré et
largement rémunéré, non seulement par l'État, mais par
les élèves, tendrait à s'assimiler par degré avec le professorat français, cultivé sans espoir de gloire ou de
fortune par tant d'hommes honorables, avec un si beau
désintéressement, un dévouement si complet et hélas !
avec un succès bien contestable, quant aux effets produits sur la civilisation du pays. On peut répondre à ces
misanthropes prussiens que M. de Bismark, en essayant
de placer les catholiques mêmes et leur éducation sous
la main de l'État, réagit sur les vieilles traditions de l'Al-
emagne; que la liberté du professorat est prodigieuse

en Germanie, et que les Hegel, comme les Spinosa, peuvent y monter en chaire, sans y subir l'inspection préalable que les pharmaciens subissent, la police venant examiner les produits qu'ils débitent. La réplique du Berlinois est celle-ci : Je m'adresse à la Prusse, non à l'Allemagne, et déjà, en Prusse, surtout à Berlin, depuis la guerre et le triomphe, les études se relâchent, les esprits baissent, il s'établit entre le monde social et le professeur une ligne de démarcation fatale. Il commence à mépriser sa position. Il lui arrive même de *se laisser aller absolument*, — ainsi parle le critique, — *à la bière* (das absolute Sichgehenlassen beim Bier). «Des ouvriers en éducation et de fort mauvais ouvriers, si cela continue, voilà ce qui nous est réservé. »

Que le grand-chancelier des États du Nord fasse des institutions prussiennes et des élèves prussiens ce qu'il veut et ce qu'il peut, c'est son affaire et la leur, non la nôtre. Mais ce qui me frappe c'est l'injuste dédain qui met si bas notre éducation française. Injuste sans doute, surtout dans l'expression outrageante et acerbe que nos ennemis emploient. Toutefois, quand je vois les rédacteurs libéraux de l'*Edinburg* Review, les anciens tories de la *Quaterly*, l'Italien Rosmini, même l'Italien Gioberti, se prononcer dans le même sens, je réfléchis; et voici que plusieurs des hommes que nous estimons le plus, notre collègue, M. Bréal, M. Eugène Rendu, M. Hippeau, dans un bon rapport sur l'instruction aux États-Unis, font chorus avec le professeur berlinois. En Amérique, 450 millions de francs constituent le budget de l'instruction primaire. En France, 75 millions y sont alloués pour une population à peu près égale, dont 24 restent à la charge des familles. M. Eugène Rendu fait sentir et toucher du doigt le danger de mort pour un État de créer

une population pauvre, qui peut tout par le suffrage
universel et qui ne sait rien par la faute de ses pères et
des gouvernants anciens. M. Bréal descend dans l'intime
détail et dans la critique approfondie de la question.
Pas plus que M. Eugène Rendu, pas plus que Benjamin
Constant, qui a traité excellemment ce sujet, pas plus que
moi-même qui, dans la chaire du Collège de France, ai
répété les mêmes arguments, M. Bréal n'est un réforma-
teur violemment acharné à une ruine ou à un scandale.
Profiter des éléments qui existent, ne supprimer que le
poison, diriger vers le mieux qui est incomplet, voilà la
pratique et la raison.

Notre éducation aurait été différente, si la politique
de Louis XIV n'avait pas déserté la route de Henri IV ; si
l'édit de Nantes avait laissé le champ libre aux opinions
diverses, et si Port-Royal, l'école forte et saine, avait
prévalu. Le parti contraire a voulu faire, pour une autre
monarchie espagnole, un peuple sans pensée ; il l'a
massé, enfermé, comprimé dans des classes où le thème,
les vers latins et Lhomond, où des formules et des règles,
se clouant dans les mémoires avec plus ou moins de solidité, éteignent, au lieu de l'aviver, la flamme active de
l'esprit. Tel était bien le but des créateurs de cette éducation de captifs intellectuels. Elle enseignait la grammaire, par exemple, au lieu d'enseigner la langue. C'est
l'idiome qu'il faut savoir, vivant, incorporé à nous-mêmes, l'émanation nationale et personnelle de notre âme
intelligente ; il nous faut apprendre la grammaire, qui
n'est que le résultat d'expériences faites. Mais les subtils casuistes, qui servaient et étayaient la monarchie
absolue, n'auraient pas voulu éveiller l'activité individuelle ; quand la masse des élèves avait répété en chœur
la formule de *rosa*, *rosæ*, τυπτο, τυπτεις, τυπρω, τυπρεις,

l'esprit dormait dans chacun des cerveaux, et le trône asseyait paisible un possesseur indolent et sans terreur. De là notre ignorance antique en géographie; on en a banni l'*homme*, l'individu, celui qui habite la terre. Qu'ai-je à faire d'un nom d'une rivière, ou d'un monarque, ou d'une ville? Montrez-moi celui qui cultive, qui commande ; dites-moi les idiomes, les usages, les idées, l'*homme*, enfin. De même pour l'histoire, que l'on généralise toujours; le Provençal et le Lorrain apprennent qu'il y a eu un Clovis et un Dagobert, rois de France, mais non qu'il y a eu jadis une Lothuringie ou une Rome de Toulouse; qu'il y a, dans les annales de chacun, un intérêt, des héros domestiques, des nobles aïeux, et que la fusion des provinces n'a pas effacé les particulières gloires de chaque foyer spécial.

Voilà ce qui nous manque : la vie moderne.

La doctrine antique, ne considérant l'homme que comme une fraction de l'ensemble et comme un chiffre ayant besoin de son dénominateur pour valoir par lui-même, s'est longtemps conservée. Elle entrave la liberté morale de l'individu. Pourquoi ne pas imiter le génie grec, qui a détaché jadis les premières bandelettes et assigné des caractères scientifiques, parfaitement distincts, aux provinces, aux races, aux hommes, devenus de vrais valeurs libres et non des dépendances serviles? Dans l'excellent livre de M. Havet, que j'ai cité, ce mérite immense d'Homère est mis en lumière avec autant de justesse que d'éloquence. Il spécialise tout. Il était impossible que le christianisme ne creusât pas le même sillon; comment l'homme serait-il responsable de ses actes, s'il dépendait absolument de ce qui l'enserre? Aussi la lutte moderne des idées religieuses est-elle bien moins entre le catholicisme et le protestantisme qu'en-

tre le particulier et le général,_ entre la dépendance et
l'indépendance, entre l'homme maître de lui-même et
non maître, entre sa pensée existant par elle-même, vivant par elle-même, rayon personnel, particulier, divin
dans l'homme, comme le voulait Descartes, et sa pensée
esclave, soumise, s'anéantissant dans la pensée universelle, dominante, infaillible. Car, chose étrange, l'infaillibilité pontificale, assumée par l'homme très-vénérable
qui dirige la Chrétienté catholique, cette infaillibilité
avouée ou subie par une portion considérable du clergé
latin et représentant l'infaillibilité universelle, qui détruit la personnalité et le sens moral de chacun, rentre
par une voie inattendue et, pour ainsi dire, par une
courbe esthétique, singulière, dans le Bouddhisme même,
qui est aussi la négation de l'individuel, perdu et con-
fondu dans l'océan unique et infaillible d'une création
que rien ne limite et que rien ne partage.

Les hommes du monde moderne, et spécialement ceux
du Nord, ceux qui, depuis les migrations asiatiques jusqu'à l'ère chrétienne, ont vécu dans l'indépendance barbare; depuis le christianisme jusqu'à Luther, dans l'ap-
prentissage et l'école des controverses philosophiques,
depuis Luther, dans le combat incessant et libre de la
métaphysique belliqueuse, ne se courbent pas aisément
sous cette loi du Bouddhisme classique méridional. Une
éducation effaçant les volontés, égalisant les différences,
donnant à toute nuance une teinte monochrome, et, sous
prétexte d'autorité, pétrissant le genre humain dans une
seule pâte, jetée dans le même moule, leur est odieuse.
Beaucoup de catholiques, aujourd'hui, refusent leur
assentiment à ce système. Même en Italie le *Rinnovamento
Cattolico* exprime puissamment cette impatience d'un
joug qui ne se contente pas de peser, mais qui annulle.

Beaucoup de catholiques, même Français, ont ou protesté
ou témoigné, par leurs frissonnements et leurs réclama-
tions, de leur répugnance à livrer et abdiquer la vie personnelle, ce souffle divin de la raison, le plus beau, le
plus adorable de tous les dons ; Lamennais, avec fureur,
ce Coriolan de l'Église ; le père Hyacinthe, avec un éclat
peut-être imprudent; monseigneur Dupanloup, lui-même,
au premier abord du moins ; l'excellent abbé Gratry,
avec plus de force d'abord, avec plus de réserve ensuite.
Ce ne sont pas des hérétiques, ceux-là. Ils ont défendu
pied à pied chacun des retranchements de la liberté humaine. Au Nord, Dœllinger non-seulement a fortifié le
sanctuaire, mais a, sans se déclarer apostat, groupé autour
de lui les évêques et arboré l'étendard. Les esprits légers
ont cru que ce n'était rien. C'est beaucoup. L'Allemagne
entière en est ébranlée. Nous avons vu le protestant Bismarck se jeter dans la lutte du côté du pouvoir laïque
et de l'État, bien entendu, Ce terrible homme est théologien aussi. Satan, dans l'*Enfer* du Dante, dit quelque
part : *Et moi aussi, je suis logicien!* « (Ed io son
logico!). »

En pesant du côté de l'État centre, c'est-à-dire dans le
sens dont l'Allemagne peut avoir besoin, il est logique.
Il poursuit, sous couleur religieuse, sa croisade en faveur de l'État. Les peuples latins, au contraire, ceux qui
ont souffert par la centralisation, non par le fractionnement excessif, comme l'Allemagne, non par l'individualité trop sentie, mais par l'excès contraire, celui de nos
classes, la formule creuse, le mécanisme scolaire, doivent peser dans l'autre sens, faire jaillir l'étincelle individuelle, restituer l'activité de chaque pensée et chercher ce qui nous manque, l'éducation de chaque homme,
faite, non pour la masse, mais par l'homme et pour

l'homme. Puisque le populaire, la généralité, a été mal enseignée par l'ancienne tradition, héritée du monde romain et arrangée pour desservir et conserver l'ancienne monarchie, puisque cette monarchie, dans son intégrité et malgré sa valeur dans l'histoire, ne peut plus revivre, il semble que la voix unanime de tant d'hommes distingués, — je ne parle pas de la mienne, qui, dans la chaire du Collège de France, a, depuis vingt ans, répété la même chose, — doive être écoutée. L'un d'eux le dit excellemment :

L'éducation seule peut nous sauver de tous les maux qui nous écrasent. »

Ainsi parlait le philosophe Fichte, après la bataille de Iéna. Alors le canon victorieux de Bonaparte grondait encore ; l'Europe était prosternée ; le monde dans la stupeur ; l'Allemagne dans la poussière, ses caisses vides, beaucoup de ses enfants attelés au char du vainqueur. L'Allemagne a suivi le conseil de Fichte.

Souvenons-nous que ce conseil est pour tous les peuples ; que l'amour du pays ne se compose que de l'amour de chacun pour tous et de tous pour chacun ; que, faute de cette sympathie, l'éducation ne se fait pas, puisque l'amour lui manque, et que, pour la revanche désirée, le premier pas n'est pas le dépit, n'est pas même la guerre, mais l'éducation.

INDEX ALPHABÉTIQUE

25

U

V

W

FIN DE L'INDEX.

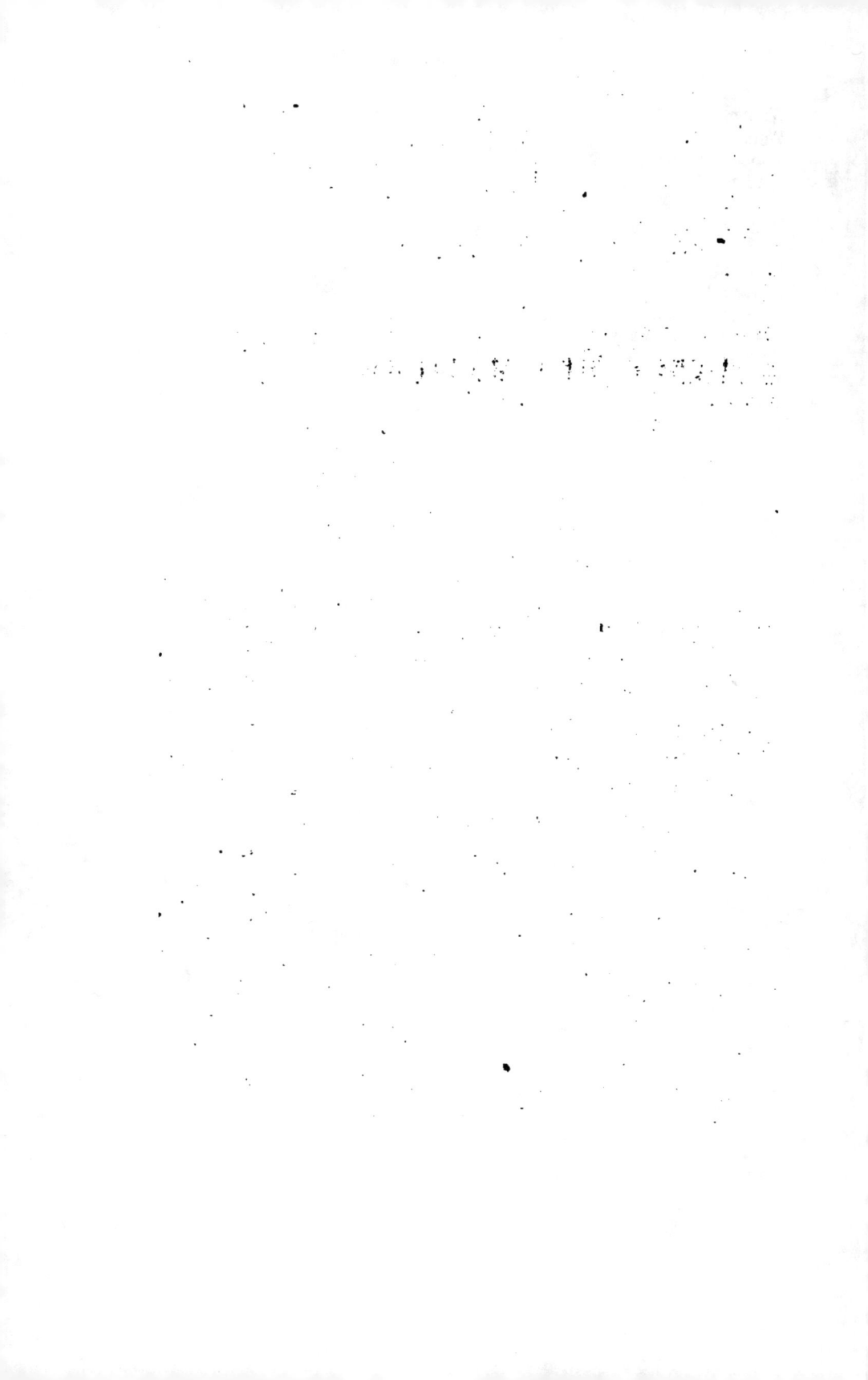

TABLE DES MATIÈRES

FIN DE LA TABLE DES MATIÈRES.

PARIS. — IMP. SIMON RAÇON ET COMP., RUE D'ERFURTH, 1.

www.ingramcontent.com/pod-product-compliance
Lightning Source LLC
Chambersburg PA
CBHW050510270326
41927CB00009B/1974